GREGOR SCHÖLLGEN

In Zusammenarbeit mit Claus W. Schäfer

WISSEN IN BEWEGUNG

Die Friedrich-Alexander-Universität

Deutsche Verlags-Anstalt

Verlagsgruppe Random House FSC® N001967

1. Auflage
Copyright © 2018 Deutsche Verlags-Anstalt, München,
in der Verlagsgruppe Random House GmbH,
Neumarkter Straße 28, 81673 München
Alle Rechte vorbehalten
Lektorat und Satz: Peter Palm, Berlin
Gesetzt aus der Minion Pro
Umschlaggestaltung: Büro Jorge Schmidt, München
Druck und Bindung: GGP Media GmbH, Pößneck
Printed in Germany
ISBN 978-3-421-04836-3

www.dva.de
Dieses Buch ist auch als E-Book erhältlich.

Inhalt

Vorwort

Mit 64 Studenten und 16 Ordinarien fing es an. 40 000 Studierende, 600 Professoren und rund 14 000 Mitarbeiter, die der Kliniken eingeschlossen, sind es 2018, dem Jahr, in dem die Friedrich-Alexander-Universität zu Erlangen ihren 275. Geburtstag feiert. Zwischen diesen beiden Polen liegt eine überraschende Geschichte. Vor allem ihre letzten Etappen sind Gegenstand dieses Buches.

Es ist keine Jubiläumsschrift, sondern eine kritische Bilanz. Alles andere wäre unglaubwürdig. Eine Universität, zumal eine Volluniversität, kennt eben nicht nur Erfolge. Außerdem spiegeln sich in der Geschichte einer Universität die Zeitläufte, und das heißt im Falle der jüngeren deutschen Geschichte auch: das Versagen einer Nation. Nicht zuletzt aber »sollten« die Angehörigen der Universität »Kenntnis davon erhalten, was sie geerbt« haben.

Mit diesem Anspruch ging Alfred Wendehorst ans Werk, als er vor 25 Jahren seine Geschichte der Universität von 1743 bis 1993 vorlegte. Aus den Beständen des Universitätsarchivs gehoben, bildet sie bis heute eine solide, auch für mich hilfreiche Grundlage der Universitätsgeschichte bis in die sechziger Jahre des 20. Jahrhunderts. Daran schließt dieses Buch an. Es zeichnet die Entwicklung der vergangenen Jahrzehnte bis in unsere Tage nach, und das heißt auch: Anders als das erklärtermaßen und wohl auch generationsbedingt bei Alfred Wendehorst der Fall gewesen ist, habe ich keine Berührungsängste mit unserer Gegenwart, im Gegenteil. Anders als Wendehorst das handhabe, schließt meine Darstellung der Geschichte dieser Universität auch die Standorte ein, die jenseits der Erlanger Stadtgrenze, also in Nürnberg, Bamberg, Fürth und Pleinfeld, liegen.

Das ist keine geringe Herausforderung, denn die Geschichte der FAU während der vergangenen Jahrzehnte ist auch die Geschichte einer ungeheuer dynamischen Expansion, insbesondere in der Medizin und in den

Naturwissenschaften, der Technik und der Informatik. Mit diesem Tempo konnten oder wollten die Geisteswissenschaften, die Theologie und die Rechtswissenschaften selten Schritt halten. Sie werden dort gewürdigt, wo sie das Profil der Universität geschärft oder auch geprägt haben.

Das Buch ist keine Universitätsgeschichte im herkömmlichen Sinn. Um nicht bei einem mehrbändigen Werk zu enden, habe ich mich für eine beispielhafte Darstellung und auch dafür entschieden, die Entwicklung der ausgewählten Bereiche im Spiegel der Biographien ihrer Repräsentanten zu schildern. Die Kriterien für die Auswahl erschließen sich aus der Darstellung.

Schon weil diese die Medizin und die Naturwissenschaften, die Technik und die Informatik einschließt, ist sie wegen der Fachterminologie in einigen Partien sprachlich komplex. Um das Buch auch hier lesbar zu halten, habe ich unter anderem auf die sprachliche Unterscheidung der Geschlechter (»Mitarbeiterinnen und Mitarbeiter«) verzichtet und mich in den meisten Fällen des generischen Maskulinums bedient.

Ohne mannigfache Unterstützung hätte ich das Projekt kaum stemmen können. Danken will ich vor allem zahlreichen aktiven und ehemaligen Mitarbeitern und Studierenden der Universität für ihre Gesprächsbereitschaft oder auch für die Überlassung von Informationen und Materialien aller Art. Das gilt vor allem für den Universitätsarchivar Dr. Clemens Wachter.

Mein Dank gilt einmal mehr meinen Mitarbeitern Dr. Matthias Klaus Braun, Dr. Dimitrios Gounaris und insbesondere Dr. Claus W. Schäfer, von dem die Textgrundlage der Kapitel II.2 bis II.5 stammt. Zu Viert haben wir wissenschaftliche Gefilde durchstreift, die mir in manchen Gegenden fremd oder sogar unbekannt gewesen sind, obgleich ich dieser Universität 33 Jahre lang angehört habe. Dass mir Kollegen anderer Fakultäten bei der Erschließung ihrer Disziplinen behilflich gewesen sind, weiß ich sehr zu schätzen.

Nicht zuletzt danke ich den in Nürnberg ansässigen Schöller-Stiftungen. Der Friedrich-Alexander-Universität seit Jahren und auf vielfältige Art als Förderin verbunden, haben sie auch die Drucklegung der deutsch-

und englischsprachigen Ausgabe dieses Buches durch einen großzügigen Druckkostenzuschuss ermöglicht.

Schließlich die Universität. Vertreten durch ihren Präsidenten, Professor Dr. Joachim Hornegger, hat sie die Entstehung des Buches von Anfang an unterstützt und vor allem durch die Bereitstellung der Infrastruktur gefördert. Dass damit weder direkt noch indirekt Einfluss auf die Ergebnisse meiner Arbeit genommen werden durfte, verstand sich für beide Seiten von selbst; dass sich die Universität bis zuletzt und ohne Abstriche daran gehalten hat, weiß ich zu würdigen.

Erlangen, im Frühjahr 2018
Gregor Schöllgen

I

VIELFALT, INNOVATION, LEIDENSCHAFT

Die Friedrich-Alexander-Universität
1743–2018

Wer nicht vorwärtskommt«, schrieb Preußens Kronprinz Friedrich 1731 an seinen Kammerjunker, »der geht zurück.« Friedrich war der Bruder Wilhelmines von Preußen, die in eben diesem Jahr 1731 Friedrich von Brandenburg-Bayreuth, den späteren Gründer der Erlanger Universität, ehelichte und in der Frühgeschichte der Alma Mater erkennbare Spuren hinterlassen hat. Der Bruder, der seit 1740 als König Friedrich II. von Preußen eine bedeutende Karriere machte, bezog seine Maxime auf die »große Politik«.

Aber natürlich ist sie auf andere Bereiche des privaten wie des öffentlichen Lebens anwendbar. Auch auf die Wissenschaft. Wenn Wissen stagniert, unterliegt es im dynamischen Wettbewerb der Wissenschaften. Und wenn Wissen dort ins Hintertreffen gerät, vermag es wenig zu bewegen. Also muss Wissen in Bewegung bleiben. Dabei hilft ein Freiraum wie die Universität, die Wissen fordert, fördert und vermittelt, weil sie das »ununterbrochene, sich immer selbst wieder belebende« Gespräch sicherstellt. In diesem Gespräch sah Wilhelm von Humboldt, einer der Väter der modernen Universität, am Anfang des 19. Jahrhunderts ihr entscheidendes Merkmal. Weil die Universität aber kein extraterritorialer Raum ist, weil sich in diesem Gespräch immer die politischen und die wirtschaftlichen, die gesellschaftlichen und die kulturellen Entwicklungen spiegeln, unterliegt auch die Universität einem kontinuierlichen Wandel. So gesehen dürfte die heutige Friedrich-Alexander-Universität eigentlich kaum noch etwas mit jener Universität gemeinsam haben, die vor 275 Jahren in Erlangen das Licht der Welt erblickte.

Tatsächlich führt die FAU nicht einmal mehr ihren ursprünglichen Namen. Denn als sie am 4. November 1743 als eine der letzten im Heiligen Römischen Reich Deutscher Nation ihre Arbeit aufnahm, wurde sie nach ihrem Gründer, dem Markgrafen Friedrich von Brandenburg-Bayreuth, benannt, hieß also »Friedrichs-Universität«. Erst seit einem Regierungswechsel, durch den 1769 der Ansbacher Markgraf Alexander zum Landesherrn und nicht nur wegen der Namensgebung zum zweiten Gründer der Universität wurde, firmiert sie als »Friedrich-Alexander-Universität«.

Was für den Namen gilt, gilt auch für den Standort. Die vormalige Ritterakademie, welche die Universität mit der Gründung bezog, war schon gut 80 Jahre später nicht mehr ihr Sitz. Seit 1825 residiert sie im Erlanger Schloss. Es war der Universität nach dem Tod von Markgräfin Sophie Karoline, der zweiten Frau und Witwe des Universitätsgründers Friedrich, 1818 durch den bayerischen König Maximilian I. Joseph übereignet worden.

Mit dem Schloss kamen angrenzende Gebäude wie die Orangerie und nicht zuletzt der Schlossgarten in den Besitz der Erlanger Alma Mater. Keine zweite deutsche Universität verfügt heute über ein vergleichbar attraktives Herz. Dieses bildet eine nicht unwesentliche Voraussetzung für die Wiederbelebung oder auch die Stiftung einer eigenen Identität – vorausgesetzt, man will, sucht und findet sie.

Das gestaltet sich heute schwieriger denn je, lässt sich doch längst nicht mehr von der Friedrich-Alexander-Universität »Erlangen« sprechen. Zwar residieren Leitung und Verwaltung nach wie vor im Schloss zu Erlangen; auch haben die überwältigende Mehrheit der Fakultäten und Institute sowie die Kliniken ihren Sitz in der Stadt. Doch seit 1961 gibt die Universität als Standort »Erlangen-Nürnberg« an, was zugleich den nach 1743 zweiten Namenswechsel ihrer Geschichte bedeutete. 1961 wurde ihr infolge einer Fusion die Nürnberger Hochschule für Wirtschafts- und Sozialwissenschaften als eigene Fakultät angegliedert, 1972 gefolgt von der in Nürnberg ansässigen Pädagogischen Hochschule. Seither hat die FAU von weiteren Städten Besitz ergriffen: Schon 1962 wurde die 1889 privat gegründete Bamberger Sternwarte der Universität als Astronomisches Institut integriert, 2003 weihte man ihr Wassersportzentrum in Pleinfeld ein und 2006 öffnete das *Zentralinstitut für Neue Materialien und Prozesstechnik* seine Tore in Fürth.

Dem ersten Namenswandel des Jahres 1769 folgte ein wiederholter Besitzerwechsel. Er war das Ergebnis der politischen und gesellschaftlichen Verwerfungen während der Napoleonischen Ära. Nachdem die landesherrliche Gewalt in den zollernschen Fürstentümern Ansbach und Bayreuth 1792, also noch zu Lebzeiten des kinderlosen Fürsten Alexander, an das Königreich Preußen übertragen worden war, fielen die Fürstentümer nach der Niederlage Preußens gegen Napoleon 1806 beziehungsweise 1807 an Frankreich, das sie im Zuge einer allgemeinen Flurbereinigung 1810 vertraglich an das Königreich Bayern abtrat. Mit Patent vom 7. April 1810 »ergriff« der bayerische König von der Universität »Besitz«, am 25. November desselben Jahres verfügte er, diese nicht, wie zeitweilig erwogen, zu schließen, sondern »fortbestehen zu lassen«. Selbstverständlich war das nicht, denn bis 1818 wurde mehr als die Hälfte der 42 Universitäten im deutschen Sprachraum geschlossen.

Die verwickelte Geschichte der politischen Rahmenbedingungen an der Wende vom 18. zum 19. Jahrhundert muss hier im Einzelnen nicht nacherzählt werden. Festzuhalten ist aber, dass die Universität während der rund 15 Jahre, in denen sie durch Preußen verwaltet und durch Karl August von Hardenberg zunächst von Ansbach und Bayreuth, dann von Berlin aus auf Vordermann gebracht wurde, eine beachtliche Entwicklung genommen und »vollends … eine Stelle unter den ersten Universitäten Deutschlands« eingenommen hat. Das wiederum gab Camille de Tournon, der sie während des französischen Intermezzos mit Umsicht dirigierte, im Rückblick zu Protokoll.

Unter preußischer Ägide wurden das Clinicum medicum, also das Universitätskrankenhaus, gegründet und bedeutende natur- und kulturhistorische Sammlungen erworben, aufgebaut oder in neuen Gebäuden untergebracht. Überdies gelang die Berufung namhafter Gelehrter, darunter des Philosophen Johann Gottlieb Fichte, auch wenn der – trotz eines beachtlichen jährlichen Salärs inklusive fünf Klaftern Holz – 1805 nur für ein Semester blieb. Wer weiß, was andernfalls aus der FAU geworden wäre, denn Fichte gehörte neben Wilhelm von Humboldt und Friedrich Schleiermacher zu den Gelehrten, die der deutschen Universität an der Wende vom 18. zum 19. Jahrhundert eine zeitgemäße Reform verpassen wollten.

Überhaupt hatte die Erlanger Universität bei der Berufung bedeutender Philosophen dieser Zeit keine besonders glückliche Hand. Immanuel Kant hatte den Ruf 1769 schon angenommen, gab dann aber seiner Heimatstadt Königsberg den Vorzug. Georg Wilhelm Friedrich Hegel wiederum, Direktor des Nürnberger Egidien-Gymnasiums, leistete 1816 der

Ernennung durch Bayerns König nicht Folge, sondern ging nach Heidelberg. Die durch Maximilian I. Joseph übergangene Erlanger Fakultät hatte dem Philosophen nämlich deutlich signalisiert, dass der Ruf »in der Form des leidenden Gehorsams«, also nur widerwillig erfolge. Nicht zum letzten Mal wird hier die Sorge vor intellektueller Konkurrenz und mit ihr der Hang zum Mittelmaß greifbar, die nicht nur die Philosophische Fakultät bis heute gelegentlich heimsuchen.

Immerhin konnte sich 1828 mit Ludwig Feuerbach ein Schüler Hegels – und maßgeblicher Vordenker von Karl Marx – in Erlangen habilitieren und bis 1837 eine Spur im Vorlesungsverzeichnis hinterlassen. Dass wenige Jahre zuvor mit Friedrich Wilhelm Joseph Schelling der – neben Kant, Fichte und Hegel – vierte herausragende Vertreter des deutschen Idealismus seinen Weg nach Erlangen gefunden hatte, lag nicht an einer geglückten Berufung, sondern an seiner Gesundheit. Um sie wiederherzustellen, lebte der Philosoph einige Jahre in der Stadt und hielt, ohne der Fakultät anzugehören, von 1821 bis 1823 prall besuchte Vorlesungen.

Die Philosophen waren so gesehen ein besonderer Fall. Andere bedeutende Gelehrte hielt es länger in dieser Stadt und an dieser Fakultät, mitunter ein Leben lang. So Johann Christian Daniel von Schreber, der 1769 für Botanik und Naturgeschichte, Ökonomie und Kameralwissenschaften berufen wurde und bis zu seinem Tod 1810 in Erlangen wirkte. Er erlebte alle Besitzerwechsel der Universität, war von 1791 bis 1810 Präsident der Kaiserlichen Leopoldinisch-Carolinischen Akademie der Naturforscher, der weltweit ältesten ununterbrochen bestehenden ihrer Art, und schuf in dieser Zeit ein ungemein vielseitiges, umfangreiches Werk. Zudem gab er eine Reihe von Werken seines Lehrers Carl von Linné sowie des bedeutenden Naturforschers und Russlandreisenden Peter Simon Pallas heraus, letztere übrigens im Erlanger Verlag Wolfgang und Johann Salomon Walther. Das Beispiel dieses herausragenden Gelehrten zeigt, dass die Erlanger Universität ihre Außenwirkung nicht als Institution, sondern über einige ihrer exzellenten Angehörigen entfaltete.

Zu ihnen zählte im 19. Jahrhundert der Dichter, Übersetzer und Mitbegründer der deutschen Orientalistik Friedrich Rückert. An ihn wie auch an Schreber – und nur an diese beiden Professoren – wird der Besucher des Schlossgartens bis heute durch eine Stele beziehungsweise einen Brunnen erinnert. Bis er 1841 dem Ruf des preußischen Königs Friedrich Wilhelm IV. folgte und für wenige Jahre nach Berlin ging, wirkte Rückert anderthalb Jahrzehnte lang an der fränkischen Universität. Mit bis zu 40 Sprachen vertraut, übersetzte er während seiner Erlanger Zeit unter anderem den Koran ins Deutsche und trug so das Seine dazu bei, dass sich der Ruf der Universität nicht nur in der deutschsprachigen gelehrten Welt festigte.

Als Rückert die Universität verließ, hatte sich das Profil seiner – der Philosophischen – Fakultät verglichen mit den Gründungsjahren der FAU beträchtlich gewandelt. Da die Voraussetzungen für den Besuch einer Universität bis zum beginnenden 19. Jahrhundert nicht geregelt waren und viele Studenten bestenfalls rudimentäre Kenntnisse des Lesens, Schreibens oder auch Rechnens sowie der Allgemeinbildung mitbrachten, mussten die Universitäten ein entsprechendes Fundament legen. Diese propädeutischen Funktionen fielen der im Mittelalter gegründeten sogenannten Artistenfakultät zu, der Vorläuferin der Philosophischen Fakultät. Unterrichtet wurden hier die sogenannten artes liberales, also Grammatik, Rhetorik, Dialektik einerseits, Arithmetik, Geometrie, Astronomie, Musik andererseits.

Folglich besaß die Artistenfakultät als »untere« beziehungsweise »dienende« gegenüber allen übrigen »höheren« Fakultäten eine Sonderstellung. In ihrem damaligen Selbstverständnis war sie – eben deshalb – die entscheidende, die erste Fakultät. Im heutigen Sprachgebrauch war sie ein Dienstleister. Nur wer an der Artistenfakultät sein Bakkalaureat bestanden hatte, konnte eine der oberen Fakultäten besuchen, konnte Jurisprudenz, Theologie oder Medizin studieren und stand damit dem Markt, also der staatlichen Verwaltung, den Kirchen oder auch den Hospitälern oder Krankenhäusern, zur Verfügung. So gesehen war auch die Universität insgesamt immer schon ein Dienstleister.

Das gilt bis heute für traditionelle Felder wie die Ausbildung von Lehrern, Juristen und Medizinern, für die Kliniken sowieso: Die Reproduktionsmedizin und die Virologie, die Frauenheil- und die Augenheilkunde, die Plastische Chirurgie oder auch die Medizintechnik, um die es in Kapitel II.3 beispielhaft gehen wird, zählen heute zu den führenden Einrichtungen nicht nur in Deutschland. Und es gilt für Bereiche, die sich die FAU in den beiden vergangenen Jahrzehnten neu erschlossen hat und die beispielhaft in den Kapiteln II.1 und II.2 vorgestellt werden – so der an der Schnittstelle von Sport und Medizin angesiedelte Komplex Public Health oder das Zentrum für Angewandte Geschichte ZAG, das mit seinen Themen und seiner Finanzierung eine Brücke zwischen den Geisteswissenschaften und der freien Wirtschaft schlug.

Grundsätzlich hatte sich an der Stellung und den Aufgaben der »dienenden« Fakultät nichts geändert, als die Erlanger Universität 1743 ihre Tore öffnete, auch wenn sie hier schon nicht mehr als »Artisten-«, sondern von Anfang an als »Philosophische« Fakultät firmierte. Selbst nachdem die Schule 1820 organisatorisch von der Universität getrennt und 1829 das Abitur auch in Bayern eingeführt worden war, blieb der Besuch der Philosophischen Fakultät für alle Studenten verpflichtend. 1849 wurde er an der FAU immerhin noch empfohlen, und 1891 wurde diese Empfehlung wiederholt.

Welche soziale Sprengkraft in der fehlenden elementaren Qualifikation vieler, wenn nicht der meisten Studienanfänger steckte, haben schon die beiden Namensgeber, die Markgrafen Friedrich und Alexander, erkannt. Ersterer riet 1746 dazu, »zum Studieren untüchtigen« Kandidaten im Interesse aller, auch ihrer Eltern, die Erlernung eines Berufs oder eines Handwerks nahezulegen, die ihren Fähigkeiten entsprachen. Letzterer sah die Gefahr, dass andernfalls das Land »mit Stümpern und Halbgelehrten überschwemmt« werde.

Vergleichbares gilt heute wieder, nur dass die Erlanger Universität nicht mehr, wie zur Zeit ihrer Gründung, einige Dutzend, sondern fast 40 000 Studierende zählt. Man wird – auch in den naturwissenschaftlichen oder technischen Disziplinen – schwerlich einen Hochschullehrer finden, der dem überwiegenden Teil der Abiturienten gute oder auch nur völlig ausreichende Voraussetzungen für ein Studium attestieren würde. Es war und bleibt ein Balanceakt, denn selbstverständlich haben alle

Abiturienten das verfassungsmäßig garantierte Recht, eine Universität zu besuchen. Ebenso selbstverständlich gilt das nicht nur für die Erlanger Universität, aber von ihr ist nun einmal hier die Rede.

Besonders dramatisch ist die Situation an der Philosophischen Fakultät, die nicht zuletzt davon lebt, dass ihre Studenten zumindest der Muttersprache – also in den meisten Fällen des Deutschen – mächtig sind. Das lässt sich heute lediglich noch von einer Minderheit sagen. Von den gravierenden Defiziten wie allerdings auch den hausgemachten Missständen zeugt die Quote der Studienabbrecher, die in einigen Fächern bei deutlich über 50, in manchen wie der Mathematik sogar bei bis zu 80 Prozent liegt; davon zeugt – eben deshalb – auch die Einrichtung der Bachelorstudiengänge, die nicht zuletzt eine Notmaßnahme war und dem Zweck diente, möglichst viele Studierende in möglichst kurzer Zeit zu einem Abschluss zu führen, wie und zu welchem Preis auch immer. Dass der Bachelor schon phonetisch an das mittelalterliche und frühneuzeitliche Bakkalaureat erinnert, war den Verantwortlichen vermutlich nicht bewusst. Auch das überrascht nicht.

Und noch in einer anderen Hinsicht gleicht die heutige FAU wieder der vor 275 Jahren etablierten Erlanger Universität. Und in diesem Fall ist das zunächst einmal eine gute Nachricht, denn sie zeugt von der ungeheuer dynamischen Entwicklung vieler Disziplinen wie der Medizin und den Naturwissenschaften, der Technik oder auch der Informatik.

Wie ältere vergleichbare Universitäten war auch die in Erlangen als Ort der Lehre, nicht der Forschung eingerichtet worden. Forschung und Lehre blieben weitgehend getrennt, bis deren Einheit nach der Wende zum 19. Jahrhundert – durch Wilhelm von Humboldt in Berlin angestoßen und in Bayern nach 1848 zögernd umgesetzt – schrittweise überwunden, wenn auch nie ganz aufgehoben wurde. Die Lehre blieb der Universität vorbehalten, intensive Forschung fand vor allem an außeruniversitären Einrichtungen statt.

Auch in Preußen. Dort war dieser Weg, beginnend mit der Gründung des Collegium Medico-Chirurgicum, schon 1724 eingeschlagen und in der zweiten Hälfte des 18. Jahrhunderts konsequent weiter verfolgt worden –

so 1770 mit der Bergakademie, 1790 mit der Tierarzneischule, 1799 mit der Bauakademie oder 1806 mit dem Ackerbau-Institut. Dass man den Bau des erwähnten Erlanger Clinicum medicum 1803, also in der kurzen Zeit unter preußischer Regie, aufnahm, war eben kein Zufall.

Seit 1911 besaßen die prosperierenden Naturwissenschaften, aber auch die Medizin oder die Technik in der nach ihrem Schirmherrn benannten *Kaiser-Wilhelm-Gesellschaft zur Förderung der Wissenschaften* eine nachgerade ideale Entfaltungs- und Entwicklungsmöglichkeit. Paul Hinneberg – Historiker und Herausgeber, einer der ersten deutschen Wissenschaftsmanager – wusste, warum er das auf bis zu 60 Bände angelegte, nie vollendete Jahrhundertwerk »Die Kultur der Gegenwart« 1906 Wilhelm II. widmete. Dass die Gesellschaft den Namen des vormaligen deutschen Kaisers und Königs von Preußen trug, bis sie 1948 in *Max-Planck-Gesellschaft zur Förderung der Wissenschaften* umbenannt wurde, spricht für sich.

Im Fall der Theologie, der Rechts- und der Geisteswissenschaften blieben vor allem die Akademien der Wissenschaften auch im 19. Jahrhundert Zentren außeruniversitärer Forschungen. Den Anfang hatte 1700 – auch hier – die Preußische Akademie gemacht, 1751 gefolgt von der Göttingischen Gelehrten Gesellschaft und – später für Erlangen bedeutsam – 1759 von der Churfürstlichen bairischen Akademie in München. Wie die erwähnten medizinischen und technischen Einrichtungen standen sie von Beginn an auch für die »Auswanderung der Wissenschaften aus der Universität«, worauf Helmut Schelsky, einer der besten Kenner der deutschen Universität, aufmerksam machte.

Die Akademien der Wissenschaften ergänzten traditionellere Einrichtungen wie die Klöster, die Naturalien-, Münz- und Antikenkabinette und nicht zuletzt die Bibliotheken wie die Erlanger Universitätsbibliothek. Deren Grundstock bildeten die Bestände der fürstlich-bayreuthischen Bibliothek, der Privatbibliothek der Markgräfin Wilhelmine oder auch der Ansbacher Schlossbibliothek. Als es dann nach Auflösung der benachbarten Altdorfer Universität 1818 gelang, deren Bestand mit Tausenden von Büchern, Briefen und Dissertationen zu integrieren, verfügte die Erlanger Universität über eine ausgesprochen attraktive Einrichtung.

Die Universitäts- wie auch die Fach- und Seminarbibliotheken sind bis heute Heimstätten der Forschung, verlieren allerdings in dem Maße an Bedeutung, in dem sich der digitale Zugriff auf das Wissen der Welt durchsetzt. Und dann geraten die Bibliotheken wie mehr oder weniger alle traditionellen Einrichtungen der Universität von anderer Seite unter Druck: Wenn es ein durchgängiges Merkmal der jüngeren Geschichte auch der FAU gibt, dann ist es die sich beschleunigende Auslagerung der Forschung und deren »großbetriebliche Organisation«, um noch einmal Helmut Schelsky zu zitieren.

Sichtbar wird dieser Prozess in der seriellen Gründung von Zentren aller Art, wie die der Universität assoziierten Institute: Das 1985 gegründete heutige *Fraunhofer-Institut für Integrierte Schaltungen* IIS, das 2009 ins Leben gerufene *Max-Planck-Institut für die Physik des Lichts* oder das 2013 eingerichtete *Helmholtz-Institut Erlangen-Nürnberg für Erneuerbare Energien* HIERN, die im folgenden Kapitel II vorgestellt werden, zählen heute zu den national wie international renommiertesten Adressen der FAU.

Die Verbindung zur Universität im engeren Sinn bilden die Forscher in ihrer Eigenschaft als Hochschullehrer. Die mehr oder weniger strikte Trennung von Forschung und Lehre, die an die frühen Zeiten der FAU erinnert, vermögen sie allerdings nicht aufzuheben. Vielmehr liegt es in der Natur der zusehends spezialisierten Forschung, dass sich ihre Themen, ihre Verfahren, ihre Ergebnisse kaum für die Vermittlung im Lehrbetrieb eignen, sofern die Lehre Grundlagen legen und – schnellstmöglich – zu einem Abschluss führen soll.

Auch das gilt selbstredend nicht nur für diese, sondern für alle Universitäten. Die Musik spielt in der Forschung, schon weil sich viele Hochschullehrer über längere Zeiträume von ihren Lehrverpflichtungen ganz oder teilweise entbinden lassen, um sich ihren Forschungen zu widmen – und um die Gelder für ihre Fächer, Institute oder Zentren zu beschaffen. »Einwerben von Drittmitteln« wird dieses Unterfangen genannt.

»Unter Drittmitteln werden diejenigen finanziellen Mittel verstanden, die den Hochschulen und Forschungseinrichtungen oder einzelnen Forschern in diesen Institutionen über die vom Unterhaltsträger zur Ver-

fügung gestellten laufenden Haushaltsmittel und Investitionen (Grund-
ausstattung) zusätzlich von dritter Seite zufließen.« So hieß es im Juli
1983 in der Unterrichtung des Deutschen Bundestages durch die Bundesregierung. Der Zeitpunkt markiert ziemlich genau die Grenze, jenseits
derer die »Unterhaltsträger«, also der Bund und vor allem die Länder,
ihre finanziellen Verpflichtungen auf die Hochschulen und damit auf die
einzelnen Hochschullehrer abzuwälzen begannen. Zwischen 2005 und
2015 hat sich der Anteil der Drittmittel an den Etats beinahe verdoppelt.
Heute stammen 70 Prozent des Wachstums der Hochschulfinanzen aus
dieser Quelle.

Folglich definiert sich die Leistungsfähigkeit einer Hochschule im nationalen wie im internationalen Vergleich, dem »Ranking«, nicht zuletzt
über ihre Drittmitteleinnahmen. Die FAU nimmt mit etwa 200 Millionen
Euro im Jahr 2017 auf diesem Feld seit Jahren eine Spitzenstellung ein.
Wie bedeutend diese Summe ist, zeigt der Gesamtetat der Universität, der
sich 2017 – inklusive Kliniken und eben Drittmittel – auf rund 1,34 Milliarden Euro belief.

Dass die FAU auf einem anderen Gebiet, dem »Gleichstellungsran-
king«, in der Gesamtwertung auf dem letzten von 64 Plätzen rangierte,
zeitigte bizarre Folgen. Im Januar 2018 wurden die inzwischen als »Departments« firmierenden vormaligen Institute der Philosophischen Fakultät
inklusive des Fachbereichs Theologie durch das Dekanat angehalten, »im
Rahmen der Zielvereinbarung 2018–2020 ... zur Erhöhung des Frauen-
anteils in der Wissenschaft ... mindestens eine Lehrveranstaltung ... pro
Semester einzuplanen, die genderspezifische Themen abdeckt«.

Die seit Jahren gängige Rede von »Zielvereinbarungen« aller Art zwischen den Fakultäten und der Universitätsleitung sowie zwischen dieser
und dem zuständigen Münchener Ministerium erinnert an die Theorie
und Praxis einer untergegangenen mitteldeutschen Planwirtschaft. Und
sie zeigt darüber hinaus, welch groteske Ausmaße der Wettlauf um alle
möglichen »Rankings« inzwischen angenommen hat. Das gilt in besonderem Maße für die Drittmittel: Auch deutsche Professoren – in den USA
oder Großbritannien ist das schon seit geraumer Zeit gang und gäbe –
wenden inzwischen einen beträchtlichen Teil ihrer Zeit für solche Dritt-

mitteleinwerbungen auf mit der Folge, dass sie entsprechend weniger Zeit für die Forschungen aufwenden können, für welche jene Mittel eingeworben worden sind.

Auch deshalb werden von Spitzenforschern heute Managerqualitäten verlangt. Hinzu kommt, dass sich zahlreiche Fragestellungen in der Medizin und den Naturwissenschaften, in der Technik und der Informatik mit Aussicht auf Erfolg nur noch interdisziplinär und in der Zusammenarbeit mit anderen Instituten oder Zentren im In- und Ausland angehen lassen. Auch das erfordert Management. Das *Erlangen Centre for Astroparticle Physics*, die *Hirsch Group* auf dem Feld der Graphenforschung oder das in Fürth ansässige *Zentralinstitut für Neue Materialien und Prozesstechnik*, die im folgenden Kapitel II beispielhaft vorgestellt werden, sind prominente Beispiele. Einzelforschung ist heute im Wesentlichen den Geisteswissenschaften, der Theologie oder den Rechtswissenschaften vorbehalten, aber selbst dort haben – wenn auch vergleichsweise bescheiden dimensioniert – Großprojekte längst Einzug gehalten.

Nicht alles, was in den Zentren erforscht und vorgelegt wird, ist bemerkenswert. Manches scheitert, schon weil das Risiko des Scheiterns zum Forschen gehört. Vieles aber, was an der Technischen, der Naturwissenschaftlichen und der Medizinischen Fakultät beziehungsweise an den ihnen assoziierten Zentren der FAU entdeckt und entwickelt wurde, hat Maßstäbe gesetzt und zu weiteren Forschungen ermutigt. Kein Wunder, dass die Zentren und Institute immer wieder an ihre personellen und räumlichen Grenzen stoßen.

Wie jeder Boom hat auch dieser eine Kehrseite: Selbst Hochschullehrer, die der Universität seit Jahrzehnten angehören, haben kaum noch einen Überblick über deren Forschungslandschaft. Genau genommen gibt es die vor 275 Jahren gegründete Universität heute nicht mehr. Dem Konglomerat wild gewachsener Zentren fehlt seit den neunziger Jahren des 20. Jahrhunderts die wissenschaftliche und die intellektuelle, die politische und in gewisser Weise auch die administrative Direktion. Wenn man weiß, wie es dahin gekommen ist, weiß man, was zu tun ist. Ohne Bestandsaufnahme gibt es keine Zukunft, und ohne Zukunft gibt es keine Gegenwart.

Als Bayern 1810 von der Erlanger Universität Besitz ergriff, hatte das den Vorteil, dass nach anfänglichem Zögern für klare Verhältnisse gesorgt war. Jedenfalls wissen wir das heute. Bis heute ist auch ein großer Nachteil dieser bayerischen Patronage greifbar. Denn seit sich der bayerische König Ludwig I. im Jahr 1826 entschloss, die 1472 in Ingolstadt gegründete, dann kurzzeitig nach Landshut umgesiedelte Universität nach München zu holen, stand die Erlanger Universität lange Zeit in deren Schatten. Dass sie nicht darin verschwand, lag an den Kliniken. Sie machten die FAU früh zu einer Volluniversität. Mit der Einrichtung der Technischen Fakultät, von der zu berichten sein wird, verschaffte sie sich in dieser Hinsicht sogar einen nicht einholbaren Vorsprung vor der Münchener Konkurrentin.

Für die nationale Stellung der Friedrich-Alexander-Universität – sofern man zu Beginn des 19. Jahrhunderts von einer solchen sprechen konnte – kam erschwerend hinzu, dass in jenem Jahr 1810, als sie unter bayerische Fittiche gelangte, die Berliner Universität eröffnet wurde. Durch Wilhelm von Humboldt von vornherein mit neuen Ideen ausgestattet, wurde die Berliner Alma Mater rasch zu einer ersten Adresse in Deutschland. Etwas nachgeordnet übten auch die 1409 gegründete Universität Leipzig und die 1818 eingerichtete junge Bonner Universität eine beachtliche Anziehungskraft aus.

Diese Attraktivität vor allem der neu gegründeten Hochschulen trug erheblich zur »Tendenz der Erlanger Professoren« bei, »die Universität zu wechseln«. So hat es der Erlanger Landeshistoriker und Universitätsarchivar Alfred Wendehorst formuliert, als er 1993 anlässlich des zweihundertfünfzigsten Jubiläums seine verlässliche Darstellung der Geschichte der Friedrich-Alexander-Universität vorlegte. Unter dem Aderlass litten zeitweilig vor allem die Medizinische und die Juristische, weniger die Theologische und die Philosophische Fakultät, wenn man einmal von der Mathematik und den Naturwissenschaften absieht, die noch bis 1929 in der Philosophischen Fakultät angesiedelt waren.

So gingen Carl Thiersch, einer der führenden Vertreter der plastischen Chirurgie, 1867 nach Leipzig, der Internist Hugo Ziemssen 1874 nach München und Karl Schröder, Autor einer Reihe von Standardwerken zur Frauenheilkunde, 1876 nach Berlin. Dorthin wechselte 1892 auch Emil Fischer, der für seine Forschungen auf dem Gebiet der Kohlehydrate und der Pyrine zehn Jahre später den Nobelpreis für Chemie erhielt, während Eugen Lommel, ein Pionier der physikalischen Optik, bereits 1886 nach München gegangen war.

Diese Tendenz, die FAU zu verlassen, hat sich bei der Medizin, bei den Naturwissenschaften sowie seit den sechziger Jahren des 20. Jahrhunderts auch bei der Technik ins Gegenteil verkehrt: Viele, wenn nicht die meisten Wissenschaftler halten heute der FAU trotz attraktiver Rufe an deutsche und ausländische Universitäten die Treue. Das spricht erklärtermaßen für den Wissensstandort Deutschland und namentlich Bayern. Es spricht aber vor allem für die FAU: Ihre Kliniken, Zentren und Zentralinstitute brauchen kaum einen Vergleich zu scheuen.

Natürlich kehrte im 19. Jahrhundert auch mancher namhafte Gelehrte der Juristischen, der Philosophischen und der Theologischen Fakultät Erlangen den Rücken. So ging etwa der Kirchenhistoriker Albert Hauck, dessen monumentale Kirchengeschichte Deutschlands bis heute Bestand hat, 1889 nach Leipzig.

Als Hauck Erlangen verließ, hatte die »Erlanger Theologie« – als solche ist sie in die Geschichte eingegangen – ihre besten Jahre hinter sich. In der Erweckungsbewegung des aufziehenden 19. Jahrhunderts wurzelnd, entwickelte sie sich in ihrer Zeit zu einem bedeutenden, wenn nicht dem bedeutendsten und wirkungsmächtigsten Zentrum der protestantischen Theologie. Als ihre herausragenden Vertreter sind Christian Krafft, Adolph von Harleß, Gottfried Thomasius und nicht zuletzt Johannes von Hofmann zu nennen, der von 1835 bis 1877 fast durchgängig in Erlangen tätig war und mit seiner Gelehrtenbiographie gewissermaßen eine Brücke über die bewegten Kapitel bayerischer und deutscher Geschichte im 19. Jahrhundert schlug.

Nie mehr hat die Erlanger Theologie eine vergleichbare Kraft entfaltet. Über Paul Althaus und Werner Elert, zwei durchaus bedeutenden Repräsentanten der systematischen Theologie, die seit Mitte der zwanziger Jahre des 20. Jahrhunderts in Erlangen lehrten, lag der Schatten ihres Wirkens während des »Dritten Reiches«. Davon ist noch zu berichten.

Spätere Generationen fragten erst gar nicht mehr nach den Maßstäben, die an eine Disziplin und eine universitäre Laufbahn anzulegen sind. Nur so ist es zu erklären, dass 2001 eine weder habilitierte noch promovierte Journalistin und Fernsehpredigerin ohne erkennbares wissenschaftliches Profil zur Professorin für Christliche Publizistik berufen werden konnte.

Das war auch deshalb ein Bruch mit dem Selbstverständnis der Universität und der Tradition der Erlanger Theologie, weil die Christliche Publizistik ein Alleinstellungsmerkmal der Friedrich-Alexander-Universität ist. 1966 ins Leben gerufen, wird das Fach bis heute nur in Erlangen gelehrt. Bernhard Klaus – Jahrgang 1913, 1941 in Berlin promoviert und 1957 mit einer Arbeit über »Leben und Werk« des Nürnberger Reformators Veit Dietrich in Erlangen habilitiert – hatte hier 1964 den Lehrstuhl für Praktische Theologie übernommen. Zwei Jahre später folgte er einer Anregung aus der Landessynode der Evangelisch-Lutherischen Kirche in Bayern, gründete die Abteilung für Christliche Publizistik und befasste sich – unter anderem in seinem breit rezipierten Buch »Massenmedien im Dienst der Kirche« – mit diesem auch in vordigitaler Zeit hochaktuellen Thema. 1980 emeritiert, blieb Bernhard Klaus der Universität verbunden und war unter anderem von 1984 bis 1989 Mitglied der Ethikkommission der Medizinischen Fakultät, von der in Kapitel II.2 berichtet wird.

Gut möglich, dass die Demontage des Fachs zu Beginn des 21. Jahrhunderts eine Reverenz an den Zeitgeist war, der auch schon bei seiner Einrichtung Pate gestanden hatte. Der Zeitgeist zieht nun einmal an keiner gesellschaftlichen Institution spurlos vorüber. Auch nicht an der Friedrich-Alexander-Universität, in deren Biographie sich seit ihren Anfängen die Zeitläufte spiegeln.

Insgesamt hinterließen die drei Jahrzehnte, die auf Napoleon folgten, also Restauration und Reaktion, Vormärz und die kläglich gescheiterte Revolution von 1848, in Erlangen und an seiner Universität keine Spuren, die man nicht auch andernorts finden konnte. Mit einer Ausnahme. Sie markiert einen jener Zufälle, aus denen Geschichte besteht. Carl Ludwig Sand, der am 23. März 1819 in Mannheim den Schriftsteller und russischen Generalkonsul August von Kotzebue erdolchte, war Student an der

Theologischen Fakultät der FAU und hatte im Sommer 1816 auf dem Erlanger Burgberg die Burschenschaften mitgegründet. Seine Mordtat war für den in Frankfurt ansässigen Deutschen Bundestag, den Ständigen Gesandtenkongress des 1815 gegründeten Deutschen Bundes, zumindest ein Anlass, um im September 1819 die sogenannten Karlsbader Beschlüsse zum Gesetz zu erheben. Bis zum April 1848 in Kraft, sahen sie unter anderem an allen Universitäten die Einsetzung eines Außerordentlichen landesherrlichen Bevollmächtigten zur Überwachung der Studenten wie der Professoren vor.

Unmittelbarer als durch diese Verwerfungen der ersten Jahrhunderthälfte wurden die Erlanger Universität und ihre Angehörigen von jener nationalen Bewegung erfasst, die in den sechziger Jahren in die Frage mündete, ob die allseits angestrebte nationale Einigung Deutschlands als kleindeutsche Lösung, also unter Preußens Führung, oder aber im preußisch-österreichischen Schulterschluss ins Werk gesetzt werden sollte. Als die Entscheidung 1866 anstand und schließlich durch einen Krieg zwischen den beiden Führungsmächten in Deutschland gefällt wurde, befanden sich die Befürworter der kleindeutschen Lösung noch in der Minderheit. Zu ihnen zählten allen voran der Theologe Johannes von Hofmann und der Historiker Karl Hegel, der eigentliche Gründer des Historischen Seminars der FAU. Der Städtehistoriker Karl Hegel war der eher unbedeutende Sohn des bedeutenden Philosophen Georg Wilhelm Friedrich Hegel. Signalisierte die Philosophische Fakultät dem Vater, dass er nicht willkommen sei, war sie dem Sohn von 1856 bis zu seinem Tod im Jahr 1901 die akademische Heimat.

Dass sich die Mehrheit der Erlanger Professoren dann doch der Auffassung Johannes von Hofmanns und Karl Hegels anschloss und die kleindeutsche Lösung unter Führung des protestantischen Preußen favorisierte, lag vor allem an der besonderen Stellung, welche die FAU als einzige protestantische Universität in Bayern einnahm. Entsprechend war die Professorenschaft zusammengesetzt. Die Katholiken waren eine relativ kleine Minderheit. Juden waren bis in die sechziger Jahre des 19. Jahrhunderts im Lehrkörper überhaupt nicht zu finden, danach blieben sie Ausnahmen. Unter den Studenten sah es ganz ähnlich aus.

So gesehen überrascht es nicht, dass Professoren und Studenten der FAU auch mehr oder weniger geschlossen hinter der Entscheidung des bayerischen Königs und seiner Regierung standen, als es 1870 darum ging, an der Seite Preußens in den Krieg gegen Frankreich zu ziehen und dann auch 1871 an der Gründung des Deutschen Reiches teilzunehmen. Denn allein Preußen besitze »die Intelligenz und die Macht, die Rolle des Führers der deutschen Nation ... zu übernehmen«. So sah das Karl Hegel, als er im November 1870 das Prorektorat übernahm und damit faktisch an der Spitze der Universität stand. Das Rektorat war, nicht nur in Erlangen, bis zum Ende der Monarchien im Herbst 1918 das Privileg des jeweiligen Landesherrn. Hegel hatte keinen Zweifel, dass die Angehörigen der FAU mit der Bereitschaft, für die »höchsten Güter der Nation« mit ihrem Leben einzustehen, in den Krieg ziehen und – »gestählt durch jede Anstrengung in der harten Arbeit des Kriegs« – bereichert aus demselben heimkehren würden. Tatsächlich zogen 139 Angehörige der Universität in den Krieg gegen Frankreich, davon 44 als Assistenzärzte und 35 als Felddiakone.

Mit dem Deutsch-Französischen Krieg und der Reichseinigung war auch an der Erlanger Universität der nationale Ton gesetzt. Bis zum bitteren Ende im Frühjahr 1945 sollte er der dominante bleiben. Bis 1934 war der 18. Januar, also der Tag der Reichsgründung, der Tag der akademischen Jahresfeier der FAU, danach war es der 30. Januar, der Tag der nationalsozialistischen Machtübernahme. Seit 1947 die Tradition der Jahresfeier wieder aufgenommen wurde, wird der *Dies academicus* am Tag der Universitätsgründung, also am 4. November, abgehalten.

In der Entwicklung der Erlanger Universität während des Kaiserreichs spiegelt sich der dynamische Fortschritt insbesondere in den Naturwissenschaften und der Medizin. Seinen Ausdruck fand er in der Institutionalisierung neuer Disziplinen einschließlich der entsprechenden Professuren – Physiologie und Pharmazie, Augen- und Zahnheilkunde und andere mehr – und in der Errichtung neuer Institutsgebäude und Kliniken. Eine Sonderrolle spielte die Psychiatrie beziehungsweise die »Irrenheilkunde«, wie das obligatorische Prüfungsfach an der Universität hieß. Angesiedelt war die Psychiatrie in der Kreisirrenanstalt, in der ein Professor der Medizinischen Fakultät eine eigene Abteilung leitete.

Diese Karriere der Medizin, der Chemie und der Physik, der Mathematik oder auch der Technik ließ bei den Vertretern dieser Disziplinen in Erlangen wie überall das Selbstbewusstsein sprießen und brachte die übrigen Fächer und ihre Vertreter zunehmend in Bedrängnis. Max Weber, einer der Pioniere der deutschen Soziologie, sprach 1909 vom »maßlosen Hochmut, mit welchem Vertreter der Naturwissenschaften auf die Arbeit anderer (namentlich: historischer) Disziplinen ... zu blicken pflegen«, und fügte hinzu: »Es kommt keinem Historiker, Nationalökonomen oder anderen Vertreter ›kulturwissenschaftlicher‹ Disziplinen heute die Anmaßung bei, den Chemikern oder Technologen vorzuschreiben, was für eine Methode und welche Gesichtspunkte sie anzuwenden hätten. Dass sich die Vertreter dieser Disziplinen nachgerade *ebenso* zu bescheiden lernen, – dies ist Voraussetzung fruchtbaren Zusammenarbeitens.«

Der Auftritt Max Webers zeigt nicht nur, wie sehr sich die Nicht-Naturwissenschaften in der Defensive befanden, sondern er belegt auch, dass sie sich nicht einmal einig waren, wie sie das Boot benennen wollten, in dem sie notgedrungen gemeinsam gegen den Strom paddelten: »Geisteswissenschaften«, »Kulturwissenschaften«, »historische Disziplinen« oder vielleicht gar nur »Geschichte«? Das hatte auch damit zu tun, dass sich der Begriff »Geisteswissenschaften« erst seit dem ausgehenden 19. Jahrhundert durchzusetzen begann. Eine wichtige Rolle spielte hier die »Einleitung in die Geisteswissenschaften« des Philosophen Wilhelm Dilthey. Dass sie 1883 erschien, zeugte von dem Druck, dem die Geisteswissenschaften gerade auch an den Universitäten im Konkurrenzkampf mit den Naturwissenschaften, der Medizin und zunehmend auch der Technik ausgesetzt waren. Allerdings wurde dieser Druck nicht nur durch die Dynamik der modernen Wissenschaften erzeugt, sondern er entsprang auch der Neigung der geisteswissenschaftlichen Spezies, das Wesentliche – in diesem Fall die fakultätsinterne naturwissenschaftliche Konkurrenz – aus den Augen zu verlieren und sich in einem Streit um den Namen des Bootes zu ergehen, in dem man nun einmal saß.

Das irritierte schon manchen prominenten Mitstreiter wie den Freiburger Philosophen Heinrich Rickert. Der bilanzierte 1899, dass sich während jener Kontroverse in den eigenen Reihen nicht einmal »eine Bezeichnung für unsere gemeinsame Tätigkeit« eingestellt habe, »während die Männer der Naturwissenschaften niemals im Zweifel darüber sein werden, wie das Band heißen soll, das sie zusammenhält«. Aus diesem Dilemma sind die Geistes- beziehungsweise Kulturwissenschaften nie mehr herausgekommen. Die abgeschlagene Position, die Defensive, in der sich die Erlanger Geisteswissenschaften heute gegenüber der Medizin und den Naturwissenschaften, der Technik oder der Informatik befinden, erklärt sich auch so.

Hinzu kommt, dass die Grenze zwischen den geistes- und den naturwissenschaftlichen Disziplinen vor, aber auch nach der Zweiteilung der Philosophischen Fakultät im Jahr 1929 mancherorts auch die Linie zwischen Mittelmaß und Klasse markierte. Das hat Ludwig Curtius im Rückblick auf seine Erlanger Jahre mit spitzer Feder beschrieben. Der Archäologe war mit kriegsbedingten Unterbrechungen von 1908 bis 1918 Mitglied dieser Fakultät und krönte seine große Karriere mit der Stellung des Ersten Direktors am Deutschen Archäologischen Institut in Rom, bis er 1937 »mit der Unterschrift des ›Führers‹« aus dem Dienst entlassen wurde. Seine Charakterstudien der namentlich nicht genannten Vertreter der Erlanger Geisteswissenschaften sind auf ihre Weise zeitlos.

Nicht auszuschließen ist, dass dieser Abstieg auch eine Folge der ungewöhnlichen Expansion gewesen ist, welche die Philosophische Fakultät bis zum Ausbruch des Ersten Weltkriegs verzeichnete. So wuchs die Zahl der Ordinarien – im Vergleich mit anderen Fakultäten überproportional – von 9 im Wintersemester 1848/49 auf 22 im Wintersemester 1913/14. Hinzu kamen Extraordinarien und – wie in anderen Fakultäten auch – die Einrichtung von Assistenturen, um die Ordinarien zu entlasten und die anschwellenden Studentenzahlen zu bewältigen.

Für diese Expansion der Philosophischen Fakultät gab es eine Reihe von Gründen, darunter die Aufnahme neuer Wissensgebiete und Teildisziplinen. Vor allem aber streifte die Philosophische Fakultät endgültig den Charakter der Artistenfakultät ab. Das war nicht zuletzt eine Folge des

Ausbaus sowohl des Gymnasiums als auch der Realschule. Dieser ließ die Nachfrage nach Lehrern sprunghaft ansteigen, und deren Ausbildung kam den Universitäten zu.

Seit der zweiten Hälfte des 19. Jahrhunderts zog die Lehrerbildung die Einrichtung neuer Fächer und damit von Lehrstühlen oder auch von Sammlungen nach sich. Diejenigen für Neuere Sprachen wurden zum Beispiel notwendig, weil die Prüfungsordnungen für das höhere Lehramt seit 1873 auch die Fächer Englisch und Französisch vorsahen. Zudem verlangte die Lehrerbildung nach praktischer Anschauung. Weil man für das Studium der alten Sprachen in der Regel nicht nach Griechenland oder Rom reisen und auch noch nicht in nennenswertem Maße auf Photographien zurückgegriffen werden konnte, begann man seit 1857 in Erlangen mit dem Aufbau einer Antikensammlung. Das war erforderlich, weil das humanistische Gymnasium, das viele Absolventen der Philosophischen Fakultät als Lehrer übernahm, nicht nur die antiken Sprachen, sondern immer auch die Kultur der Sprachräume vermittelte.

Bis zum Ersten Weltkrieg blieb das humanistische Gymnasium das Rückgrat der höheren Schulbildung, wenn es auch in Bayern spätestens 1907 mit der Einführung der neunklassigen Oberrealschule sein Monopol verlor. Weil dort die alten Sprachen nicht mehr unterrichtet wurden, musste in Erlangen zum Wintersemester 1909/10 das Latinum als Eingangsqualifikation eingeführt werden. Dass es nach wie vor die Voraussetzung für ein Studium unter anderem verschiedener Fächer für das Lehramt an Gymnasien bildet, gehört heute zu den Anachronismen der Philosophischen Fakultät.

Im Zusammenwirken mit der Einrichtung einer Antikensammlung war die Einrichtung einer Professur für die Klassische Archäologie gelungen, so wie die Einrichtung des Fachs Kunstgeschichte eine Voraussetzung für die professionelle Betreuung der Gemäldegalerie durch einen Konservator gewesen ist. Heute bilden die zahlreichen, zum Teil sehr umfangreichen, in vielen Fällen einzigartigen Sammlungen der FAU, von denen in Kapitel II.1 berichtet wird, einen teilweise erst noch zu hebenden Schatz. Die Schaffung einer Kustosstelle trug dem im Jahr 2011 Rechnung.

Die Beispiele zeigen einmal mehr, dass nicht selten, vielleicht sogar in den meisten Fällen von außen einwirkende wissenschaftliche und kulturelle, politische oder auch wirtschaftliche Vorgaben und Zwänge den Ausschlag für inneruniversitäre Weichenstellungen gegeben haben. Das galt in Friedens- und es galt in Kriegszeiten. Wobei die Grenzen fließend sein konnten.

Mit professionellem Gespür sprach der seit 1897 in Erlangen tätige Psychiater Gustav Specht – anlässlich der Übernahme des Prorektorats und unter dem bezeichnenden Titel »Krieg und Geistesstörung« – Anfang November 1913 von der »nachgerade chronisch gewordenen kriegerischen Spannung unserer Zeit«. Das traf den Nagel auf den Kopf, denn seit den ausgehenden neunziger Jahren des 19. Jahrhunderts jagte eine internationale Krise die andere. Zwar spielten sich die meisten an der Peripherie Europas ab, doch waren an allen mindestens zwei der sechs europäischen Großmächte beteiligt. Dass sie spätestens seit 1907 in zwei Bündnissen organisiert waren, verlieh der zunehmenden nervösen Grundstimmung zusätzliche Brisanz. Als der große europäische Krieg – ausgelöst, aber nicht verursacht durch die vierte Balkankrise in Serie – dann tatsächlich ausbrach, als zwischen dem 1. und 4. August 1914 zunächst das Deutsche Reich seinen Nachbarn Russland und Frankreich, dann England dem Deutschen Reich den Krieg erklärten, war niemand überrascht. Viele waren sogar erleichtert, weil sich endlich die »chronisch gewordene kriegerische Spannung« löste.

Was die Deutschen im Besonderen angeht, so waren sie überzeugt, dass die anderen ihnen die großen Erfolge der vergangenen Jahrzehnte nicht gönnten und dass man auch deshalb für eine gerechte Sache in den Krieg zog. Dass ihr Reich schon bei seiner Gründung Anfang 1871 kaum mit dem sensiblen Gleichgewicht der Kräfte in Europa vereinbar war, sahen die Deutschen nicht; dass eine zusehends überhebliche, offensiv wirkende deutsche Politik ihren Anteil an der »kriegerischen Spannung« hatte, übersahen sie. Man muss das schildern, weil ohne Kenntnis dieser Grundstimmung nicht zu verstehen ist, was in den drei Jahrzehnten nach dem Sommer 1914 folgte und auch in den deutschen Universitäten tiefe Spuren hinterlassen hat.

Mit Kriegsausbruch wurden auch die Angehörigen der Erlanger Universität von einer Welle des Patriotismus erfasst. Wie die meisten ihrer Landsleute gingen sie davon aus, dass das Gröbste bis zum Jahresende 1914 erledigt und mit einem, allenfalls zwei verlorenen Semestern zu rechnen sei. Am Ende waren es acht oder mehr Semester. 347 Studenten, ein Viertel der Immatrikulierten, fielen. 31 wurden vermisst, keiner von ihnen kehrte heim. Viele wurden verwundet. Auch die Daheimgebliebenen bekamen die Kriegsfolgen zu spüren. In späteren Jahren vor allem wegen der katastrophalen Versorgungslage, gleich zu Anfang durch die Umwandlung unter anderem des Kollegienhauses und des Schlosses in Reservelazarette.

Und dann wurden natürlich die Gelder knapp. Weil der Krieg die öffentlichen Ressourcen verschlang, mussten die Universitäten nach anderen Quellen Ausschau halten. Das war der Anfang der sogenannten Drittmitteleinwerbung auf dem freien Markt, ohne die heute weite Bereiche der Forschung in den Naturwissenschaften und der Medizin, der Technik und der Informatik nicht zu finanzieren sind.

Die FAU war eine der ersten deutschen Universitäten, die diesen Weg einschlug. 1917/18 stellte die Firma Reiniger, Gebbert & Schall, die 1932 in Siemens aufging, der Universität 200 000 Mark für den Bau eines Röntgeninstituts zur Verfügung und übernahm für fünf Jahre die Sach- und Personalkosten. Fast zeitgleich und angeregt durch den Oberbürgermeister, erblickte am 14. Juli 1917 der »Verein der Freunde und Förderer der Universität Erlangen«, der heutige Universitätsbund, das Licht der aus den Fugen geratenen Welt.

Der Erste Weltkrieg revolutionierte nicht nur die politische und die wirtschaftliche, sondern auch die soziale und die kulturelle Landschaft Europas. Mit seiner Abdankung hatte der russische Zar Nikolaus II. im März 1917 die Dämmerstunde der großen zentraleuropäischen Monarchien in Europa – auch in Deutschland – eingeläutet. Das Ende des Kaiserreichs und die Proklamation der Republik konfrontierten die Deutschen dann seit dem 9. November 1918 mit einer Situation, auf die sie nicht vorbereitet waren. Der demütigende Friedensvertrag, den die Vertreter dieser in Weimar gegründeten Republik – nicht die Verantwortlichen des untergegangenen Kaiserreichs – am 28. Juni 1919 in Versailles zu unterschreiben hatten, aber auch die in eine Inflation mündende Wirtschafts- und Finanz-krise taten ein Übriges, um den Neuling gleich mit einer schweren Hypo-thek zu belasten.

Dennoch war der Untergang nach anderthalb Jahrzehnten nicht vor-programmiert. Vor allem während der wirtschaftlich stabilen, kulturell glänzenden, außenpolitisch erfolgreichen mittzwanziger Jahre sah es so aus, als könne Deutschland Tritt fassen. Als dann aber in den beginnen-den Dreißigern eine neuerliche Wirtschaftskrise ihre Kraft entfaltete, er-wiesen sich die Bereitschaft und wohl auch die Fähigkeit zum Kompro-miss als so schwach entwickelt, dass dauerhaft tragfähige, aber kurzfristig unpopuläre Lösungen keine parlamentarischen Mehrheiten mehr fanden. Für einen mit revolutionärer Dynamik vorpreschenden Mann wie Adolf Hitler und seine straff organisierte Nationalsozialistische Deutsche Arbei-terpartei NSDAP war diese unübersichtliche Situation wie geschaffen. Am 30. Januar 1933 krönte Hitler den im Sommer 1930 einsetzenden kometen-haften Aufstieg seiner Partei mit dem Amt des Reichskanzlers, das ihm durch den Reichspräsidenten auf der Basis der bestehenden Verfassung übergeben wurde.

Begonnen hatte diese Karriere in Bayern. Hier erlitt der Mann 1923 seine erste schwere Niederlage, hier feierte er noch vor der Machtüber-nahme seine ersten Triumphe. Das war kein Zufall. Mit der Proklamation des Freistaates Bayern hatte am 8. November 1918 nicht nur Ludwig III. als erster deutscher Monarch seinen Thron verloren. Vielmehr konnte sich unter dem Ministerpräsidenten Kurt Eisner auch eine linke, nach dessen Ermordung Ende Februar 1919 sogar in Teilen Bayerns eine Räterepublik etablieren. Das sorgte für eine Erschütterung der politischen Landschaft wie sonst kaum irgendwo in Deutschland, und diese Situation wiederum bot nationalistischen und chauvinistischen Kräften und Bewegungen ein nachgerade ideales Betätigungsfeld.

Die aufwühlenden Ereignisse hinterließen natürlich auch an der Erlanger Universität ihre Spuren. Mit Blick auf Kommendes wirkt es wie ein Fanal, dass die Erlanger Studentenschaft Ende März 1919 mit überwältigender

Mehrheit entschied, sich dem Freikorps Epp anzuschließen und an der Niederwerfung der Münchener Räterepublik teilzunehmen. Mit 350 Freiwilligen stellten sie unter den Universitäten das stärkste Kontingent. Ob hier eine Erklärung für die sprunghaft ansteigenden Studentenzahlen zu finden ist, wissen wir nicht. Sicher ist, dass die FAU seit Kriegsende eine beträchtliche Anziehungskraft nicht zuletzt auf Studenten aus Berlin und Umgebung ausübte und sich im Sommersemester 1922 fast 2000 immatrikulierten, worauf weder die Universität noch die Stadt vorbereitet waren. Eine vergleichbare Situation sollte sich nach Ende des Zweiten Weltkrieges einstellen.

Diese Zuwanderung hatte – gewissermaßen nebenher – Auswirkungen auf das Erscheinungsbild des Erlanger Studenten, den Ludwig Curtius, durchaus mit Sympathie für diesen Typus, vor 1918 so wahrgenommen hatte: »Den Studiosus in München oder Berlin kann man nicht mit der Bezeichnung ›der Münchener oder der Berliner Student‹ umfassen ... Aber der Erlanger Student war ein einheitlicher Typus. Diesen formte nicht nur das bescheidene Städtchen, das keinerlei großstädtische ›Attraktionen‹ aufwies, nicht ein einziges elegantes Restaurant ..., so dass dem Musensohn, wenn er nicht im Genuss der vortrefflichen Erlanger Biere versumpfte, nichts anderes übrigblieb als das Studium seiner Bücher und die mittelfränkische Landschaft.«

Schwer zu sagen, ob und gegebenenfalls welchen Einfluss diese provinzielle Bodenständigkeit und dann auch die zeitweilige Zuwanderung aus dem Norden auf die politische Entwicklung der Erlanger Studentenschaft genommen haben. Gesichert ist, dass dem Ende Juni 1919 erstmals und dann im Jahresrhythmus gewählten Allgemeinen Studentenausschuss AStA im Wintersemester 1925/26 21 Vertreter der Großdeutschen Hochschulliste angehörten. Hingegen kamen insgesamt lediglich vier von der aus Republikanischem Studentenbund und Sozialdemokraten bestehenden Freien Hochschulgruppe, der Deutschen Christlichen Studentenvereinigung und der Jugendbewegung. Zwei Jahre später entsandte der neukonstituierte Nationalsozialistische Deutsche Studentenbund NSDStB fünf, im Wintersemester 1929/30 schon 14 Vertreter in den neu gewählten AStA. Damit war die Erlanger die erste deutsche Universität, in deren verfasster Studentenschaft der NSDStB die absolute Mehrheit besaß.

Kein Wunder, dass es Adolf Hitler wiederholt nach Erlangen zog. Acht Wochen nachdem seine Partei bei der Reichstagswahl vom September 1930 spektakulär von 2,6 auf 18,3 Prozent zugelegt hatte, und einen Tag vor den Wahlen zum neuen AStA sprach der »Führer« der Bewegung am 13. November im prall gefüllten Kolosseum, einem privat bewirtschafteten Festsaal. Der Zuspruch war so groß, dass Hitler am 25. Juni und 3. Juli 1931 dort erneut auftrat. Von einer vergleichbaren Resonanz konnte Thomas Mann nur träumen. Als er am 11. Juni 1931 vor dem erwähnten Republikanischen Studentenbund über »Europa als Kulturgemeinschaft« referierte, musste der Redoutensaal wegen anhaltender Tumulte durch die Polizei geräumt werden.

Zu den Universitätsangehörigen, die Hitler im November 1930 erstmals zuhörten, zählten auch zahlreiche Professoren, für die 90 Plätze reserviert waren. Das Ende der Monarchie hatte für sie eine Reihe mittelbarer und unmittelbarer Folgen gezeitigt. So konnte man 1920 erstmals den Rektor aus den eigenen Reihen wählen. Damit war eine wesentliche Voraussetzung für eine politische Interpretation des Amtes gegeben.

Und dann hinterließen die gesellschaftlichen und kulturellen Umbrüche des Kriegs und der Nachkriegszeit natürlich auch im institutionellen Profil der Universität ihre Spuren. Bald wurde deutlich, dass die Naturwissenschaftliche sich aus der Philosophischen Fakultät lösen und dass sich nicht erst mit dem 1929 endgültig vollzogenen Schritt eine Zweiklassengesellschaft bilden würde. Anders als bei den Naturwissenschaften ließ sich nach der Beobachtung Alfred Wendehorsts »in den Geisteswissenschaften … eine weitgehende Stagnation nicht übersehen«.

Dass die FAU außerhalb Erlangens überhaupt noch mit den Geisteswissenschaften in Verbindung gebracht wurde, war einzelnen Gelehrten zu verdanken. So dem von Wilhelm Windelband – einem der Matadore in der beschriebenen Kontroverse um Kultur- beziehungsweise Geistes- und Naturwissenschaften – promovierten Philosophen Eugen Herrigel. Der hatte nach der Promotion fünf Jahre als Ordentlicher Professor in

Japan gelehrt, bevor er 1929 nach Erlangen berufen wurde und sich bis zu seiner Emeritierung 1954 unter anderem mit dem Klassiker »Zen in der Kunst des Bogenschießens« als Kenner Japans einen Namen machte. Damit begründete Herrigel eine Tradition, die in der Erlanger Japanologie weiterlebt und heute mit der Sinologie sowie der durch Friedrich Rückert eingeführten Orientalistik zu den vorzeigbaren Disziplinen der Fakultät gehört.

Vergleichbares lässt sich von anderen nach dem Ersten Weltkrieg eingerichteten geisteswissenschaftlichen Fächern nicht sagen. Die 1919 institutionalisierte und anfänglich hoch umstrittene Pädagogik ist heute ein Massenfach ohne klare Konturen. Ihre Daseinsberechtigung bezieht sie im Wesentlichen aus der Lehrerbildung, mit der sich eine Fortführung der Geisteswissenschaften und damit auch ein Überleben der Philosophischen Fakultät legitimieren lässt. Die 1923 etablierte Musikwissenschaft wiederum wurde 2008 an die Universität Würzburg abgetreten und dort – dem Trend zur Zentrenbildung folgend – gemeinsam mit dem musikwissenschaftlichen Institut der Universität Bamberg in ein neu gegründetes Institut für Musikforschung integriert. Für die Erlanger Geisteswissenschaften war das durchaus ein Verlust.

Es mag an der unmittelbaren gesellschaftlichen Relevanz der Medizin und der Rechtswissenschaft liegen, dass ihnen vergleichbare Schicksale erspart geblieben sind. So spiegelten die 1923 gegründete Klinik für Haut- und Geschlechtskrankheiten oder auch das Institut für gerichtliche Medizin und gerichtliche Psychiatrie die dynamische Entwicklung des Fachs. Und natürlich waren es nicht zuletzt fachlich herausragende Vertreter einzelner Disziplinen, die der Medizin oder auch der Jurisprudenz einen über Erlangen hinausreichenden Ruf verschafften. Nach dem Ersten Weltkrieg galt das in der Medizin zum Beispiel für die Magen- und Darmchirurgie oder für die Gynäkologie und bei den Rechtswissenschaften für das Prozessrecht, das seit 1918 durch Friedrich Lent glänzend vertreten wurde. Lent gehörte im Übrigen zu der kleinen Gruppe Erlanger Professoren mit parlamentarischer Erfahrung, saß von 1924 bis 1932 im Bayerischen Landtag, hernach über die Selbstauflösung seiner Deutschnationalen Volkspartei DNVP hinaus bis November 1933 im Reichstag.

Bevor sich die inzwischen umbenannte DNVP am 27. Juni 1933 auflöste, stimmte sie wie auch die übrigen Parteien – von der am 22. Juni faktisch verbotenen SPD und der unterdrückten KPD abgesehen – im Reichstag noch einer Reihe von Maßnahmen und Gesetzen zu, mit denen sie das Parlament und damit sich selbst entmachteten. Am 23. März 1933 billigten sie das Gesetz zur Behebung der Not von Volk und Reich, das als »Ermächtigungsgesetz« in die Geschichte eingegangen ist. Zu denen, die dem Gesetz ihre Zustimmung gaben, gehörte auch Theodor Heuss, Mitglied der linksliberalen Deutschen Staatspartei und Dozent an der Deutschen Hochschule für Politik in Berlin, der nach dem Zweiten Weltkrieg erster Bundespräsident des westdeutschen Teilstaates werden sollte.

Wie die Angehörigen der meisten übrigen bürgerlichen und christlichen Parteien war Heuss gewiss kein Anhänger Hitlers und seiner Partei, aber er war dann doch überzeugt, dass der Reichskanzler mit Hilfe besagten Gesetzes und anderer Maßnahmen noch am ehesten in der Lage sei, die drückende politische, wirtschaftliche und soziale »Not von Volk und Reich« abzuwenden. Die Nationalsozialisten wussten schon, warum sie ihr Gesetz so nannten. Und sie hatten Erfolg. Großen Erfolg.

Man muss das in Rechnung stellen, wenn man verstehen will, was in den kommenden Jahren an den deutschen Universitäten vor sich ging. Als sie am 12. Mai 1933 auf dem Erlanger Schlossplatz »zersetzende Bücher jüdisch-marxistischen Geistes und Ursprungs« verbrannten, dankten auch die Erlanger Studenten »unserem gottgesandten Führer Adolf Hitler …, dass er uns alle, das gesamte deutsche Volk, zu neuem nationalen Standesbewusstsein zurückgeführt« hat. Spätestens seit sich Anfang 1936 die letzten Burschenschaften aufgelöst, wenn auch ihre Traditionen nicht ganz aufgegeben hatten, waren die Erlanger Studenten geschlossen im Nationalsozialistischen Deutschen Studentenbund organisiert und entsprechend straff geführt.

Begünstigt wurde die nationalsozialistische Formatierung der Erlanger Studentenschaft durch den Umstand, dass Hitler und die NSDAP Nürnberg und damit den gesamten Großraum zu einem Zentrum ihrer Bewegung erklärt hatten; immerhin fanden hier ihre jährlichen Reichsparteitage statt. Außerdem war Julius Streicher – früher Weggefährte

Hitlers, Besitzer und Herausgeber des Kampfblatts »Der Stürmer« – bis 1940 der zuständige Gauleiter.

Und dann muss man die spezifische soziale Struktur Erlangens und insbesondere seiner Studentenschaft in Rechnung stellen. Auch darauf hat schon Alfred Wendehorst hingewiesen. In keiner zweiten deutschen Universitätsstadt waren das liberale Großbürgertum, ein radikalsozialistischen beziehungsweise kommunistischen Ideen zugängliches Industrieproletariat, »linke Intellektuelle mit ihrem traditionell starken jüdischen Anteil« oder auch die katholische Kirche »mit ihrem weitverzweigten Netzwerk von Vereinen« schwächer vertreten als hier. Das sorgte lange Zeit für jene auch politisch »freundliche Langeweile«, wie sie Benno von Wiese erlebte, der 1932 als Extraordinarius für Neuere Deutsche Literaturgeschichte nach Erlangen kam und bis 1943 blieb. Mit dieser Lethargie war es nach Hitlers Machtübernahme »schlagartig vorbei«.

Auch unabhängig von solchen persönlichen Reminiszenzen sind wir über die Entwicklung der Erlanger Studentenschaft in der Zeit der Weimarer Republik und des »Dritten Reiches« ungewöhnlich gut informiert, weil diese so früh wie in keinem zweiten Fall in der Bundesrepublik historisch aufgearbeitet worden ist. Schon 1969 wurde Manfred Franze mit einer aus den Akten gehobenen Arbeit zu diesem Thema promoviert. Sein Doktorvater war Walther Peter Fuchs, der seinerseits dem Nationalsozialismus nahe gestanden, sich auch freiwillig zum Kriegsdienst gemeldet hatte. Nach Stationen in Karlsruhe und Heidelberg, wo er den späteren Bundeskanzler Helmut Kohl promovierte, nahm Fuchs 1962 den Ruf auf den Lehrstuhl für Neuere Geschichte II in Erlangen an.

Eine vergleichbar gründliche Untersuchung der Erlanger Professorenschaft wurde erst von Alfred Wendehorst in Angriff genommen, als er sich anlässlich des zweihundertfünfzigjährigen Bestehens der Universität auch mit diesem Thema befasste, dabei allerdings die Geschichte seines eigenen Instituts ausklammerte. Die Gründung dieses Instituts für fränkische Landesforschung war in der ausgehenden Weimarer Republik angeregt worden und erfolgte auf Beschluss des bayerischen Kultusministeriums am 1. April 1933. Dem Schwerpunkt »Rassenforschung« entsprechend entstanden hier Dissertationen unter anderem zu den Themen

»Die Anfänge der völkischen Bewegung in Franken« oder »Die Juden-frage durch fünf Jahrhunderte«. Vergleichbare Themen wurden zum Beispiel auch von den Juristen vergeben.

Insgesamt wusste die Mehrheit der Erlanger Professoren zunächst nur wenig mit den laut und ordinär auftretenden Nationalsozialisten anzufan-gen. Wie die meisten ihrer Standesgenossen in Deutschland waren sie deutschnational eingestellt – und eben deshalb mittelfristig und in dem Maße für Hitlers Politik empfänglich, in dem dieser Deutschland außen-politisch zu alter Größe zurückzuführen schien. Nicht zufällig waren es die Deutschnationalen gewesen, die im Januar 1933 eine Koalition mit der NSDAP gebildet und Hitler so in Berlin die notwendige Mehrheit verschafft hatten.

Unter den 300 deutschen Professoren, die vor der Reichstagswahl am 5. März 1933, der letzten halbfreien, dazu aufriefen, Hitler und seine NSDAP zu wählen, waren sechs Erlanger – vier Mediziner, ein Theologe und der Historiker Helmut Weigel. Er war zugleich der einzige Erlanger Hochschullehrer, der bei der Machtübernahme der NSDAP angehörte. Da seine Frau jüdischer Herkunft war und er sich trotz seiner nationalsozia-listischen Einstellung nicht von ihr scheiden lassen wollte, wurde Weigel im November 1935 aus der Partei ausgeschlossen, im Juni 1936 entzog man ihm die Lehrerlaubnis.

Für die Professoren im Besonderen gilt, was von den Deutschen im Allgemeinen zu sagen ist: Die Parteizugehörigkeit sagt, für sich genom-men, wenig über die innere Einstellung zum Nationalsozialismus oder auch über die Umsetzung der von diesem vorgegebenen Ziele aus. So wie man umgekehrt von der Nichtmitgliedschaft keine Rückschlüsse auf die Einstellung zum Nationalsozialismus und seinen Zielen ziehen kann. Zu-mal man nicht vergessen darf, dass nach der Wahl vom 5. März 1933, die der NSDAP mit knapp 44 Prozent einen beträchtlichen Zuwachs be-scherte, zum 1. Mai eine Aufnahmesperre verhängt wurde. Es gab Aus-nahmen, zum Beispiel für SA- und SS-Angehörige; später galt die Aufnah-mesperre auch für sie. Zwar wurde sie Anfang 1937 gelockert und zum 1. Mai 1939 aufgehoben, aber eine pauschale Aussagekraft hat die Parteimitgliedschaft ebensowenig wie die Nichtmitgliedschaft. 1937 waren noch elf Prozent der SS-Angehörigen keine NSDAP-Mitglieder.

Aussagekräftiger als die formale Parteizugehörigkeit sind Maßnahmen, die von einzelnen Hochschulangehörigen, von Fakultäten oder auch von der Universitätsleitung ergriffen wurden. Etwa die Versetzung in den Ruhestand beziehungsweise der Entzug der Lehrerlaubnis auf Grundlage des Gesetzes zur Wiederherstellung des Berufsbeamtentums vom 7. April 1933. Dass davon lediglich sieben Prozent des Lehrkörpers und damit deutlich weniger als im Durchschnitt der deutschen Universitäten betroffen waren, lag auch an der erwähnten Zusammensetzung der Professorenschaft: Bei »der Aufstellung von Berufungslisten« habe die »arische Abstammung« schon »immer eine ausschlaggebende Rolle gespielt«, gab der Dekan der Naturwissenschaftlichen Fakultät, Julius Schwemmle, Anfang 1934 zu Protokoll.

Tatsächlich traf man in Erlangen anders als namentlich in Berlin und Frankfurt, die fast ein Drittel ihrer Professoren verloren, kaum jüdische Universitätsangehörige an. Viele dieser wenigen hatten allerdings promoviert. Ihnen allen und anderen, die von einer Reihe einschlägiger Gesetze betroffen waren, wurde zwischen 1933 und 1945 ihr akademischer Grad entzogen. Insgesamt waren es 162, von denen viele, wenn der Entzug erfolgte, längst emigriert waren. Diese und andere jüngere Erkenntnisse sind den Forschungen Clemens Wachters zu danken, der seit 1999 als Nachfolger Alfred Wendehorsts das Archiv der FAU leitet.

Vom Wintersemester 1933/34 bis zum Sommersemester 1944 standen drei Mediziner als Rektoren an der Spitze der Universität, gefolgt von dem bereits erwähnten Philosophen Eugen Herrigel, der zwar einerseits für die nationalsozialistische Ideologie die Trommel rührte, sich aber andererseits für den einen oder anderen »nicht arischen« oder dezidiert nicht linientreue Schüler oder Kollegen stark machte.

Die Auswahl der seit 1935 vom Reich ernannten Rektoren deutet darauf hin, dass die Erlanger Mediziner zu den aktiven Anhängern der nationalsozialistischen Weltanschauung gehörten. Zwar gab es kein eigenes Institut für Rassenbiologie oder Rassenhygiene, doch wurden Erwartungen und Vorgaben des Regimes mitunter in vorauseilendem Gehorsam erfüllt. So nahm man in Erlangen massenhaft Abtreibungen an sogenannten Ostarbeiterinnen vor. 1948 wurde der dafür verantwortliche Gynäkologe Rudolf Dyroff wegen Zwangsabtreibung »in wenigstens 136 Fällen« angeklagt, dann aber freigesprochen, weil er das damalige Recht auf seiner Seite geglaubt habe. 1950 wurde Dyroff zum Ordentlichen Professor für Geburtsheilkunde und Frauenheilkunde ernannt; zusätzlich übernahm er die Leitung der Frauenklinik und der Hebammenschule.

Ähnlich reüssierte der Psychiater Berthold Kihn, der sich schon vor dem Erlass des Gesetzes zur »Verhütung erbkranken Nachwuchses« am 14. Juli 1933 in Fachorganen für die »Ausschaltung der Minderwertigen aus der Gesellschaft« ausgesprochen hatte. Kihn lehrte in Erlangen als außerplanmäßiger Professor, bis er 1936 die Universität verließ und über Stadtroda nach Jena ging. 1945 kehrte er nach Erlangen zurück und eröffnete hier eine Privatklinik. Mitte November 1951 beschloss die Medizinische Fakultät, Kihn die Venia Legendi wiederzuverleihen und ihn zum Honorarprofessor zu ernennen. Ein Ermittlungsverfahren »wegen Beihilfe zum Mord in zahlreichen Fällen« überstand Kihn 1963 unbeschadet.

Auch der 1939 an die FAU berufene Kindermediziner Albert Viethen schaffte es, dass 1964 ein Verfahren wegen Beihilfe zur Kindereuthanasie eingestellt wurde. Schon im November 1947 konnte Viethen, der gerade zwei Jahre lang wegen seiner SS-Angehörigkeit in einem Internierungs- und Arbeitslager eingesessen hatte, so viele entlastende Bescheinigungen beibringen, dass ihm die Spruchkammer Forchheim attestierte, »einen bewundernswerten aktiven Widerstand gegen die nationalsozialistische Gewaltherrschaft geleistet« zu haben. 1958 erhielt er, inzwischen Chef einer Kinderklinik in Berchtesgaden, die akademischen Rechte eines entpflichteten Ordentlichen Professors der FAU zurück.

Bezogen auf die unmittelbare Teilnahme an den physischen Vernichtungs- und Zwangsmaßnahmen des Regimes blieben diese Fälle deshalb Ausnahmen, weil es an der FAU wie an den anderen Universitäten jenseits der Kliniken keine entsprechenden Einrichtungen beziehungsweise Freiräume gab. Vertreter anderer Fakultäten, also vor allem Geisteswissenschaftler, Theologen oder Juristen, aber auch Naturwissenschaftler sowie auch hier Mediziner, sekundierten den Machthabern mehr oder weniger intensiv mit der Feder. Ob und in welchem Maße das im Einzelfall ihren Überzeugungen entsprach, lässt sich schwer rekonstruieren.

Sicher ist, dass neben den Medizinern vor allem die Erlanger Theologen früh ihren Frieden mit der nationalsozialistischen Weltanschauung machten. Das galt namentlich für die Systematischen Theologen Werner Elert und Paul Althaus. Letzterer amtierte zugleich als Universitätsprediger und feierte die Machtübernahme Hitlers im Namen der evangelischen Kirche als »ein Geschenk und Wunder Gottes«. Die beiden gehörten zu jenen, die sich 1933 für die Einführung eines sogenannten Arierparagraphen in die Kirchenverfassungen aussprachen und damit gegen die Evangelisch-Lutherische Landeskirche in Bayern stellten. Althaus, der sich allerdings im Herbst öffentlich wieder davon distanzierte, war Mitte Juli 1934 – wie auch Elert – maßgeblich an der Formulierung des sogenannten Ansbacher Ratschlags beteiligt, der die »Rasse (d. h. Blutszusammenhang)« und die von Gott gesetzte »natürliche Ordnung« in einen unmittelbaren Zusammenhang rückte.

Dass sich am Ende so gut wie niemand einer Verantwortung oder gar einer Schuld bewusst gewesen ist, unterscheidet die Angehörigen der Erlanger nicht von denen anderer Universitäten. Natürlich tut sich der Nachlebende mit seinem Urteil leicht. Zu fragen bleibt, wie die Alternativen, die es gab, ausgesehen haben. Von der Beschäftigung mit abgelegenen Themen bis hin zum Rückzug vom Amt war vieles denkbar – sofern man bereit war, die Karriere aufs Spiel zu setzen, womöglich sogar sich selbst, die Familie und die Freunde in Gefahr zu bringen. Im Rückblick diesen Mut einzufordern, ist eine Sache; ihn unter den Bedingungen eines totalitären Systems an den Tag zu legen, ist eine andere. Zumal die Zeitgenossen sehr bald davon ausgehen mussten, das propagandistisch auf tausend Jahre angelegte »Dritte Reich« werde tatsächlich auf nicht absehbare Zeit bestehen bleiben.

Also gingen die meisten Erlanger Professoren einer womöglich folgenreichen Entscheidung aus dem Weg und verhielten sich unauffällig. Dabei kamen ihnen die provinzielle Abgeschiedenheit und das historisch gewachsene Profil ihrer Universität zugute. Erlangen war eben nicht

Berlin oder München. Und die preußische und nationale, protestantische und nichtjüdische Prägung verlangte vergleichsweise wenig Kompromisse, wenn es um ein Arrangement mit den Machthabern und ihrer Weltanschauung ging.

Am Ende wurden es keine tausend, sondern zwölf Jahre. Aber die reichten Hitler und den Deutschen, um Europa mit einem bis dahin beispiellosen Eroberungs-, Beute- und Vernichtungsfeldzug zu überziehen. Der war – bald nach der Machtübernahme beginnend und zunächst noch verdeckt – konsequent vorbereitet worden. Der Wiedereinführung der Allgemeinen Wehrpflicht und der Besetzung der entmilitarisierten Zonen des Rheinlandes waren bis zum Frühjahr 1939 unter anderem der »Anschluss« Österreichs und die Zerschlagung der Tschechoslowakei gefolgt. Mit dem deutschen Überfall auf Polen begann am 1. September 1939 ein Krieg, der zunächst nur militärische Triumphe kannte. Und die wiederum – allen voran die Kapitulation Frankreichs vom 22. Juni 1940, aber auch der am 22. Juni 1941 eröffnete Feldzug gegen die Sowjetunion – trugen dazu bei, dass Hitler und seine Generäle von einer Woge des Erfolgs getragen wurden.

Die hohe, kaum noch verhaltene Zustimmung der Erlanger Professoren erklärt sich auch so. Dass sie bis zum bitteren Ende hielt, hatte damit zu tun, dass spätestens seit der Niederlage von Stalingrad Ende Januar beziehungsweise Februar 1943 aus dem Siegeszug eine Abwehrschlacht geworden war. Und die Deutschen wussten oder ahnten zumindest, dass es am Ende eine Abrechnung geben würde.

Auch Erlangen und seine Universität zahlten einen hohen Preis: Das Vorlesungsverzeichnis für das Sommersemester 1945 führt 230 gefallene Studenten für den Zeitraum 1940 bis März 1945 an. Weitere Angaben, zum Beispiel zu Verwundeten oder in Gefangenschaft Geratenen oder auch über die Verluste unter den übrigen Universitätsangehörigen, sind anders als im Falle des Ersten Weltkrieges nicht greifbar.

Andererseits hatten die Erlanger insofern Glück, als ihre Stadt und die Universität unzerstört blieben. Außerdem kamen sie unter amerikanische und nicht – wie Jena oder Halle mit ihren Universitäten – unter sowjetische Besatzung. Am 16. April 1945 rückte die 3. motorisierte Infanterie-Division der 3. US-Armee in Erlangen ein. Die Amerikaner beschlagnahmten 559 Häuser, darunter viele von Universitätsangehörigen. Wohl auch deshalb wurden sie von den Wenigsten als Befreier wahrgenommen.

Dem Theologen und Universitätsprediger Paul Althaus, der sich früh mit den Nationalsozialisten arrangiert hatte, schwante schon einige Tage nach dem Einmarsch der Amerikaner, dass den Deutschen wohl noch »manche schlimme Rechnung ... präsentiert« werden würde. Um sie vielleicht doch günstiger zu gestalten als zu erwarten stand, stellte er am 13. Mai fest, dass man das »Furchtbare, das draußen geschah ... weder gewollt noch geahnt« habe: »Wir tragen insofern keine Schuld daran«. Damit war der Ton gesetzt – in Erlangen wie praktisch allerorten in Deutschland.

Althaus führte auch die Geschäfte der durch die amerikanische Militärregierung geschlossenen Universität und saß zugleich einem Ausschuss vor, der über die politische Vergangenheit der Erlanger Professoren Bericht erstatten sollte. Mit dem alliierten Gesetz zur Befreiung von Nationalsozialismus und Militarismus wurden dann im März 1946 Spruchkammern für die sogenannte Entnazifizierung auch der Universitätsangehörigen eingerichtet. Ein Vorprüfungsausschuss hatte der für Erlangen zuständigen Spruchkammer Gutachten vorzulegen.

Als die Amerikaner diese zu sehen bekamen, intervenierten sie und zwangen das Kultusministerium im Februar 1947 unter Verweis auf besagtes Gesetz, 30 Erlanger Professoren und Dozenten sowie 46 Assistenten und Hilfskräfte umgehend zu entlassen. Nicht mitgezählt waren die bereits früher entlassenen Professoren, darunter – bis auf einen Pharmakologen – sämtliche Ordinarien der Medizinischen Fakultät, zwei Juristen, zwei Historiker und ein Botaniker. In den meisten Fällen war das formale Kriterium einer Mitgliedschaft in der NSDAP, der SA oder der SS vor einem bestimmten Datum ausschlaggebend. Das erklärt, warum an kaum einer zweiten deutschen Universität in den westlichen Besatzungszonen mehr Professoren entlassen wurden als in Erlangen.

Mit einer offensiven Bewältigung der Vergangenheit hatte das wenig zu tun. Dass sie an der FAU – wie auch sonst in der deutschen Universitätslandschaft – lange nicht stattfand, lag nicht zuletzt an ihrem ersten, am 20. Juli 1946 mit 40 von 61 Stimmen gewählten Rektor Eduard Brenner. Dabei wäre eine kritische Auseinandersetzung und Aufarbeitung durch einen gestandenen Sozialdemokraten ohne jede nationalsozialistische Vorbelastung, wie Brenner einer war, durchaus glaubwürdig gewesen. Davon sah dieser aus einer Reihe von Gründen jedoch ab. Dass er – durch die Amerikaner favorisiert – von außen kam, nicht habilitiert war und wohl auch deshalb von immerhin einem Drittel der Professoren nicht gewählt wurde, spielte wohl eine Rolle: Der Außenseiter suchte Anerkennung.

Vor allem aber brachten die zahlreichen Entlassungen einige Bereiche der Universität zum Erliegen und den Rektor in Zugzwang. Weil Erlangen und seine Universität nicht zerstört waren, besaßen sie eine enorme Anziehungskraft: Im Sommersemester 1946 waren 5500 Studenten immatrikuliert – dreimal so viele wie vor dem Krieg, davon 20 Prozent Kriegsversehrte, 25 Prozent Frauen, 40 Prozent Katholiken. Wie schon nach dem Ersten Weltkrieg, wenn auch aus anderen Gründen und Motiven als gut 25 Jahre zuvor, erlebte die FAU abermals einen Ansturm, auf den sie nicht vorbereitet war. Mit ihm änderte sich beinahe über Nacht die Zusammensetzung der Studentenschaft. Das gilt nicht nur für den sprunghaften Anstieg von Frauen und Katholiken, sondern auch für die Zuwanderung aus näheren oder ferneren Gegenden Deutschlands.

Sie alle waren hungrig. Einmal im wahrsten Sinne des Wortes, vor allem aber auf geistige Nahrung. Der Nachholbedarf nach den öden Jahren war groß. Also musste der Universitätsbetrieb auf Touren kommen. Und weil das kurzfristig mit frischen, unbelasteten Leuten nicht zu stemmen war, wurden viele Augen zugedrückt. So auch in der zuständigen Spruchkammer, die sich zudem mit dem ausdrücklichen Votum der Studenten konfrontiert sah, die Überprüfung der entlassenen Hochschullehrer zu beschleunigen. Angesichts des universitären Notstands war eine umfassende Prüfung des Einzelfalls ohnehin kaum möglich. Außerdem fand sich hier wie überall in Deutschland fast immer der eine oder andere, der dem Beschuldigten Entlastung verschaffte. So entstand ein Riesenheer persilscheinbewehrter Mitläufer, die wenig Interesse an einer umfassenden Aufklärung der Vergangenheit hatten. Bald nach ihrer Entlassung waren auch die meisten der Erlanger Professoren rehabilitiert, wenn auch noch nicht zwangsläufig wieder in ihre alten Ämter eingesetzt.

Einer ihrer ersten Hörer war Hans Schwerte, der 1946 das Studium der Germanistik aufnahm, nur zwei Jahre später promoviert und 1958 auch in Erlangen habilitiert wurde. Daran schloss sich eine glanzvolle Karriere als Lehrstuhlinhaber an der Rheinisch-Westfälischen Technischen Hochschule Aachen an, der Schwerte von 1970 bis 1973 sogar als Rektor vorstand.

1995 wurde bekannt, dass Hans Schwerte in Wirklichkeit Hans-Ernst Schneider hieß, schon einmal unter anderem Literatur- und Kunstgeschichte studiert hatte und 1935 in Königsberg promoviert worden war. Schneider alias Schwerte wusste, warum er 1945 seine Identität wechselte: Zuvor war er nämlich SS-Hauptsturmführer und leitender Sachbearbeiter in der Wissenschaftsorganisation »Ahnenerbe« und dort für den »Germanischen Wissenschaftseinsatz« in den »germanischen Randländern« zuständig gewesen. Der Fall zeigt, dass die deutschen Universitäten bisweilen noch Jahrzehnte nach dem Ende des »Dritten Reiches« mit diesem Kapitel ihrer Geschichte konfrontiert wurden. Er zeigt auch, wie schwer sie sich selbst jetzt noch damit taten: Der Forderung, Schneider alias Schwerte den unter falschem Namen erworbenen Doktortitel abzuerkennen, kam die Philosophische Fakultät der FAU im August 1996 nicht nach. Die Rechtslage ließ das nicht zu.

Bei den frühen Versuchen, die jüngere Geschichte hinter sich zu lassen, half – auch – den Erlanger Professoren, dass sich die weltpolitischen Rahmenbedingungen schon seit Ende des europäischen Krieges im Frühjahr 1945 in einem dramatischen Umbruch befanden. Aus den gegen Hitler und Deutschland verbündeten Koalitionären waren Gegner geworden. Kaum hatten Amerikaner und Sowjets mit ihren Verbündeten die Deutschen in die Knie gezwungen und damit ihr wichtigstes Ziel erreicht, gerieten sie über die Nachkriegsordnung fast überall auf der Welt in Konflikt, auch in der deutschen Frage. Und weil sich bald abzeichnete, dass aus ihrem politischen Dissens eine handfeste militärische Auseinandersetzung werden könnte, froren Amerikaner, Briten und Franzosen auf der einen und Sowjets auf der anderen Seite die Lage ein.

Das zeitigte für die Deutschen dies- und jenseits der Elbe unmittelbare Konsequenzen. Da ihr Territorium bei einer militärischen Eskalation mit aller Wahrscheinlichkeit das Schlachtfeld war, wurden sie als Fußvolk gebraucht, rückten also gleichsam über Nacht von der Rolle des Gegners in die von potentiellen Verbündeten, und das hieß auch: Wesentlich früher, als das nach der bedingungslosen Kapitulation vom Mai 1945 irgendjemand für möglich gehalten hätte, eröffnete sich hier wie dort die Chance auf ein eigenes Staatswesen. Nur vier Jahre nach Kriegsende wurde im Mai 1949 die Bundesrepublik Deutschland gegründet, im Oktober gefolgt von der Gründung einer Deutschen Demokratischen Republik.

Für die Bundesbürger, um die es hier geht, hatte das den willkommenen Nebeneffekt, dass sich der Blick nicht mehr zurück auf die eigenen Vergehen und Verbrechen richtete, sondern nach vorn – auf die tatsächlich oder vermeintlich von den Sowjets und ihren Verbündeten ausgehenden Gefahren. Und sie hatten sich nach den Umbrüchen der Jahre 1918/19 und 1933 schon wieder mit einer neuen Staatsform zu arrangieren. Das war keine geringe Herausforderung, auch nicht für die deutschen Universitäten, die bei der Etablierung wie der Interpretation der neuen deutschen Lage in der geteilten Welt gefragt waren.

Viele Professoren, die entweder zuvor an jetzt polnischen beziehungsweise sowjetischen Universitäten wie Breslau oder Königsberg gelehrt hatten oder nicht unter den Bedingungen der Sowjetisch Besetzten Zone SBZ, also der nachmaligen DDR, lehren wollten oder aber nach der Schließung der 1348 gegründeten und damit ältesten deutschen Universität in Prag auf der Straße standen, zog es nach Westen, auch nach Erlangen. Etwa 20 Hochschullehrer, die meisten aus Prag, kamen hier unter. In Verbindung mit den Kollegen, die rehabilitiert und wieder eingestellt wurden, trugen sie maßgeblich dazu bei, dass der Lehr- und Prüfungsbetrieb oder auch die Kliniken die anschwellenden Studentenzahlen wenigstens einigermaßen bewältigen konnten.

Die überquellenden Hörsäle waren auch ein starkes Argument für einen raschen Ausbau der Universität. Die bald rasant Fahrt aufnehmende Konjunktur der Republik, die als »Wirtschaftswunder« in die Geschichte eingegangen ist, tat ein Übriges. So wurden in den fünfziger Jahren nicht nur die Juristische, die Theologische und die Philosophische Fakultät mit neuen Gebäuden im Stil der Zeit beglückt, sondern auch die Medizinische Klinik erweitert, die Kinderklinik, das Institut für Rechtsmedizin und das sogenannte Bettenhaus der Chirurgie neu gebaut, das mit seinen zehn Stockwerken das höchste Gebäude Erlangens war. Sie alle spiegelten im Tempo der Errichtung und in ihrer phantasielosen Architektur den Geist der Zeit. Ein halbes Jahrhundert später nagte deren Zahn so heftig an der Substanz, dass eine grundlegende Sanierung oder, wie im Fall des Bettenhauses und des Operationstraktes der Chirurgie, der Abriss anstanden. Damit war die durchschnittliche Nutzungsdauer solcher Immobilien von 35 Jahren deutlich überschritten.

Natürlich blieb es nicht bei baulichen Maßnahmen. In den späten fünfziger Jahren beginnend, wurden nicht zuletzt in den Geisteswissenschaften Institute und Professuren in Serie neu geschaffen. Viele von ihnen, so die Professuren für Politische Wissenschaft, für Osteuropäische Geschichte oder für Sprache und Kultur Chinas, die in den Jahren 1961, 1962 und 1967 an der FAU eingerichtet wurden, hatten ihre Funktion, als es in der Eiszeit des Kalten Krieges um das Verständnis der neuen Lage ging. Waldemar Besson, der, wie in Kapitel II.1 nachzulesen ist, 1961 auf den Lehrstuhl für Politische Wissenschaft berufen wurde, gehörte zu den frühen Interpreten dieser Lage. Als seine großen Werke erschienen, hatte er allerdings Erlangen schon Richtung Konstanz verlassen. Das war 1966. Zwei Jahre später folgte ihm der Mediävist Arno Borst.

Diese beiden erheblichen Verluste zeigen, dass den traditionellen Universitäten wie der Erlanger mit den während der sechziger Jahre geplanten neuen Universitäten eine ernst zu nehmende Konkurrenz erwuchs. Das galt für die im Wesentlichen medizinisch ausgerichteten Hochschulen in Hannover, Lübeck und Ulm; es galt für Bochum, Bremen, Dortmund, Osnabrück oder Regensburg; und es galt in besonderem Maße für die beiden sogenannten Reformuniversitäten Konstanz und

Bielefeld. Frisch aus der Taufe gehoben, hingen sie nicht in verkrusteten Strukturen fest, waren mithin für Forderungen und Vorschläge der Berufenen offen und empfänglich. 1966 beziehungsweise 1969 gegründet, wurden Konstanz und Bielefeld zudem kaum vom Zeitgeist erfasst. Auch das machte sie für manchen Hochschullehrer attraktiv.

Dieser Zeitgeist wurde an den deutschen Universitäten für einige Jahre – lautstark, auch unter Anwendung physischer Gewalt und damit öffentlichkeitswirksam – durch eine Minderheit vertreten und dauerhaft geprägt, die als »Achtundsechziger« in die Geschichte eingegangen sind, weil diese Bewegung 1968 ihren Scheitelpunkt erreichte. In ihr bündelte sich das Unbehagen an den Zuständen der nicht mehr ganz so jungen Republik, auch ihrer Hochschulen. Der wohl im Herbst 1967 von Hamburger Studenten erfundene Spruch »Unter den Talaren – Muff von Tausend Jahren« war nicht nur eine ironische Kritik an der alten Ordinarienuniversität mit ihrem Standesdünkel und ihren überlebten Curricula, sondern zielte von Anfang an auch auf die subkutan fortwirkenden beziehungsweise noch lange nicht aufgearbeiteten Sedimente der nationalsozialistischen Herrschaft.

Was hier nicht nur aus der Sicht der Achtundsechziger noch an Aufarbeitung zu leisten war, hatte der sogenannte Auschwitz-Prozess der Jahre 1963 bis 1965 gezeigt, der ein wesentlicher Anstoß für die Formierung dieser Bewegung war, sofern man überhaupt von einer solchen sprechen kann. Hinzu kam die fundamentale Kritik an der überfälligen Notstandsgesetzgebung, die Ende Mai 1968 durch die erste Große Koalition auf Bundesebene das Parlament passierte, sowie ein wachsendes Unbehagen an der politischen Entwicklung des wichtigsten Verbündeten der Bundesrepublik Deutschland. Vor allem der seit 1965 zusehends als Vernichtungsfeldzug geführte Krieg der USA in Vietnam wurde zum Kristallisationspunkt vehementer antiamerikanischer Proteste.

So fanden sich in dieser Bewegung Kräfte und Fraktionen, Forderungen und Ideen, die schlechterdings nicht unter einen Hut zu bringen waren, zumal die Achtundsechziger entgegen eigenem Anspruch eben nie eine intellektuelle und im engeren Sinne theoriefähige Organisation, sondern ein Sammelbecken für äußerst heterogene Analysen, Entwürfe und Konzepte gewesen sind. Dass sich auch einige der führenden Intellektuellen ihrer Zeit, beispielsweise aus dem Umfeld der Frankfurter Schule, dieser Bewegung zur Verfügung stellten oder sich ihr anschlossen, änderte daran nichts. Das wohl größte Manko war ihre Kopflastigkeit. Als dem Sozialismus in welcher Variante auch immer verpflichtete Bewegung musste sie nicht nur die Verbindung zur Arbeiterschaft suchen, sondern auch nennenswerte Teile derselben in ihrem Sinne mobilisieren. Das gelang den deutschen Achtundsechzigern anders als den französischen nicht einmal im Ansatz.

Im Wintersemester 1967/68 wurde die Erlanger Universität von den Achtundsechzigern »überspült«. So empfand es Alfred Wendehorst, der damals in Würzburg lehrte, 1972 nach Erlangen zurückkehrte und hier die Folgen der inzwischen abgeebbten Bewegung – eine »weitgehend infantilisierte Umgangssprache«, »extreme äußerliche Formlosigkeiten« oder auch eine »tendenzielle Egalisierung« – erlebte. Das sahen nicht alle so. Tatsächlich wurde die FAU von den Unruhen erst relativ spät und dann auch nur in einigen Bereichen und eher am Rande erfasst.

Erst im November 1966 wurde eine Hochschulgruppe des Sozialistischen Deutschen Studentenbundes SDS, des eigentlich radikalen Kerns der Bewegung, wieder gegründet. Allerdings beteiligte sich der SDS im Februar 1968 nicht an der – aus rechtlichen Gründen wiederholten – Wahl des AStA und überließ damit dieses Feld anderen linken Gruppen, allen voran dem Sozialdemokratischen Hochschulbund SHB, der wiederum seit der Exkommunikation durch die Mutterpartei SPD im Juni 1972 als »Sozialistischer« Hochschulbund firmierte. Bei diesen Mehrheitsverhältnissen blieb es, bis das bayerische Hochschulgesetz im Dezember 1973 die verfasste Studentenschaft aufhob.

Insgesamt beteiligte sich an den universitätsinternen Aktionen lediglich eine Minderheit der 8766 im Wintersemester 1967/68 Immatrikulierten, von der wiederum die meisten der Philosophischen Fakultät zuzurechnen waren. Einen Höhepunkt ihrer Aktionen markierte am 11. November 1968 die Sprengung einer Sitzung der Philosophischen Fakultät durch etwa 400 »Eindringlinge, von denen einer eine Resolution

vorzulesen trachtete«. So gab es hernach der Dekan zu Protokoll. Dass die
»Eindringlinge« die Rücknahme von Beschlüssen zur Rahmenzwischen-
prüfungsordnung und zur Fachbereichsaufteilung forderten, zeigt, dass
die Erlanger Studentenbewegung weniger die große Politik als vielmehr
die eigene Universität im Visier hatte.

So auch schon am 4. November 1968, als einige von ihnen lautstark die
Feierlichkeiten zum zweihundertfünfundzwanzigsten Jubiläum der Universität störten. Dabei hatte diese den Festakt in vorauseilender Vorsicht
schon vom barocken Redoutensaal in das gerade fertiggestellte, betonierte
und fensterlose Auditorium Maximum verlegt und auf den feierlichen
Einzug der Talar tragenden Professoren verzichtet.

Wohl die meisten Hochschullehrer reagierten auf solche Aktionen
irritiert, bestürzt und verletzt, einige suchten die Situation durch Gesprächsbereitschaft und Konzessionen zu entschärfen. Am Ende dieses
Prozesses, das 1973 vorläufig durch ein Urteil des Bundesverfassungs-
gerichtes markiert wurde, stand unter anderem die sogenannte Gruppen-
universität. Sie garantierte den Professoren in ihren Gremien zwar die
Mehrheit, aber auch dem übrigen wissenschaftlichen Personal sowie den
Studenten ihren Sitz und ihre Stimme.

Und dann beschleunigte die Studentenbewegung namentlich in den
Geisteswissenschaften einen Trend, der schon in der ersten Hälfte der
sechziger Jahre eingesetzt hatte: die Institutionalisierung neuer und die
Ausdifferenzierung bereits bestehender Fächer. Diese dynamische Entwicklung konfrontierte die darauf schlecht vorbereiteten Universitäten
mit dem Problem, dass in vielen Fällen kein ausreichend qualifiziertes,
sprich habilitiertes Personal zur Verfügung stand. Die Konsequenzen,
die man daraus zog, waren fatal, denn sie setzten eine nicht mehr revi-
dierbare Entwicklung in Gang. Deren Folgen sind heute allenthalben
greifbar.

So wurden rudelweise nicht habilitierte, in der Regel junge Dozenten
eingestellt, die ihre Stellen auf Jahrzehnte besetzten und damit dem nach-
rückenden habilitierten Nachwuchs die Chance nahmen. Zudem wurden
in den sechziger und siebziger Jahren häufig Parallelprofessuren ein-

gerichtet, was in der spitzen Formulierung Alfred Wendehorsts wiederum zur Folge hatte, dass sich manche Wissenschaften »in ein Delta von Spezialismen verzweigten, in denen eine frühere Einheit kaum noch zu erkennen ist«. Diese Entwicklung erinnert auffällig an die beschriebene vor Ausbruch des Ersten Weltkrieges. Auch damals hatte die personelle Expansion der Erlanger Philosophischen Fakultät einigen Anteil an ihrem Abstieg ins Mittelmaß.

Nun ist die Spezialisierung nicht nur ein Merkmal der Geisteswissenschaften, der Theologie oder der Rechtswissenschaften, sondern natürlich auch der Technik und der Informatik, der Naturwissenschaften und der Medizin. Dort nimmt sie der Laie, nicht zuletzt in seiner Eigenschaft als Steuerzahler, wohl auch am ehesten und im wahrsten Sinne des Wortes am unmittelbarsten wahr.

Wie überhaupt die eigene, gewissermaßen alltägliche Erfahrung ein ziemlich eindeutiges Bild der einzelnen Disziplinen zeichnet. Wer an einem beliebigen Wochentag während der sogenannten Semesterferien, und die machen immerhin fast fünf von zwölf Monaten eines jeden Jahres aus, einen Rundgang durch die Räumlichkeiten der vormals Philosophischen, Theologischen oder Juristischen Fakultät und hernach einen durch die zugänglichen Trakte zum Beispiel der Augenklinik oder der Chirurgie der FAU unternimmt, weiß, was gähnende Leere von konzentrierter Geschäftigkeit unterscheidet.

Man darf und man muss das vergleichen, weil man es hier wie dort mit Angehörigen der Universität zu tun hat. Der nicht planbare, kräftezehrende und verantwortungsvolle tägliche Umgang mit Patienten in einem Universitätsklinikum und dort gerade in der Notfallaufnahme – im Falle der Hochschullehrer ergänzt durch den Lehr-, Prüfungs- und Verwaltungsbetrieb – ist eine Welt. Zu ihr gehört ein Befund, der immer wieder einmal thematisiert wird, dem aber bis heute nicht wirklich Rechnung getragen worden ist: Die Bezahlung des pflegenden und assistierenden Personals der Universitätskliniken steht in einem krassen Missverhältnis zu seinen Leistungen – und zu den Gehältern, die beispielsweise Hochschullehrer in der Philosophischen, Theologischen oder Juristischen Fakultät beziehen.

Deren Lehr- und Prüfungs-, Sprechstunden- und Verwaltungsbetrieb zeugt selbst an einer Massenuniversität wie der FAU von einer anderen, einer vergleichsweise betulichen Welt. Schon weil er in der Regel nur während der Vorleszungzeit stattfindet und sich – im Falle der Hochschullehrer und bezogen auf die Lehre – auf beschauliche neun Lehrveranstaltungsstunden à 45 Minuten pro Woche beschränkt. Das entspricht nicht selten dem Tagespensum eines Mediziners – gegebenenfalls auch an den Wochenenden. Kein Wunder, dass zahlreiche Professoren zum Beispiel der Philosophischen Fakultät der FAU ihren ersten Wohnsitz in Regensburg oder München, Bonn oder Berlin haben beziehungsweise – mitunter sogar während des laufenden Semesters – dorthin verlegen.

Womit sich die Frage stellt, was denn die Geisteswissenschaftler, Theologen oder Juristen tun, wenn sie nicht lehren oder prüfen, in Gremien sitzen oder Sprechstunden abhalten. Vertraglich sind sie – jedenfalls die Hochschullehrer unter ihnen – in dieser Zeit zur Forschung verpflichtet. Forschung führt zu Ergebnissen, und Ergebnisse sind überprüfbar – sofern sie vorgelegt werden. Im Falle der Geisteswissenschaften, der Theologie oder der Rechtswissenschaften geschieht das vor allem in Form von Editionen, Aufsätzen, Rezensionen und insbesondere von Monographien.

Weil das nach wie vor verbindlich ist, weil aber offenkundig nicht wenige um ihre Defizite wissen, hat sich die Unsitte breit gemacht, so gut wie alles, was zwischen zwei Buch- oder Heftdeckel passt, als »Buch« oder gar als »Monographie« zu verkaufen. Dass es zum Beispiel um in Heftform veröffentlichte Vorträge geht, wird diskret ausgeblendet; dass es sich um das Ergebnis einer Herausgebertätigkeit handelt, ist einem versteckten Zusatz »(Hg.)« zu entnehmen, und auch das nicht immer. Wer etwa die Veröffentlichungslisten der Professoren an der Philosophischen Fakultät der FAU über die vergangenen Jahrzehnte verfolgt, wundert sich nicht mehr über manchen Missstand.

Und der wiederum bestätigt die Erfahrung, dass erste Klasse erste Klasse, zweite Klasse hingegen im günstigsten Fall dritte Klasse beruft. Womit sich nicht nur für die Erlanger Universität die Frage stellt, wann, warum und durch wen der entscheidende Schritt getan wurde beziehungsweise getan wird. Im Fall der Philosophischen Fakultät der FAU ist dieser Weg während der achtziger Jahre eingeschlagen und im Verlauf der neunziger Jahre mit einer sich zunächst unmerklich verselbständigenden Konsequenz verfolgt worden.

Dass die Entwicklung allenfalls mit Mühen reversibel sein wird, wurde spätestens 2009 deutlich. Damals überführte man den Posten des Dekans der Philosophischen Fakultät inklusive des Fachbereichs Theologie, der Sportwissenschaft und des Sports sowie der vormaligen Erziehungswissenschaftlichen Fakultät in eine hauptamtliche Tätigkeit. Das war im Lichte der jüngeren Geschichte der zu diesem Zeitpunkt größten Fakultät der FAU konsequent. Denn der Dekan dieses Monstrums ist im Grunde ein Geschäftsführer, der Vorgaben der Universitätsleitung umsetzt, Stellen umschichtet, Etats verwaltet, Lehrdeputate prüft, Lehrpläne koordiniert, Studienordnungen evaluiert. Die Frage des Niveaus der Einrichtung und ihres Personals stellt sich nicht.

Akademische Amtsträger wie diese sind beliebig austauschbar und bestätigen aufs schönste, was Max Weber in seiner Analyse bürokratischer Herrschaft so auf den Punkt gebracht hat: »Das Amt ist ›Beruf‹.« Für den zum akademischen Beamten mutierten beamteten Akademiker, der heute in einigen Bereichen die Mehrheit der Hochschullehrer stellt und das Profil der Universität prägt, ist es letztlich gleichgültig, wen oder was er verwaltet – solange er nur verwalten kann. Die sogenannte Selbstverwaltung legitimiert die Abstinenz, wenn nicht die Absenz auf dem Feld der Forschung und Veröffentlichung.

Das heißt aber auch: von dem »*inneren* Berufe zur Wissenschaft«, von dem Max Weber vor 100 Jahren sprach, und der mit ihm verbundenen Leidenschaft ist wenig geblieben. Dabei hat sich an der Maxime, die der Mitbegründer der modernen Soziologie in Deutschland 1919 seinen Studenten mit auf den Weg gab, nichts geändert: »Ohne … diese Leidenschaft … hat einer den Beruf zur Wissenschaft *nicht* und tue etwas anderes. Denn nichts ist für den Menschen als Menschen etwas wert, was er nicht mit *Leidenschaft* tun *kann*.« An kaum etwas anderem leidet die Universität heute so sehr wie am Verlust dieser Leidenschaft. Das gilt selbstverständlich nicht nur für die Friedrich-Alexander-Universität.

Aber vielleicht ist es ja so, dass dieser Typus des nicht gelehrten Beamten gerade gefragt ist, wenn es um die Bewältigung der Studentenzahlen an einer Massenuniversität wie der FAU geht. Auch diese Zahlen spiegeln eine politisch gewollte Entwicklung, deren Anfänge im »Dritten Reich« zu finden sind. Als im Wintersemester 1935/36 erstmals Arbeiter und Bauern mit Volksschulabschluss zum Studium zugelassen wurden, geschah das in der erklärten Absicht, das Bildungsmonopol des Bürgertums zu brechen.

Dieser Gedanke trat zwar nach dem Ende des Krieges und im Zuge der Rekonstruktion der alten Universität in den Hintergrund, ging aber nie mehr verloren. Denn auch für die Universität galt, was der Soziologe Ralf Dahrendorf 1965 in seiner bahnbrechenden Analyse »Gesellschaft und Demokratie in Deutschland« auf den Punkt brachte, als er den »Stoß in die Modernität« als das »bleibende Resultat der sozialen Revolution des nationalsozialistischen Deutschland« beschrieb.

Modernität bedeutete bezogen auf die Universität nichts anderes als ihre Öffnung. Tatsächlich lag die Bundesrepublik bei Abiturienten und Akademikern im Vergleich mit den Nachbarländern signifikant zurück. Als der Religionspädagoge Georg Picht 1964 – also fast zeitgleich mit Dahrendorf und in einem nicht minder bahnbrechenden Buch – auf die deutsche »Bildungskatastrophe« aufmerksam machte und die möglichen Folgen für das Wachstum und den Wohlstand der jungen Republik als Menetekel an die Wand malte, wurde der akademische Bildungsmonolith porös.

Zwei Jahre später identifizierte der am baden-württembergischen Landesamt für Erziehung und Unterricht tätige Pädagoge Kurt Aurin in seiner Untersuchung »Ermittlung und Erschließung von Begabungen im ländlichen Raum« das Potential, das es zu erschließen galt. Gedacht war also in erster Linie an eine qualitative Anhebung des Bildungsniveaus. Die stand auch beim Ausbau des sogenannten Zweiten Bildungswegs insbesondere an der Abendschule Pate. Wer die Absolventen dieses schwierigen Weges an den Universitäten erlebt hat, wird bestätigen, dass sie zu den engagierten, beständigen, zuverlässigen Trägern des Lehrbetriebs zählen.

Aber was als überfällige Kurskorrektur begonnen hatte und bald auch als Realisierung der allseits eingeforderten Chancengleichheit begriffen wurde, geriet außer Kontrolle. Ein erster Schritt wurde in Bayern 1971/72 mit der Abschaffung der Aufnahmeprüfung für Gymnasien getan. Mit der politisch gewollten Öffnung der Universität, die wiederum mit der Hochschulreife der geburtenstarken Jahrgänge und einem neuen Förderungsgesetz, dem BAföG, zusammenfiel, mutierte die Alma Mater seit Anfang der siebziger Jahre zur Massenuniversität. In jeder Hinsicht. An der FAU werden heute beinahe 40 000 Studenten von rund 6000 Mitarbeitern betreut, das Personal des Klinikums nicht mitgerechnet, und das heißt: 2018 entspricht die Zahl der Mitarbeiter in etwa der Studentenzahl des Jahres 1961.

Und weil sich über die Jahre und Jahrzehnte die individuellen Voraussetzungen für ein Hochschulstudium umgekehrt proportional zu den Zahlen entwickelt haben, müssen die Philosophischen Fakultäten heute wieder die propädeutischen Aufgaben der mittelalterlichen und frühneuzeitlichen Artistenfakultäten wahrnehmen. Aber können sie das auch? Auf Studierende, die zum Beispiel ihrer deutschen Muttersprache nicht mehr mächtig sind – von anderen Fähigkeiten und Voraussetzungen nicht zu reden –, waren und sind sie nicht vorbereitet.

Noch steht eine überzeugende Antwort auf die Frage aus, wann, wo und warum es zu diesem Dammbruch gekommen ist. Die Antwort sollte bald gefunden werden, denn längst haben diese Defizite auch Auswirkungen auf die Ausbildung in der Medizinischen, der Naturwissenschaftlichen und der Technischen Fakultät. Für die FAU sind das alarmierende Signale, denn gerade in diesen Bereichen gehört sie heute nicht nur in Deutschland zu den führenden Universitäten.

Den Anfang dieses Innovationsschubes bildete zum 1. Januar 1961 die Eingliederung der in Nürnberg ansässigen Hochschule für Wirtschafts- und Sozialwissenschaften, zu deren ersten Absolventen der amtierende Wirtschaftsminister und spätere Bundeskanzler Ludwig Erhard zählte. Schon als die Anstalt im Mai 1918 gegründet wurde, war eine Delegation der Erlanger Universität anwesend, und dem achtzehnköpfigen Lehrkörper gehörten anfänglich zwei Erlanger Professoren an. Die ursprünglich als »Hochschule für Handel, Industrie und allgemeine Volksbildung« gegründete Einrichtung war, genau genommen, ein Gegenentwurf zur Erlanger Universität. Von Anfang an republikanisch und städtisch, liberal und demokratisch aufgestellt, fiel sie durch ein modernes Fächerportfolio auf.

Zwar war die zeitweilig hier wie dort umstrittene Fusion der beiden Hochschulen im Frühjahr 1957 durch den Nürnberger Oberbürgermeister angeregt worden, weil er sich vom Attribut der »Universitätsstadt« eine Aufwertung versprach. Tatsächlich profitierte aber vor allem die FAU von der Vereinigung. Dort nutzte man den Innovationsschub für den Aufbau neuer Institute und die Einrichtung neuer Fächer wie der Wirtschaftsinformatik, die in der Bundesrepublik eine bemerkenswerte Vorreiterrolle spielte und von der in Kapitel II.4 zu berichten ist.

Die Eingliederung der Nürnberger Hochschule in die FAU als sechste Fakultät zeitigte eine Reihe von Folge- und Begleiterscheinungen, die zum Teil erst später erkennbar wurden. So erbte die FAU mit der neuen Fakultät, wenn man so will, auch deren Geschichte. Und zu der wiederum gehören sowohl ihre Entwicklung während der Jahre 1933 bis 1945, in denen die Nürnberger Hochschule als »Hindenburg-Hochschule« firmierte, als auch die sich anschließende Berufungspolitik.

War es ein Zufall, dass hier nach 1945 Leute unterkamen, die wie der Soziologe Valentin Müller während des »Dritten Reiches« in Dresden und Prag durch Arbeiten zur »Volksbiologie« hervorgetreten oder wie der Wirtschaftshistoriker Hermann Kellenbenz während des Zweiten Weltkriegs als Mitarbeiter an der von Walter Frank geleiteten »Forschungsabteilung Judenfrage« tätig waren? Die in jeder Hinsicht spannende Geschichte der vormaligen Hochschule und nachmaligen Fakultät der FAU harrt jedenfalls noch der Aufarbeitung. Dass Alfred Wendehorst sie nicht auf dem Schirm hatte, als er anlässlich ihres zweihundertfünfzigjährigen Bestehens die Geschichte der FAU ergründete, zeigt, dass sie für die Erlanger ein Fremdkörper war und blieb.

So erklären sich auch die Doppelstrukturen, die mit der Neuerwerbung eigentlich auf die Tagesordnung gehört hätten. Das galt für die Psychologie und die Pädagogik, für die Rechtswissenschaft und die

Volkswirtschaft oder auch für »Gesellschaftslehre«, wie das 1932 eingerichtete Fach bis zur Schließung des Seminars 1939 hieß. In den fünfziger
Jahren erlebte es dann als »Seminar für Soziologie« eine Blütezeit. Immerhin wurde die Soziologie in Nürnberg seit 1953 durch Werner Ziegenfuß
vertreten, einen ungewöhnlich vielseitigen und produktiven Gelehrten
mit einer nicht minder bewegten Biographie, der 1956 wegen Homosexua-
lität beamtenrechtlich aus dem Dienst entlassen wurde und sich zwei
Jahrzehnte später das Leben nahm.

Seine Nachfolge trat Karl Gustav Specht an, der zu einem der Pioniere
der Gerontologie in Deutschland werden sollte. Kaum war das von ihm
geleitete »Seminar für Soziologie« zum Wintersemester 1959/60 in das
»Institut für Sozialwissenschaften« integriert worden, kam dieses mit seinen immerhin sieben Professuren – wie die gesamte Nürnberger Hochschule – 1961 ausgerechnet in dem Jahr unter das Dach der FAU, in dem
man auch in Erlangen mit der Etablierung der Soziologie als eigenständi-
ges Fach begann. Auch davon ist im nächsten Kapitel zu berichten.

Damit nicht genug, wurden die traditionell an der Nürnberger Hochschule gelehrten Auslandswissenschaften neu positioniert. Ursprünglich
auf die Vermittlung der englischen und romanischen Sprachen ausgerich-
tet, erhielten das »Seminar für England- und Amerikakunde« und das
»Seminar für romanische Sprachen« mit den Neubesetzungen ein dezidiert historisches Profil. Seit 1974 war Hanns-Albert Steger für Romanische Sprachen und Auslandskunde, seit 1988 Reinhard R. Doerries für
Englischsprachige Kulturen mit dem Schwerpunkt Wirtschafts- und
Sozialordnung zuständig. Während sich Steger mit der Außenwirkung
Frankreichs oder auch mit der Entwicklung Lateinamerikas beschäftigte,
ging Doerries den Beziehungen zwischen Deutschland und den angel-
sächsischen Ländern auf den Grund. Ein Lehrstuhl für Wirtschafts-, So-
zial- und Unternehmensgeschichte, der von 1990 bis 2010 durch Wilfried
Feldenkirchen öffentlichkeitswirksam besetzt war, rundete das Profil der
Nürnberger Historiker ab.

Damit traten sie fast zwangsläufig in ein Konkurrenzverhältnis zum
Erlanger Institut für Geschichte. Eine Zusammenarbeit oder auch nur
eine Koordination beispielsweise der Lehrpläne oder der Prüfungs-

ordnungen gab es nie. Der Autor dieser Zeilen kann sich nicht erinnern, während seiner mehr als dreißigjährigen Tätigkeit an der FAU die Wirtschafts- und Sozialwissenschaftliche Fakultät jemals von innen oder einen der dort lehrenden Kollegen mehr als ein- oder zweimal im Erlanger Institut für Geschichte gesehen zu haben.

Obgleich die vormalige Hochschule für Wirtschafts- und Sozialwissenschaften der FAU inzwischen mehr als fünfeinhalb Jahrzehnte und damit wesentlich länger angehört, als sie ein Eigenleben geführt hatte, ist es bis heute nicht gelungen, diese Doppelstrukturen zu beseitigen, im Gegenteil. Das lag zuletzt auch daran, dass der Volkswirt Karl-Dieter Grüske, der die FAU von 2002 bis 2015 leitete, seine akademische Karriere beginnend mit dem Studium im Wesentlichen an der Wirtschafts- und Sozialwissenschaftlichen Fakultät der FAU verbracht hatte und deren partikulare Interessen jedenfalls nicht infrage stellte oder gar beschnitt.

Von Anfang an befördert wurde dieses Denken durch die frühe Entscheidung, die neue Wirtschafts- und Sozialwissenschaftliche Fakultät nicht nach Erlangen umzusiedeln, sondern in Nürnberg zu belassen und diesem Status auch im Universitätsnamen Rechnung zu tragen. Beinahe 200 Jahre nach der ersten kam es daher 1961 zur zweiten Namensänderung. Seither firmiert die FAU, wie im Fusionsvertrag vereinbart, als Friedrich-Alexander-Universität »Erlangen-Nürnberg«. Die Spätfolgen dieser Entscheidung für die Binnenwirkung wie für die Außendarstellung sind kaum zu überschätzen. Wie wir heute wissen, ging der FAU mit der Annahme des neuen Namens mehr als nur die geographische Identität verloren.

Mit der Fusion von 1961 war natürlich auch der Plan vom Tisch, der Nürnberger Hochschule eine Technische Abteilung anzugliedern. Vielmehr wurde jetzt die schon 1957 durch den Physiker Helmut Volz formulierte Idee verfolgt, die FAU um eine eigene Technische Fakultät zu erweitern. So kam es dann auch. Im Juli 1962 ersuchte der Bayerische Landtag die Staatsregierung, »umgehend die Errichtung einer Technischen Fakultät« in die Wege zu leiten. Am 3. November 1966 wurde sie am Südrand der Stadt in einem eigens errichteten Komplex eröffnet. Als Gründungsdekan amtierte Helmut Volz, der in Kapitel II.3 vorzustellen ist. Die Fakultät weiß, was sie ihm verdankt. Mit der Helmut-Volz-Medaille, die 1979, ein Jahr nach dem Tod des Namensgebers, ins Leben gerufen wurde, werden bis heute ihre verdienten Förderer ausgezeichnet.

Die Gründung dieser Fakultät bedeutete eine einzigartige Herausforderung. Denn Erlangen war – neben Rostock in der DDR – die erste und blieb bis zur Wiedervereinigung die einzige klassische deutsche Universität, die um eine Technische Fakultät erweitert wurde. Für die Entscheidung, der FAU 1962 den Zuschlag für die Einrichtung zu geben, sprachen mehrere Gründe, darunter im weitesten Sinne auch ein historischer. Als sich nämlich Bayerns König Ludwig II. im Jahr 1868 zur Gründung der späteren Technischen Universität in München entschloss, war das auch eine Entscheidung gegen die Stadt Nürnberg, die mit guten Aussichten im Rennen gewesen war, allerdings bereits seit 1823 über eine Polytechnische Schule verfügte, die heute als Technische Hochschule firmiert.

Weil Nürnberg also 100 Jahre zuvor leer ausgegangen war und München seither über eine Technische Universität verfügte, erhielt 1962 die Friedrich-Alexander-Universität »Erlangen-Nürnberg«, wie sie seit einigen Monaten hieß, den Zuschlag. Das traf nicht überall auf Zustimmung, im Gegenteil: Die Technische Universität in München TUM, die um ihre Monopolstellung fürchtete, legte Widerspruch ein. Obgleich oder eben weil sie damit scheiterte, blieb die Erlanger Neugründung den Münchnern ein Dorn im Auge, und der schmerzte umso mehr, je dynamischer die Technische Fakultät der FAU expandierte. Wenn sich die Gründung schon nicht hatte verhindern lassen, wollte man die aufstrebenden Erlanger Neulinge jedenfalls ausbremsen. Aber je mehr Zeit verstrich, umso unwahrscheinlicher wurde die Realisierung solcher Pläne – bis etwas geschah, womit buchstäblich niemand gerechnet hatte: Im Mai 2017 beschloss die Bayerische Staatsregierung, eine Milliarde Euro in die Hand zu nehmen und in Nürnberg, also in Sichtweite der Friedrich-Alexander-Universität, eine neue »Hochschuleinrichtung mit wichtigen technischen Zukunftsfeldern« zu gründen.

Natürlich kann auch Gutes noch besser werden. In diesem Sinne ist es nicht nur legitim, sondern auch geboten, dass eine Regierung die Frage stellt, ob ein solider Wissenschaftsbetrieb durch neue Gestaltungsideen nicht noch effektiver auf die nationalen und internationalen Herausforderungen eingestellt werden kann. Und auch der Gedanke, dass Konkurrenz das Geschäft belebt und alle am Wettlauf Beteiligten zu erhöhten Anstrengungen zwingt, ist nicht von der Hand zu weisen, im Gegenteil.

Aber dass eine Landesregierung erst die Mittel bereitstellte und sich dann Gedanken darüber machte, was sie eigentlich gründen will, warf doch Fragen auf: Wurde damit nicht die Demontage bestehender Einrichtungen – neben der Technischen Fakultät der FAU auch der in Nürnberg ansässigen Technischen Hochschule mit ihren gut 13 000 Studenten – in Kauf genommen? Sah die Staatsregierung die Friedrich-Alexander-Universität und namentlich deren Technische Fakultät in einem derart schlechten Zustand, dass sie glaubte, durch eine vermeintlich zukunftsträchtige Neugründung gegensteuern zu müssen? War die neue Hochschule womöglich nichts anderes als eine auf mehreren Ebenen von München aus betriebene Gegengründung zur FAU?

Man konnte das so sehen. Als nämlich die Friedrich-Alexander-Universität 1962 den Zuschlag für eine Technische Fakultät erhielt und diese vier Jahre später eröffnete, trat sie ungewollt sowohl zur Münchener Ludwig-Maximilians-Universität LMU als auch zur Münchener Technischen Universität TUM in Konkurrenz. Denn zum einen verfügte die Friedrich-Alexander-Universität nicht nur – wie die LMU – über eine Medizinische Fakultät und ein Klinikum, sondern seither auch – und anders als die LMU – über eine Technische Fakultät. Mithin ist die Friedrich-Alexander-Universität seit 1966 die einzige Volluniversität des Freistaats, die diesen Namen verdient.

Zum anderen erwiesen sich die Befürchtungen der TU als durchaus berechtigt. Denn seit die Technische Fakultät der Friedrich-Alexander-Universität ihre Türen öffnete, ist sie ein ernst zu nehmender Konkurrent der TUM in München. So liegt sie heute zum Beispiel bei den Patentanmeldungen vor der TUM, und ein Wissenschaftler der Friedrich-Alexander-Universität im Bereich Ingenieurwissenschaften wirbt doppelt so viele Drittmittel ein wie sein Münchener Kollege.

Daher überraschte es nicht, dass die FAU auf der Liste von »Reuters Top 100: Europe's Most Innovative Universities 2018« unter den deutschen Hochschulen den Spitzenplatz einnahm und alle anderen deutschen Universitäten, darunter die beiden Münchener, auf die Plätze verwies. Denn die Liste, auf der die FAU insgesamt den fünften Platz hinter einer belgischen, zwei britischen und einer Schweizer Hochschule belegt, bildet nicht zuletzt die Patentanmeldungen und die Zitierung dieser Patente zum Beispiel in Forschungspublikationen der Industrie ab. Ein gleichermaßen spektakulärer und verdienter Erfolg im Jubiläumsjahr 2018.

Im Lichte dieser Geschichte war es konsequent, dass 2017 der Präsident der Münchener Technischen Universität TUM, ein ebenso erfolgreicher wie umtriebiger Hochschulmanager, zum Vorsitzenden einer Strukturkommission berufen wurde, die sich Gedanken über das Konzept für die neu zu gründende Nürnberger »Hochschuleinrichtung mit wichtigen technischen Zukunftsfeldern« machen sollte. Denn diese ist, bei Lichte besehen, nichts anderes als die Gründung einer Dependance von Münchens Technischer Universität. Mit ihr lässt sich der lästige Konkurrent gewissermaßen in die Zange nehmen.

Ins Rollen kam dieser Stein, als sich Erlangen im Frühjahr 2017 dagegenstemmte, dass Teile der Technischen Fakultät nach Nürnberg verlegt werden sollten. Hinter dieser Weigerung wiederum steckte die klare Absage von Siemens, diesen Schritt mitzutun. Das war mehr als die Unmutsäußerung eines ortsansässigen Unternehmens. Tatsächlich hatte Erlangen 1962 den Zuschlag für die Einrichtung einer Technischen Fakultät auch deshalb bekommen, weil die infrastrukturellen Rahmenbedingungen nach Kriegsende nirgends so günstig waren wie hier. Seit 1945 hatten nämlich die Siemens-Schuckertwerke ihre Hauptverwaltung sukzessive von Berlin nach Erlangen verlegt.

Und weil die Stadt auch nach der 1966 vollzogenen Fusion der Siemens-Schuckertwerke mit anderen Komplexen des Konzerns zur Siemens AG eines der wichtigsten Standbeine des weltweit tätigen Unternehmens geblieben war, gab der Vorstand 2013 bekannt, in Erlangen einen komplett neuen »Siemens Campus«, faktisch einen eigenen Stadtteil, aus dem

Boden stampfen zu wollen. Ein – und gewiss nicht der letzte – Grund für diese weitreichende Entscheidung mit einem Investitionsvolumen von immerhin einer halben Milliarde Euro war die über Jahrzehnte gewachsene, für beide Seiten hochprofitable Zusammenarbeit mit eben jener Technischen Fakultät.

Natürlich wusste man nicht nur in der Siemens-Zentrale, dass die FAU längst alle jene Kriterien einer zukunftsfähigen Universität erfüllte, welche die Nürnberger Gegengründung erst noch erfüllen muss. Die Technische Fakultät der FAU, gegen die sich die Nürnberger Neugründung in erster Linie behaupten muss, zählt heute mit ihren gut 11 000 Studenten, 1700 Mitarbeitern und 24 Studiengängen zu den weltweit konkurrenzfähigen Einrichtungen in Deutschland.

Das verdankt sie auch einer gerade in diesem Bereich konsequenten Strategie. Diese verbindet sich mit dem Namen des Physikers Nikolaus Fiebiger, der die Universität vom Wintersemester 1969/70 bis zum Sommersemester 1972 als Rektor und – nach einem Intermezzo des Werkstoffwissenschaftlers Bernhard Ilschner – von Anfang Dezember 1975 bis zum Wintersemester 1989/90 als Präsident führte. Kein zweiter Rektor beziehungsweise Präsident hat der Universität nach 1945 so nachhaltig seinen Stempel aufgedrückt wie dieser Mann, dessen Amtszeit mit gutem Grund – und nicht nur wegen ihrer ungewöhnlich langen Dauer – als »Ära Fiebiger« in die Annalen der FAU eingegangen ist.

Einige seiner Initiativen hatten bundesweite Wirkung, so der Vorschlag, mit dem er unter anderem den erwähnten Stau hochqualifizierter jüngerer, habilitierter Wissenschaftler wenn nicht auflösen, so doch wenigstens abbauen wollte: Der 1979 von der Westdeutschen Rektoren-, 1984 auch von der Kultusministerkonferenz angenommene Plan sah vor, C-3-Professuren – auch »Fiebiger-Professuren« genannt – einzurichten und sie solange mit einem jener Nachwuchswissenschaftler zu besetzen, bis er oder sie einen Ruf auf eine C-4-Professur, also einen Lehrstuhl, erhalten hatte. Danach sollten sie wieder gestrichen werden.

Mit den neuen Stellen wollte man aber nicht nur dem Engpass auf der akademischen Karriereleiter, sondern auch dem Notstand zuleibe rücken, der sich angesichts sprunghaft zunehmender Studentenzahlen in den bundesdeutschen Hörsälen abzeichnete. Tatsächlich verdreifachte sich die Zahl der Studenten an der FAU binnen zwei Jahrzehnten bis zum Wintersemester 1988/89 auf beinahe 28 000.

Neue Stellen waren eine Lösung, neue Bauten waren eine andere. Auch dafür standen Nikolaus Fiebiger – und der Jurist Kurt Köhler, der von 1968 bis 1988, also in etwa zeitgleich mit dem Rektor beziehungsweise Präsidenten Fiebiger, als Kanzler amtierte. Die beiden stellten die FAU in einer Zeit neu auf, in der die Lawine rasant zunehmender Studentenzahlen Fahrt aufnahm. Mit deren ganzer Wucht und mit einer nicht minder rasanten quantitativen und qualitativen Expansion alter und neuer Fächer, Institute und Zentren bekam es Köhlers Nachfolger, der Volkswirt und Jurist Thomas A. H. Schöck, zu tun. Während seiner fünfundzwanzigjährigen Kanzlerschaft gelang es ihm mit Umsicht und Entschlossenheit, die Universität auf Kurs zu halten und ihre Konkurrenzfähigkeit im nationalen wie internationalen Wettbewerb zu sichern.

Natürlich musste sich die Nachfolgerin Köhlers und Schöcks – eine im Management eines Großbetriebes praktisch unerfahrene Beraterin und Nichtjuristin – an der administrativen Umsicht und an den Erfolgen der beiden messen lassen. Dass sie nach zwei Jahren gescheitert war und aufgab, überraschte nicht.

Schöck wie schon Köhler besaßen das für ihr Amt unerlässliche Talent, selbst in Zeiten klammer Kassen die für Großprojekte benötigten beträchtlichen Mittel zu organisieren. Beide verstanden es zudem, die verfügbaren Finanzmittel effektiv einzusetzen. Mithilfe des von Köhler entwickelten sogenannten Erlanger Modells, einem an privatwirtschaftlichen Kriterien orientierten Kostendämpfungsplan, konnten die Kliniken nicht nur auf zusätzliche Haushaltsmittel verzichten, sondern sogar erhebliche Summen erwirtschaften. Voraussetzung war die Einführung des kaufmännischen Rechnungswesens. Das war damals beispiellos. Dass es gleichwohl weder Köhler noch Schöck gelang, es auch jenseits der Kliniken in der Universität durchzusetzen, hatte einen ebenso banalen wie irritierenden Grund: Die Widerstände der bayerischen Finanzbürokratie ließen sich schlicht nicht überwinden.

Dabei sprachen die betriebswirtschaftlichen Erfolge im Bereich der Medizin bald für sich. Sie waren eine Voraussetzung für die Realisierung von Neubauten zum Beispiel der Zahn-, Mund- und Kieferklinik oder auch und vor allem des Kopfklinikums. 1978 eingeweiht, war es mit einem Volumen von 90 Millionen D-Mark an Bau- und Einrichtungskosten das bis dahin aufwendigste Bauvorhaben der Universität und national wie international schon allein dadurch wegweisend, dass das Kopfklinikum die Augenklinik, die Neurologie, die Neurochirurgie und die Psychiatrie unter einem Dach vereinigte.

Natürlich hatten Fiebiger und Köhler nicht nur die Medizin im Blick. Auch die Wirtschafts- und Sozialwissenschaftliche Fakultät, die Philosophische Fakultät und die Universitätsbibliothek kamen zu Neubauten. Das besondere Augenmerk der beiden aber galt der Technischen Fakultät, die innerhalb von zwei Jahrzehnten so ausgebaut und weiterentwickelt werden konnte, dass sie den Vergleich mit der Technischen Universität in München nicht zu scheuen braucht. Die Einrichtung neuer Professuren und Studiengänge, die Gründung des *Zentrums für Mikroelektronik und Informationstechnik* oder auch die Einrichtung einer Kontaktstelle für Forschungs- und Technologietransfer FTT – dem heute in der Zentralen Universitätsverwaltung angesiedelten Referat für Wissens- und Technologietransfer – waren wegweisend. Davon wird in den Kapiteln II.4 und II.5 berichtet.

Die Weichenstellungen kamen der FAU zugute, als der Freistaat 1994 das Innovationsprogramm »Offensive Zukunft Bayern« ins Leben rief und nach Orten Ausschau hielt, an denen sich Tranchen jener 5,5 Milliarden D-Mark erfolgversprechend investieren ließen, die der Freistaat mit dem Verkauf seiner Beteiligungen an diversen Unternehmen erlöst hatte. Für Erlangen bedeutete das unter anderem den Neubau des Nichtoperativen Zentrums.

Als fünf Jahre später mit der »High-Tech-Offensive Bayern« das Nachfolgeprogramm aufgelegt wurde, schnitt die FAU besonders gut ab und brachte auch deshalb so gut wie alle Anträge durch, weil sämtliche politisch und wirtschaftlich relevanten Kräfte Mittelfrankens an einem Strang zogen. Das war ein in dieser Form einmaliges Manöver, das unter anderem die Gründung des *Kompetenzzentrums Neue Materialien Nordbayern* zur Folge hatte. Das daraus hervorgegangene *Zentralinstitut für Neue Materialien und Prozesstechnik* sowie die *Neue Materialien Fürth GmbH*, die in Kapitel II.5 vorgestellt werden, gehören heute zu den prestigeträchtigen Adressen der FAU.

Neben den großen Erfolgen solcher Weichenstellungen wird heute allerdings auch ein gravierendes Handicap offenbar: Mit diesen Gründungen wurde nämlich – und zunächst natürlich ungewollt – ein entscheidender Schritt auf dem Weg zu einer Universität getan, der das Zentrum und damit die Identität auch deshalb verloren gingen, weil ein beträchtlicher, wenn nicht der größte Teil der Forschung in solche häufig interdisziplinär ausgelegten Zentren und damit an die Peripherie der FAU ausgelagert wurde.

Allerdings ist in Rechnung zu stellen, dass dieser dynamische Prozess vor dem Hintergrund einer Entwicklung stattfand, die, bis es soweit war, kaum jemand für möglich gehalten hatte. Denn die Deutschen hatten sich längst daran gewöhnt, dass die Teilung ihres Landes auf nicht absehbare Zeit unumkehrbar sei. Selbst als sich eine neue sowjetische Führung unter Michail Gorbatschow seit 1985 an eine innere Reform der Sowjetunion machte und dort wie auch in ihrem europäischen Herrschaftsbereich einen Erosionsprozess in Gang setzte, der ursprünglich gar nicht gewollt war, hielt man einen Fall der Deutschland teilenden Mauer für nicht denkbar. Bis es am 9. November 1989, ausgelöst durch eine Pressekonferenz in Ost-Berlin, im wahrsten Sinne über Nacht dann doch geschah.

Die mittelbaren und unmittelbaren Folgen auch für die Universitäten der alten Bundesrepublik waren erheblich. Genau beziffern lassen sie sich natürlich nicht. So wie auch die mittelbaren und mittelfristigen Folgen schwerer Krisen wie der – vorläufig – letzten Finanzkrise von 2008 für das Bildungssystem schwer kalkulierbar sind.

Im Gefolge des Mauerfalls und der Vereinigung mussten die Hochschulen der vormaligen DDR nicht nur in einem ganz unmittelbaren Sinne renoviert und modernisiert, sondern in einigen Bereichen wie den Rechts-, den Wirtschafts- und den Geisteswissenschaften auch inhalt-

lich mehr oder weniger neu aufgestellt werden. Das erforderte erhebliche
finanzielle Anstrengungen und hatte zur Folge, dass manches Bau- oder
Modernisierungsvorhaben an den westdeutschen Universitäten erst einmal auf die lange Bank geschoben wurde. Da ging es den Hochschulen
nicht anders und schon gar nicht besser als den Autobahnen. Die Sanierung der Infrastruktur in der alten Bundesrepublik, die in den fünfziger
Jahren geplant und realisiert worden war, geriet genau in dem Moment in
eine gefährliche Stagnation, als die entscheidende große Runde anstand.
Davon haben sich Verkehrswege und Immobilien bis heute nicht erholt,
im Gegenteil. Auf die lange Bank geschoben steht die Sanierung, sofern
sie überhaupt sinnvoll angegangen werden kann, in vielen Fällen in keinem Verhältnis zum Ergebnis. Die FAU legt davon bröselndes Zeugnis ab.
Wovon in den Kapiteln II.1 und II.5 zu berichten ist.

Hinzu kam, dass viele Studenten der neuen Bundesländer nicht warten
wollten, bis ihre Universitäten in jeder Hinsicht saniert waren, sondern an
die vergleichsweise zuverlässig funktionierenden westdeutschen Universitäten drängten. Umgekehrt zog es eine Reihe westdeutscher, auch Erlanger Hochschullehrer an die Universitäten östlich der Elbe – weil dort ihre
alte Heimat lag, weil sie in diesem Schritt eine Chance für ihre weitere
Karriere sahen oder weil sie auf diese oder jene Art und Weise beim Aufbau helfen wollten. In der Rückschau ist der Wiederaufbau der ostdeutschen Hochschulen eine der größten Leistungen der neueren deutschen
Universitätsgeschichte.

Die FAU wurde vor allem für die Universität Jena zu einem Adressa-
ten, weil es seit 1987 eine Partnerschaft der beiden Städte gab. Die Unterstützung kam von administrativer und akademischer Seite. So machte
sich eine Reihe Erlanger Hochschullehrer während der ersten Semester
nach der Maueröffnung einmal wöchentlich auf den Weg nach Jena, um
dort Lehrveranstaltungen abzuhalten. Gleichzeitig waren sie durch die
Hörer an der eigenen Universität aufgefordert, sich mit den vielfältigen
Umbrüchen und ihren Folgen zu befassen. Die es taten, lasen in überquellenden Hörsälen.

Natürlich banden die sich überstürzenden nationalen und internationalen Entwicklungen im Allgemeinen und der Aufbau des ostdeutschen

Hochschulwesens im Besonderen Ressourcen, Kräfte und Energien aller Art, die andernorts fehlten. Zum Beispiel als es darum ging, die rasante institutionelle Expansion der Erlanger Universität intellektuell und administrativ konsequent zu strukturieren. Dass ausgerechnet in dieser Zeit die Ära Fiebiger endete, kam erschwerend hinzu und begünstigte den institutionellen Wildwuchs. Hochschulpolitische Weichenstellungen, die in München vorgenommen wurden, taten ein Übriges.

Nicht nur an der FAU wusste man, dass Entscheidungen der Staatsregierung von der Universität nicht abgelehnt oder auch nur modifiziert, sondern lediglich umgesetzt werden konnten. So auch die 1972 erlassene Verfügung, die Pädagogischen Hochschulen des Landes in die Universitäten zu integrieren. Für die FAU bedeutete das eine ungleich größere Herausforderung als für die übrigen bayerischen Universitäten. Denn nach der Eingliederung der Wirtschafts- und Sozialwissenschaftlichen sowie dem Auf- und Ausbau der Technischen Fakultät während der sechziger stand zu Beginn der siebziger Jahre der dritte Kraftakt ins Haus: Zum 1. August 1972 übernahm die FAU nicht nur die Pädagogische Hochschule Nürnberg, wie das im Oktober 1956 gegründete »Institut für Lehrerbildung« seit 1958 hieß, sondern kommissarisch auch noch die Pädagogische Hochschule Bayreuth, die erst an die Universität Bayreuth abgetreten werden konnte, nachdem diese drei Jahre später ihren Betrieb aufgenommen hatte.

Für die Eingliederung der Pädagogischen Hochschule Nürnberg sprach, dass hernach die Lehrerbildung aller Stufen – jedenfalls virtuell – unter einem Dach vereint sein würde. Dem stand das gravierende Bedenken entgegen, dass die Neuerwerbung schon deshalb nicht wirklich kompatibel war, weil die Pädagogische Hochschule weder das Promotions- noch das Habilitationsrecht besaß. Vor allem aber hatte sich die FAU ein Jahrzehnt nach der Eingliederung der Hochschule für Wirtschafts- und Sozialwissenschaften erneut der Frage zu stellen, ob und wie sich eine bis dahin autonome Institution integrieren ließ.

Zwar blieb die zweite Neuerwerbung der FAU nicht ganz so fremd wie die erste, weil die Erlanger Historiker, Philosophen oder auch Soziologen an der vormaligen Pädagogischen Hochschule regelmäßig Lehrveranstaltungen anzubieten hatten und daher zumindest wussten, dass es sie gab und wo sie lag – nämlich nach wie vor in Nürnberg, und eben das war das Problem. Weil auch diese Neuerwerbung ihren Sitz dort behielt, kam es nie zu einer Integration, die diesen Namen verdient. Im Unterschied zu den übrigen vormaligen Pädagogischen Hochschulen Bayerns, die 1977 faktisch aufgelöst wurden, behielt die Nürnberger Anstalt zudem ihren Status als eigenständige »Erziehungswissenschaftliche Fakultät«. Es war die siebte Fakultät der FAU.

Die in dieser Konstruktion angelegte zentrifugale Tendenz wurde dynamisiert, als die alten Fakultäten zum Wintersemester 1974/75 zerlegt und die einzelnen Teile kurzzeitig in »Fachbereiche« umbenannt wurden. Fortan firmierte die Philosophische Fakultät als Fachbereich I (Philosophie, Geschichte und Sozialwissenschaften) und Fachbereich II (Sprach- und Literaturwissenschaften), warum auch immer. In jedem Fall war das nach dem Ausscheiden der Naturwissenschaften und der Mathematik zum Sommersemester 1929 schon die zweite Zellteilung der Philosophischen Fakultät. Und da man schon einmal dabei war, nahm man auch an der seit 1929 eigenständigen Naturwissenschaftlichen Fakultät einen entsprechenden Eingriff vor und zerlegte sie gleich in drei Fachbereiche: I (Mathematik und Physik), II (Biologie und Chemie) sowie III (Geowissenschaften). Als dann in der Physik und der Chemie die ersten Zentren gegründet wurden, geriet der Wildwuchs außer Kontrolle.

Die nicht minder abrupte, neuerliche Kehrtwende des Wintersemesters 2007/08 änderte daran nichts. Die Rückführung der zu diesem Zeitpunkt elf Fakultäten auf fünf Großfakultäten ergab zwar aus Sicht der Universitätsleitung einen Sinn, wurden doch Doppelstrukturen abgebaut oder auch beseitigt und manches administrative Verfahren verkürzt und vereinfacht. In wissenschaftlicher und, wenn man so will, sozialer Hinsicht funktionierte die Addition hingegen nur schlecht oder gar nicht. Denn ein Fremdkörper wird ja nicht durch Zwangsadoption zu einem Familienmitglied.

Das gilt für die Zusammenlegung der Philosophischen, der Erziehungswissenschaftlichen und der Theologischen Fakultäten sowie der Sportwissenschaften und dem Sport zu einem Ungetüm namens »Philosophische Fakultät und Fachbereich Theologie«; und es gilt für die formale Fusion der Juristischen und der Wirtschafts- und Sozialwissenschaftlichen Fachbereiche zu einer Rechts- und Wirtschaftswissenschaftlichen Fakultät. Schon weil es in beiden Fällen bei der physischen Teilung zwischen Erlangen und Nürnberg blieb, produzierten die neuen Monstren Abwehrreaktionen in Serie.

Dass die vormaligen Institute beziehungsweise Seminare der Philosophischen Fakultät jetzt als »Departments« geführt und damit auf das Niveau von Discounterfilialen herabgestuft wurden, war so gesehen konsequent. Nicht zufällig ging etwa zeitgleich mit der administrativen Rekonstruktion und deutlichen Erweiterung der alten Philosophischen Großfakultät die einzige Versammlungsform verloren, die – auch während der Zeit der Teilung in zwei Fachbereiche und in der Regel mehrmals während eines Semesters – sämtliche Hochschullehrer zusammengeführt hatte: die Habilitation im Senatssaal des Kollegienhauses.

Die Debatte über den Vortrag des Kandidaten beziehungsweise der Kandidatin oder über die Erteilung der Venia Legendi ließ gelegentlich noch einmal etwas von jener Leidenschaft, auch von jener Würde aufscheinen, die einmal für diese Fakultät charakteristisch gewesen sind. Das an die Stelle dieser Veranstaltung getretene Kolloquium im kleinstmöglichen Kreis und auf den Fluren der Filialen lässt davon nichts mehr erkennen.

Auslöser dieser und anderer Strukturreformen war das »Optimierungskonzept für die Bayerischen Hochschulen 2008«, das im Sommer 2005 vom zuständigen Bayerischen Staatsministerium für Wissenschaft, Forschung und Kunst vorgelegt wurde. Das Beispiel zeigt, dass die Karriere einer Universität eben nicht alleine, womöglich nicht einmal in erster Linie in ihren Amtsstuben geplant und vorangetrieben wird. Vielmehr nehmen staatliche Institutionen, allen voran die zuständigen Ministerien, einen inzwischen kaum oder gar nicht mehr zu kalkulierenden Einfluss auf die Universität.

Besagtes Optimierungskonzept ist so ein Fall. Ihm wiederum lagen Empfehlungen einer »Expertenkommission Wissenschaftsland Bayern

2020« zugrunde. Geleitet wurde sie von dem in Erlangen promovierten und habilitierten Philosophen Jürgen Mittelstraß, der von 1998 bis 2007 auch den Vorsitz im Hochschulrat der Universität Erlangen innehatte. Das 177 Seiten starke Optimierungskonzept der Staatsregierung ist ein Mixtum Compositum aus Plattitüden und einer gewaltigen Umschichtung von Mitteln und nicht zuletzt von Fächern, Instituten und Stellen. So wurden, wie berichtet, die Musikwissenschaft, außerdem die Assyriologie sowie die Slawistik in Erlangen »eingestellt«, sprich nach Würzburg beziehungsweise Bamberg »verlegt«, und im Gegenzug die Japanologie und die Geowissenschaften von Würzburg nach Erlangen »verlagert«.

Natürlich ist es sinnvoll und geboten, darüber nachzudenken, ob und gegebenenfalls unter welchen Bedingungen einzelne Institute oder auch Fächer an einer Universität in einem sich rasch wandelnden Umfeld noch eine Zukunft haben können. Nur sind solche Überlegungen nicht, jedenfalls nicht nur oder gar in erster Linie, in Ministerien, sondern – stets auch – in den betroffenen Fächern, Fakultäten und Universitäten anzustellen. Ob sie im Einzelfall immer das konzeptionelle und intellektuelle Format oder auch den Willen zur Lösung dieser Aufgabe haben, sei dahingestellt. Sicher ist, dass die Amputation eines Fachs oder auch die Implantation eines anderen Rückwirkungen auf die Statik und die gewachsene Kultur einer Fakultät haben. Und gerät eine Fakultät aus der Balance, hat das zwangsläufig Folgen für die Statik und die Kultur der gesamten Universität – vorausgesetzt, es gibt sie noch.

Das Optimierungskonzept des zuständigen Münchener Ministeriums kennt die Universität als historisch gewachsenen gesellschaftlichen Körper jedenfalls nicht mehr. Die Frage nach der wissenschaftlichen und weltanschaulichen, der kulturellen und sozialen, der politischen oder wirtschaftlichen Rolle der Universität im Zeitalter der Globalisierung wird nicht einmal gestellt. Folglich rücken auch vorgelagerte Fragen wie die nach der historischen Entwicklung, die eine Universität wie die FAU genommen hat, oder auch nach dem wirtschaftlichen oder kulturellen Umfeld, in das sie eingebunden ist, nicht in den Fokus ministerieller Planungen.

Dabei sind ihre spezifische Entwicklung und ihr besonderes Umfeld für die Alleinstellungsmerkmale der FAU entscheidend. So spielte die räumliche Nähe zum *Dokumentationszentrum Reichsparteitagsgelände* oder zum *Memorium Nürnberger Prozesse* eine wichtige Rolle bei der Etablierung des im folgenden Kapitel II.1 beschriebenen Themenkomplexes Menschenrechte und Menschenrechtspolitik, an dem seit ihren Anfängen die Philosophische und die Juristische, mittlerweile auch die Medizinische Fakultät beteiligt sind und der mit dieser umfassenden Bandbreite in der deutschen Universitätslandschaft einzigartig ist. Und ohne die enge Kooperation der Universität mit Siemens wäre es wohl kaum zur Einführung der Medizintechnik gekommen, die sowohl für die Technische als auch für die Medizinische Fakultät von profilbildender Bedeutung ist.

Diese erstaunliche Ignoranz und Unkenntnis einer in und mit ihrem Umfeld gewachsenen Universität stand – bedenklich gepaart mit politischen Opportunismen und Egoismen – auch Pate bei der Geburt jener Idee, die selbst mit zeitlichem Abstand nicht plausibler wird, im Gegenteil: Die Entscheidung der Bayerischen Staatsregierung vom Frühjahr 2017, in Nürnberg eine Technische Universität aus dem Boden zu stampfen und damit der FAU ausgerechnet auf dem Feld einen Konkurrenten vor die Nase zu setzen, auf dem sie national und international eine führende Position behauptet, macht ratlos. Und sie erinnert an die Zeiten, als gekrönte Häupter souverän über das Profil und damit auch über die Zukunft »ihrer« Universitäten befinden konnten. Wie hatte doch König Maximilian I. Joseph am 25. November 1810 weise verfügt? »Nachdem wir beschlossen haben, in Unserm Königreiche zwei vollständig eingerichtete Universitäten zu erhalten, und … auch die in Erlangen fortbestehen zu lassen, tragen Wir dem akademischen Senate der Universität Erlangen hiedurch auf, solche Anstalten zu treffen, daß die Studien daselbst in ihrem ungehinderten Fortgange bleiben.«

Die Bayerische Staatsregierung wäre klug beraten, wenn sie gut 200 Jahre später zu einer ähnlich klaren Haltung finden würde. Denn was die Friedrich-Alexander-Universität in den vergangenen Jahrzehnten auf die Beine gestellt hat, braucht in vielen Bereichen keinen Vergleich zu scheuen. Das folgende Kapitel zeigt, warum das so ist.

II

WISSEN IN BEWEGUNG

Biographie einer
dynamischen Universität

1   Die Welt begreifen

Die Theologische, die Philosophische und die Juristische Fakultät der Erlanger Universität sind so alt wie diese selbst, was man nicht von allen ihren Fakultäten sagen kann. Nur die Medizinische kann es, was ihre ununterbrochene Verbundenheit mit der Academia Fridericiana angeht, mit diesen drei aufnehmen. Anders der Sport. Zwar war 1743 auch ein Tanz- und Fechtmeister – wie übrigens auch ein Reitlehrer – mit von der Partie, doch brach diese Tradition, wie im folgenden Kapitel II.2 zu zeigen ist, in den zwanziger Jahren des 19. Jahrhunderts ab. Erst Jahrzehnte später unternahm der Sport einen neuen Anlauf, der ihn 2007 schließlich in die Philosophische Fakultät führte.

Schon weil diese von Anfang an dabei war, aber auch weil die Philosophische mit ihrem Angebot die Hörer der anderen Fakultäten erreichen musste, spiegelt sich in ihrer Geschichte die der gesamten Universität. Denn der Besuch dieser unteren und zugleich ersten Fakultät war jahrzehntelang für die Studierenden aller anderen Fakultäten verpflichtend, bis zum Ende des 19. Jahrhunderts immerhin noch empfohlen und für viele Studenten zum Beispiel der Medizin bis in die Zeit nach dem Zweiten Weltkrieg hinein selbstverständlich.

Der 1954 von der Erlanger Universitätsleitung unternommene Versuch, diese Tradition in Form eines Studium generale wieder zu institutionalisieren, wurde bald aufgegeben. Dass sie fortlebt, liegt zum einen an der Öffnung ausgewählter regulärer Vorlesungen »für Hörer aller Fakultäten« und zum anderen am 1956 eingerichteten Collegium Alexandrinum, das in Kapitel II.4 vorgestellt wird. Und dann gibt es auch an der FAU zahlreiche Hörer, die den Ruhestand oder auch ihre Freizeit für den Besuch von Lehrveranstaltungen der Philosophischen Fakultät, wenn nicht sogar für ein spätes Zweitstudium in den Geisteswissenschaften nutzen.

Für die Vertreter der geisteswissenschaftlichen Disziplinen erwuchs daraus ein nicht geringer Anspruch. Weil sie immer auch dem Bedürfnis eines breiten, gebildeten, wissensdurstigen Publikums Rechnung zu tragen hatten, waren sie »von dem Trieb, zum Wesentlichen, Wichtigen und Lebendigen zu kommen, durchdrungen«, und das hieß auch: Sie hatten nicht zuletzt »der Gegenwart etwas zu sagen«. Jedenfalls im Idealfall, der keineswegs immer die Regel war. So sah es Friedrich Paulsen. Auch wenn er in erster Linie die Vertreter der Geisteswissenschaften vor Augen hatte, galt Vergleichbares für die Theologen und die Juristen. Allesamt standen und stehen sie in der Verantwortung, wenn es darum geht, die Gegenwart zu vermessen und auf dieser Basis die Zukunft in den Blick zu nehmen.

Der Pädagoge und Philosoph Paulsen, Jahrgang 1846, hatte zunächst einige Semester in Erlangen Theologie studiert, bevor er nach Berlin wechselte, dort eine große wissenschaftliche Karriere hinlegte und zu einem der einflussreichsten Gelehrten seiner Zeit wurde. In seinem wohl letzten Text, den er für Paul Hinnebergs Enzyklopädie »Die Kultur der Gegenwart« schrieb, ließ Paulsen 1906 allerdings auch keinen Zweifel, was den Geisteswissenschaften – wie auch der Theologie und der Rechtswissenschaft – dort drohte, wo ihnen jener auf den Weltenlauf bezogene Impuls abhanden gekommen war und der Idealfall die Ausnahme darstellte: »Wo dagegen bloßer toter Sammlerfleiß, bloße gelehrte Betriebsamkeit herrscht, da wird auch das an sich Große zu Spreu und Häckerling« und die Wissenschaft zu einem »Großbetrieb«, der eigentlich ein »Fabrikbetrieb« ist.

Schaut man sich heute auf den Fluren der Philosophischen Fakultät der FAU um, so wird man von dem »Trieb, zum Wesentlichen, Wichtigen und Lebendigen zu kommen«, nicht mehr viel finden. Dafür gibt es eine Reihe von Gründen, vor allem den Druck, den ein »Fabrikbetrieb« wie die moderne Massenuniversität auch auf die Lehrenden und Forschenden ausübt und der durch zusätzliche Zwänge wie die aus dem Ruder laufende Beschäftigung mit der Drittmitteleinwerbung weiter verstärkt wird. Dieser zähe Prozess führt vielerorts fast zwangsläufig zu einer Nivellierung auf einem bescheidenen Niveau des »Sammlerfleißes«. Natürlich sieht es an anderen Universitäten ähnlich aus. Hier wie dort haben die Philosophischen Fakultäten Höhen und Tiefen gesehen. Wie könnte es anders sein.

Wer die Entwicklung eines Fachs und damit einer Fakultät verstehen will, muss ihre Berufungspolitik kennen. Und wer die begreifen will, muss sich die Berufungskommissionen ansehen. Sie sind im Laufe der vergangenen zwei oder auch drei Jahrzehnte unaufhörlich gewachsen und ähneln heute in ihrem Umfang und ihrer Arbeitsweise den Betriebsratsversammlungen eines mittelständischen Unternehmens. Neben den Hochschullehrern des Faches, in dem eine Neubesetzung ansteht, gehören einer Kommission unter anderem und in steigender Zahl Hochschullehrer benachbarter Fächer sowie anderer Universitäten an, außerdem Vertreter des wissenschaftlichen Mittelbaus, der Studenten sowie Gleichstellungs-, Frauen- und andere Beauftragte.

Die Motive und Kriterien der Fachvertreter im engeren Sinne lassen sich in einer einzigen Frage bündeln: Will man den oder die Beste – oder scheut man die Konkurrenz? Wer die Professorenschaft der Philosophischen Fakultät der FAU unter die Lupe nimmt, wird keine eindeutige Antwort auf die Frage, wohl aber eine Reihe von Hinweisen dafür finden, dass die Sorge vor starker Konkurrenz offenbar deutlich zugenommen hat. Auch deshalb haben sich einige Disziplinen bislang nicht von den Weichenstellungen seit den neunziger Jahren des 20. Jahrhunderts erholt. Denn ist der Weg ins mittlere Maß erst einmal eingeschlagen, wird die Umkehr, so sie denn überhaupt gewollt ist, zu einem kräftezehrenden Prozess. Sicher ist aber auch, dass Vertreter einer Reihe von Fächern immer wieder – und nicht nur für Erlangen gültige – Maßstäbe gesetzt, Neues und Wegweisendes auf die Beine gestellt und es geschafft haben, die mitunter heftigen Widerstände ihrer Fachkollegen und nicht zuletzt der eigenen Fakultät zu überwinden.

Für die Philosophische Fakultät der Erlanger wie anderer deutscher Universitäten waren die Jahre nach dem Ende des Zweiten Weltkriegs eine aufregende Zeit. Zum einen konnten alle Fächer an mehr oder minder belastbare Traditionen anknüpfen, die sich über beinahe zwei Jahrhunderte hinweg entwickelt hatten. Das half die Fehlentwicklungen während des »Dritten Reiches« zu überbrücken, führte aber, wie berichtet, auch dazu, dass man die zwölf Jahre als Betriebsunfall einstufte und sich mit diesen Fehlentwicklungen erst einmal nicht auseinandersetzte. Darin unterschied sich die Philosophische nicht von anderen Fakultäten der FAU, und diese wiederum nicht von anderen Universitäten.

Andererseits waren gerade die Philosophische wie auch die Juristische oder die Theologische Fakultät schon früh gefordert, sich den politischen und wirtschaftlichen, gesellschaftlichen und kulturellen Fragen einer neuen Gegenwart zu stellen. Sie taten das vergleichsweise spät, wenn man einmal von der frühen Einrichtung eines Lehrstuhls für Religions- und Geistesgeschichte absieht. 1947 für Hans-Joachim Schoeps, einen der ersten jüdischen Remigranten, geschaffen, wurde die bundesweit in dieser Form singuläre Professur mit dessen Emeritierung 1977 über Umwege in den zweiten Lehrstuhl für Politische Wissenschaft umgewandelt. Die Idee der Professur lebt in der von Hans-Joachim Schoeps gegründeten Gesellschaft für Geistesgeschichte und der von ihm mitbegründeten »Zeitschrift für Religions- und Geistesgeschichte« fort.

In der Professur konnte man auch einen der wenigen frühen Versuche der FAU sehen, sich der jüngsten Vergangenheit zu stellen. Hingegen hatten die Neubesetzungen etablierter und die Einrichtung neuer Professuren in der Juristischen und der Philosophischen Fakultät einen unmittelbaren Gegenwarts- und Zukunftsbezug. Auf breiter Front geschah das Anfang der sechziger Jahre.

Zum einen wurden Lehrstühle mit Gelehrten besetzt, die willens und in der Lage waren, fundierte Antworten auf die Herausforderungen der Gegenwart wie der Zukunft zu geben. So zählte Reinhold Zippelius, der 1963 auf den Lehrstuhl für Rechtsphilosophie, Staats-, Verwaltungs- und Kirchenrecht berufen wurde und bis zu seiner Emeritierung 1995 an der FAU wirkte, zu den maßgeblichen Vertretern der Staatsrechtslehre in der Bundesrepublik. Wie in vergleichbaren Fällen legt davon auch bei Zippelius eine umfassende publizistische Tätigkeit Zeugnis ab: Seine »Allgemeine Staatslehre« oder seine »Juristische Methodenlehre« liegen längst in zweistelligen Auflagen vor.

Zum anderen wurden Anfang der sechziger Jahre einige Fächer, von denen gut begründete Antworten auf die Fragen der Zeit erwartet werden konnten, um neue Abteilungen erweitert und andere überhaupt erst als universitäre Disziplinen etabliert. Das gilt für die Geschichtswissenschaft, die 1962 um den Lehrstuhl für Osteuropäische Geschichte ergänzt wurde. Und es gilt für die neuen Fächer Soziologie und Politische Wissenschaft, die erst an der Wende vom 19. zum 20. Jahrhundert beziehungsweise im Fall der Politikwissenschaft sogar erst nach Ende des Zweiten Weltkriegs als eigenständige Fächer eingerichtet wurden.

Bei der Soziologie sprach zunächst einiges dafür, dass dieses junge Fach an der FAU eine große Karriere machen würde. Immerhin übernahm die Erlanger Universität, wie in Kapitel I berichtet, mit der Nürnberger Hochschule für Wirtschafts- und Sozialwissenschaften auch das dortige Institut für Sozialwissenschaften inklusive der Professuren für Soziologie, musste also nicht wie manche andere Universität bei Null anfangen. Tatsächlich kam es aber auch hier nicht zu einer Integration, im Gegenteil: 1961, also im Jahr der Fusion, wurde in Erlangen Georg Weippert zum Ordentlichen Professor für Soziologie und Volkswirtschaftslehre ernannt. Weippert hatte hier seit 1947 Volkswirtschaft, Finanzwissenschaft und Statistik gelehrt und sich inzwischen mit einem beachtlichen Œuvre auch auf den Gebieten der Allgemeinen Soziologie, der Agrarsoziologie sowie der Methodologie der Sozialwissenschaften einen Namen gemacht.

Mit der Einrichtung des ersten rein soziologischen Lehrstuhls in Erlangen wurden die Weichen in eine andere Richtung gestellt, und das trug entscheidend dazu bei, dass die Soziologie hier nie eine Karriere hinlegen konnte, die mit der entsprechender Einrichtungen in Köln, Frankfurt oder Göttingen vergleichbar war. Denn als Werner Mangold, Jahrgang 1927, 1968 auf diesen Lehrstuhl und damit faktisch zum Gründungsdirektor des aufzubauenden Instituts für Soziologie berufen wurde, hatte er abgesehen vom Nimbus seiner wissenschaftlichen Heimat, dem legendären Frankfurter Institut für Sozialforschung, so gut wie nichts vorzuweisen, nicht einmal die Habilitation. Seine 1960 veröffentlichte Dissertation blieb die einzige Monographie, die diesen Namen verdient.

Man muss das erwähnen, weil die Habilitation in dieser Zeit eigentlich noch eine selbstverständliche Voraussetzung für die Übernahme einer Professur gewesen ist. Als zweite, in der Regel anspruchsvollere und auch umfangreichere Qualifikationsschrift nach der Dissertation, zudem auf einem anderen thematischen Feld angesiedelt als diese, sollte sie unter Beweis stellen, dass der angehende Hochschullehrer die Voraussetzungen mitbrachte, sein Fach in Forschung und Lehre angemessen und umfassend zu vertreten.

Das galt jedenfalls für die Geisteswissenschaften, die Theologie und die Rechtswissenschaft, war lange Zeit auch für die Medizin und die Naturwissenschaften, selbst für die technischen Disziplinen verbindlich. Dass man dort nach 1945 immer häufiger auf die Habilitation verzichtete, lag an der großen Praxisnähe dieser Fächer. Mit gutem Grund kann die Weiterbildung beispielsweise in einem Unternehmen, einer naturwissenschaftlichen oder technischen Forschungseinrichtung oder auch in einer Klinik als eine der Habilitation mindestens vergleichbare Qualifikation gewertet werden.

Bei den Geisteswissenschaften, der Theologie oder auch den Rechtswissenschaften war und ist das eine Ausnahme. Dass hier die Habilitation an Bedeutung verlor, dass die Habilitationsschrift gar nicht mehr angestrebt beziehungsweise verlangt oder durch schwerlich gleichrangige Surrogate wie die kumulative Habilitation ersetzt wurde, hatte eine Reihe von Gründen. Zu ihnen zählten die Integration der Pädagogischen Hochschulen in die Universitäten, der parallel zu den Studentenzahlen steigende Bedarf an Hochschullehrern oder zuletzt auch die Einführung sogenannter Juniorprofessuren. Ob und wie diese Absenkung des Niveaus den Universitäten bekommen ist, sei dahingestellt. Das Urteil steht jedem frei, der Vorlesungen besucht und Veröffentlichungen liest.

Für den außenstehenden Beobachter nicht ohne weiteres zu erkennen ist hingegen eine Folgeerscheinung dieser Inflation nicht habilitierter Professoren: Was bedeutet es für das Profil einer Fakultät oder einer Universität, wenn eine oder einer von ihnen das Amt des Dekans oder des Rektors beziehungsweise Präsidenten übernimmt und in dieser Funktion unter anderem über die Maßstäbe von Habilitationen und die Eignung von Habilitanden befindet? Um nur von diesen Entscheidungen zu sprechen. Die jüngere Geschichte der Friedrich-Alexander-Universität hat beides gesehen – und überlebt: nicht habilitierte Dekane der Philosophischen Fakultät, einen nicht habilitierten Rektor aus deren Reihen und eine weder habilitierte noch promovierte Prorektorin.

Werner Mangold war ein ausgezeichneter Netzwerker und bewies schon früh Eigenschaften, über die heute jeder Hochschullehrer, der ja auch ein Wissenschaftsmanager ist, verfügen muss. Zudem wusste er, dass er einen habilitierten Kollegen mit erkennbarem wissenschaftlichem und publizistischem Profil an seiner Seite brauchte. Mangold fand ihn in dem drei Jahre jüngeren Joachim Matthes, einem bei Hans-Joachim Lieber und Helmut Schelsky geschulten, produktiven Wissenschaftler, von dem unter anderem eine zweibändige »Einführung in die Religionssoziologie« und eine wiederholt aufgelegte »Einführung in das Studium der Soziologie« stammen.

Ein in jeder Hinsicht markantes Profil verpasste der Gründungsdirektor seinem Institut für Politische Wissenschaft. Obgleich Waldemar Besson, Jahrgang 1929, lediglich von 1961 bis 1966 in Erlangen und danach bis zu seinem frühen Tod in Konstanz wirkte, hat er Spuren hinterlassen, denen sich bis heute folgen lässt. Das lag auch an seiner Schulung durch den Tübinger Zeithistoriker Hans Rothfels, es lag an dem naturgemäß weiteren Horizont, den sein Arbeitsgebiet, die internationale Politik, eröffnet, und es lag vor allem an Büchern wie der in seiner Konstanzer Zeit erschienenen, den »Erlanger Freunden« gewidmeten »Außenpolitik der Bundesrepublik«.

Mit Waldemar Bessons Wechsel an den Bodensee verloren die Erforschung und Vermittlung der internationalen Beziehungen in der Erlanger Politischen Wissenschaft schlagartig an Bedeutung. Dafür erlebten sie einige Jahre später bei den benachbarten Historikern eine Renaissance. Nachdem Michael Stürmer 1973 auf den Lehrstuhl für Neuere Geschichte II berufen worden war, begann er sich intensiv mit der deutschen Außenpolitik und der Geschichte des Staatensystems zu befassen. In den folgenden Jahrzehnten wurde der Lehrstuhl auch unter Stürmers Nachfolger wegen der in dichter Folge vorgelegten Monographien der Mitarbeiter, aber auch wegen der kontinuierlichen Präsenz in den Medien oder der vielfältigen Zusammenarbeit mit dem Auswärtigen Amt und anderen Institutionen zu einer ersten Adresse für dieses und verwandte Themen. Nicht zufällig wurden in den Jahrzehnten seit 1973 mit Klaus J. Bade, Anselm Döring-Manteuffel, Friedrich Kießling, Frank-Lothar Kroll oder Hans-Ulrich Thamer junge Historiker habilitiert, die hernach als Lehrstuhlinhaber diese Tradition fortschrieben.

Das änderte sich, als das inzwischen zum »Department« degradierte Institut 2018 im Zuge der Neubesetzung eine grundlegende Kurskorrektur vornahm. Damit wurde ein Weg fortgesetzt, den die jahrzehntelang national und international konkurrenzfähige Erlanger Geschichtswissenschaft 2012 mit der Neubesetzung des Lehrstuhls für Osteuropäische Geschichte eingeschlagen hatte. Genau 50 Jahre zuvor eingerichtet, zunächst von Karl-Heinz Ruffmann, dann von Helmut Altrichter besetzt, standen große Themen wie die »Struktur und Entfaltung« der sowjetischen Weltmacht oder die »Geschichte Europas im 20. Jahrhundert« auf der Tagesordnung. Heute sind es »Wohnen in Leningrad« und »Baumwollanbau und Bewässerung in Zentralasien«, also Themen, die von jener zunehmenden thematischen Verzweigung »in ein Delta von Spezialismen« zeugen, die schon Alfred Wendehorst beobachtet hat und die für die Geisteswissenschaften insgesamt charakteristisch ist, nicht nur in Erlangen.

Wer weiß, wie es heute um den Stellenwert politisch und gesellschaftlich relevanter und auch deshalb stark nachgefragter Themen an der Philosophischen Fakultät der FAU stünde, hätte sich die Politikwissenschaft nicht 1984 ihrer Anfänge besonnen und aus Mitteln der VolkswagenStiftung eine Professur für Politik und Zeitgeschichte des Nahen und Mittleren Ostens eingerichtet und, mit Alexander Schölch beginnend, kompetent besetzt. Da zeitgleich auch in den Wirtschaftswissenschaften eine Professur für moderne Nahoststudien durchgesetzt wurde, gelang es erstaunlich rasch, die FAU zu einer national und international bekannten Adresse für die Erforschung dieses politischen und wirtschaftlichen, kulturellen und weltanschaulichen Brennpunktes der Weltpolitik auszubauen.

Mit der Berufung des Rechts- und Islamwissenschaftlers Mathias Rohe ist seit 1997 auch die Juristische Fakultät prominent auf diesem Erlanger Feld vertreten. Dank seiner Arbeiten zum islamischen Recht oder zum Verhältnis von Islam und Christentum in Deutschland hat sich Rohe weit über das Fachpublikum hinaus einen Namen gemacht. Das gut vernetzte *Erlanger Zentrum für Islam und Recht in Europa* steht für die »multidisziplinäre Perspektive« des Gründers und seiner Mitarbeiter.

Den Initiatoren des Schwerpunktes Naher und Mittlerer Osten kam zugute, dass die FAU, wie in Kapitel I berichtet, in der Orientalistik auf eine lange Tradition zurückblicken konnte. Die wiederum erlebte 1992 mit der Berufung Hartmut Bobzins auf eine Professur für Islamwissenschaften eine national wie international beachtete Renaissance. Der studierte evangelische Theologe, Religionswissenschaftler, Indologe und Semitist des Jahrgangs 1946 folgte in vielem den Spuren seines großen Vorgängers Friedrich Rückert, der von 1826 bis 1841 in Erlangen die Orientalischen Sprachen gelehrt hatte. Bobzin legte mit seiner Einführung in den Koran und seiner Biographie Mohammeds Bücher vor, die, in etliche Sprachen übersetzt, weit über das Fachpublikum hinaus ihre Leser fanden. Und er befasste sich wie auch sein legendärer Vorgänger mit dem persischen Dichter Hafis, gab Rückerts Koranübersetzung neu heraus und machte sich dann an seine eigene Übersetzung.

Georges Tamer – 1960 im Libanon geboren, in Frankfurt, Berlin und Erlangen ausgebildet, 2007 bei Hartmut Bobzin habilitiert und nach einer amerikanischen Professur 2012 an die FAU berufen – schreibt diese Tradition fort. Und er sorgt wie schon sein Lehrer dafür, dass Erlangen ein Schwerpunkt der Orient- und Islamforschung bleibt. Das ist keine geringe Herausforderung, denn dieses weite Feld ist ein Beispiel für den beschriebenen Wildwuchs, der sich seit den neunziger Jahren an deutschen Universitäten breitgemacht hat.

So steht das 2012 mit Bundesmitteln eingerichtete, mit vier Professuren ausgestattete und in der Philosophischen Fakultät angesiedelte Department Islamisch-Religiöse Studien mehr oder weniger unverbunden neben den erwähnten Einrichtungen. Immerhin bekam Erlangen 2010 als eine von bundesweit fünf Universitäten den Zuschlag für die Einrichtung

eines Fachs Islamische Studien. Ziel des mit Mitteln des Bundesministe-
riums für Bildung und Forschung geförderten Projekts ist nicht zuletzt die
Ausbildung qualifizierter Lehrer für den Islamunterricht an deutschen
Schulen. Das Lehr- und Forschungspersonal stammt unter anderem aus
Ägypten, Marokko und dem Iran.

Eine jedenfalls im Ansatz fächerübergreifende Kooperation versucht
seit 2011 das *Zentralinstitut Anthropologie der Religion(en)*, eine Plattform
für »disziplinen- und fakultätsübergreifende religionsbezogene und anth-
ropologische Forschung«, an der mehr als 40 Wissenschaftler aus vier
Fakultäten beteiligt sind, darunter die Orient- und Islamforscher der FAU.
Allerdings bestätigt der Fall zugleich eine allgemeine Regel: Ein Zentralinstitut als solches entfaltet so gut wie keine Außenwirkung. Wahrgenommen wird es über die Profile und die wissenschaftlichen, publizistischen
oder auch politischen Aktivitäten einzelner Mitglieder. Natürlich gilt das
nicht nur für die FAU, und dort auch nicht nur für Orient- und Islamwissenschaften.

Fast immer sind es Einzelne, die das Profil einer Disziplin, manchmal
auch eines ganzen Fachs oder sogar einer Fakultät prägen und eine entsprechende Außenwirkung entfalten. So auch in der Geographie, einem
Fach, das lange Zeit eine anregende Brückenfunktion zwischen den Na-
tur- und den Geisteswissenschaften einnahm. Traditionell in den Naturwissenschaften angesiedelt, waren die Ordinarien auch Zweitmitglieder
der Philosophischen Fakultät. Das hatte mit der Lehrerbildung zu tun
und führte dazu, dass Geisteswissenschaftler und Geographen nicht nur
im selben Gebäude saßen, sondern auch häufig gemeinsam prüften.
Heute spielt die Lehrerbildung bei den Geographen keine nennenswerte
Rolle mehr, und das wiederum sagt einiges über die gewandelten Prioritäten der bayerischen Schulpolitik aus.

Und dann waren und sind viele Themen der Geographen sowohl in
den Natur- als auch den Sozialwissenschaften beheimatet. Greifbar ist das
vor allem in der Kulturgeographie, die an der FAU durch Eugen Wirth und
Werner Bätzing vertreten und weit über die Universität hinaus im öffentlichen Bewusstsein verankert wurde. Wirth, Jahrgang 1925 und von 1964

bis 1991 in Erlangen tätig, machte sich als Kulturgeograph des Orients mit Büchern zur »Agrargeographie des Irak« oder über »Die orientalische Stadt im islamischen Vorderasien und Nordafrika« einen Namen. Bätzing, Jahrgang 1949 und von 1995 bis 2014 an der FAU tätig, erreicht mit seinen Themen, allen voran der integrativen Alpenforschung, und mit seiner medialen Präsenz eine breite Öffentlichkeit. Wohl nicht zufällig waren beziehungsweise sind beide wissenschaftlichen Biographien breit fundiert: Wirth gehörte zeitweilig dem Seminar des Philosophen Nicolai Hartmann an; Bätzing ist auch studierter Theologe. Für beide war die Habilitation im Fach Geographie selbstverständlich eine Voraussetzung ihrer Karriere.

Gewiss ist der formale Status eines Universitätsangehörigen bezogen auf sein wissenschaftliches und publizistisches Profil nur von bedingter Aussagekraft. Aber außer Frage steht, dass die fehlende formale Qualifikation in vielen Fällen eine Erklärung für ein defizitäres wissenschaftliches und publizistisches Profil ist. Welche Folgen die Berufung nicht Habilitierter auf Professuren, auch Lehrstühle, in der Philosophischen Fakultät hatte, zeigt der jedenfalls zeitweilige Niedergang jenes Fachs, nach dem die Fakultät benannt ist.

Dabei hatte sie mit dem Erlanger oder auch Methodischen Konstruktivismus, der durch Wilhelm Kamlah und Paul Lorenzen begründet wurde und als »Erlanger Schule« in die Geschichte eingegangen ist, in den sechziger und siebziger Jahren des 20. Jahrhunderts eine Blütezeit. Auch deshalb, weil mit dem 1970 berufenen Manfred Riedel ein bedeutender Vertreter der praktischen und breit aufgestellter Interpret der klassischen Philosophie das Profil des Instituts schärfte. Als man 1996 einen nicht habilitierten Philosophen ohne erkennbares Profil auf diesen Lehrstuhl berief, der sich bis zu seinem Eintritt in den Ruhestand gerade einmal zwei schmale Monographien abzuringen vermochte, begann der Niedergang.

Der Fall belegt, dass der institutionelle Status für das wissenschaftliche und publizistische Profil nicht entscheidend ist. Es gibt Ordinarien, die wie dieser wissenschaftlich und publizistisch krass versagen, und es gibt Vertreter des übrigen wissenschaftlichen Personals, die sich wie der studierte Klassische Archäologe, Vor- und Frühhistoriker sowie Klassische Philologe Martin Boß auf ihrem Gebiet einen Namen machen. Boß, Jahrgang 1959, hatte sich nach der Promotion zunächst mit einem Zeichenbüro auf eigene Beine gestellt und an diversen Grabungen teilgenommen, bevor er 1991 als Akademischer Oberrat und Kurator die 1857 begründete heutige »Antikensammlung« der FAU übernahm. Seither hat er die aus Originalen, Gipsabgüssen und einem bedeutenden Fotoarchiv bestehende Sammlung nicht nur ausgebaut, sondern um einen an der Wissenschaft orientierten Modellbau – etwa das deutschlandweit präsentierte Forum Romanum – erweitert. Vor allem stellte Boß unter Beweis, dass zwischen der antiken und der digitalen keine Welten liegen müssen.

Die Antikensammlung ist eine von rund 20 Sammlungen und Museen der Friedrich-Alexander-Universität. Wie auch an anderen Universitäten, haben viele von ihnen zeitweilig ein Schattendasein geführt. Das begann sich zu ändern, als Anfang 2011 auf Anregung des Universitätskanzlers Thomas A. H. Schöck eine Zentralkustodie unter Leitung Udo Andraschkes eingerichtet wurde. Der gelernte Wissenschaftshistoriker verschaffte den Sammlungen bald innerhalb wie außerhalb der Universität eine angemessene Aufmerksamkeit. Dabei kam ihm das enorme Potential zugute, das in vielen dieser Sammlungen schlummert. Immerhin war deren Grundstein schon bald nach der Universitätsgründung durch die Markgräflichen Kuriositätenkabinette in Ansbach und Bayreuth gelegt worden.

Schwerpunkte bilden heute die medizinischen, naturwissenschaftlichen und mathematischen Sammlungen, die durch eine in dieser Form einmalige Informatik-Sammlung ergänzt werden. Und dann gibt es die zu den Geisteswissenschaften im weitesten Sinne zählenden Sammlungen wie besagte Antiken- oder auch die Ethnographische Sammlung, die zum Institut für Geographie gehört und 1996 als Dauerleihgabe an das Staatliche Museum für Völkerkunde in München gegeben wurde.

Wie überhaupt immer wieder Teile von Sammlungen der FAU auf nationale oder internationale Reisen gehen. So auch einige Bestände der Schulgeschichtlichen Sammlung, die seit Mitte der siebziger Jahre des vergangenen Jahrhunderts durch den Pädagogen Max Liedtke aufgebaut wurde und heute mit rund 180 000 Objekten eine der größten in Deutschland ist. Ein wohl nicht nur im deutschsprachigen Raum einmaliger Bestand dieser Sammlung sind mehrere tausend Spickzettel und Schülerbriefchen.

Eine Trouvaille der Erlanger Sammlungen von schwer schätzbarem Wert ist fraglos die in der Universitätsbibliothek aufbewahrte Graphische Sammlung mit ihren rund 7000 Handzeichnungen, Kupferstichen, Radierungen und Holzschnitten, die zu Beginn des 19. Jahrhunderts aus dem Besitz des Ansbacher Markgrafen in den Bibliotheksbestand gingen. Der dazu zählende Bestand von rund 150 Meisterblättern Lucas Cranachs des Älteren oder Albrecht Dürers gehört weltweit zu den wichtigsten seiner Art. Die hohe Nachfrage im internationalen Leihverkehr hält auch die Friedrich-Alexander-Universität im Gespräch.

Dafür sorgen in erster Linie ihre Wissenschaftler, jedenfalls sollten sie das. Was die Geisteswissenschaftler, aber auch die Theologen und die Juristen angeht, so leben sie von ihren Ideen und ihrer persönlichen Überzeugungskraft, suchen natürlich das Gespräch und die Zusammenarbeit mit ihresgleichen – innerhalb und außerhalb ihrer Disziplin. Aber anders als Techniker, Naturwissenschaftler oder Mediziner brauchen sie in der Regel keine Stäbe von Mitarbeitern und auch keine Einbindung in Großprojekte. Je größer diese sind, umso intensiver ist die Selbstbeschäftigung mit Verwaltungs-, Organisations- und Strukturfragen.

Wie zum Beispiel im Fall des Internationalen Kollegs für Geisteswissenschaftliche Forschung »Schicksal, Freiheit und Prognose. Bewältigungsstrategien in Ostasien und Europa«, das als eine von deutschlandweit zehn Einrichtungen dieser Art durch das Bundesministerium für Bildung und Forschung gefördert wird. Für das Projekt, an dem – federführend und in einer bemerkenswerten Kooperation – insbesondere Sinologen und Mediävisten beteiligt sind, stellte die Behörde von 2009 bis 2021 insgesamt gut 20 Millionen Euro zur Verfügung.

Für die Beteiligten und nicht zuletzt für die Universität war die Aufnahme dieses Forschungsvorhabens in das nationale Förderprogramm schon deshalb ein großer Erfolg, weil damit eine sogenannte Zielvereinbarung zwischen dem Bayerischen Staatsministerium für Wissenschaft und Kunst und der FAU aus dem Jahr 2006 erfüllt wurde. Diese definierte die Einwerbung eines geisteswissenschaftlichen Kollegs als »wichtiges Ziel«. Dass die Vorgabe nicht einem schon bestehenden Forschungsprogramm zugeordnet, sondern im luftleeren Raum angesiedelt wurde, zeigt wieder einmal, dass in dieser Zeit bei den Strukturplanungen für die Philosophische Fakultät kaum von einem konzeptionellen Zugriff gesprochen werden konnte.

In der öffentlichen Rezeption hat das Großunternehmen »Schicksal, Freiheit und Prognose«, in dem sich zum Beispiel eine stattliche Zahl von Forschern intensiv mit chinesischen Orakelknochen als frühen Spuren der Weissagung beschäftigt, kaum identifizierbare Spuren hinterlassen. Attraktiv ist es vor allem wegen der üppigen Zahl von Stellen für *Visiting Fellows*. Das erklärt, warum die Homepage des Kollegs nach derjenigen der Radiologie die am häufigsten angeklickte der FAU ist. Im digitalen Biotop ist das ein beachtlicher Erfolg.

Im Übrigen bestätigt auch diese Einrichtung, dass wissenschaftliche Verbünde ihre Außenwirkung vor allem über ihre Repräsentanten entfalten. Im Falle des zielvereinbarten geisteswissenschaftlichen Kollegs ist das sein Initiator und Leiter: Der Sinologe, Ethnologe und Politikwissenschaftler Michael Lackner, Jahrgang 1953, kam über verschiedene Stationen, darunter eine Genfer Professur, 2000 an die FAU und baute hier die Sinologie zu einem national und international wahrgenommenen Zentrum aus. So gelang es ihm, 2006 an der Erlanger Universität eines der ersten von heute 19 Konfuzius-Instituten in Deutschland anzusiedeln, die sich die Vermittlung der chinesischen Sprache und Kultur zur Aufgabe gemacht haben und durch das Bildungsministerium der Volksrepublik China unterstützt werden. Das wirft natürlich die Frage auf, ob die Annahme chinesischer Fördermittel für diese Institute nicht zwangsläufig bedeutet, dass »Chinas Tabus« – »Taiwan, Tibet, das Südchinesische Meer, Menschenrechte« und andere mehr – akzeptiert werden. Nicht zu Unrecht hat die »Frankfurter Allgemeine Zeitung« den Blick auf dieses Dilemma gelenkt.

Das Beispiel des umtriebigen und erfolgreichen Sinologen steht für die erstaunliche, aber nicht überraschende Karriere, die vormalige sogenannte Orchideenfächer heute nehmen können. Im Fall der Erlanger Universität sind das neben der Sinologie die Japanologie und natürlich die Orientalistik, die Mutter aller dieser Disziplinen. Auch die Erlanger Sinologie hatte ihren Ursprung am Seminar für Orientalische Philologie. Hier legte Hans Steininger in den fünfziger und sechziger Jahren des 20. Jahrhunderts als Doktorand, Assistent und Privatdozent die Grundlagen für seine Laufbahn, die er seit 1965 in Würzburg als Ordinarius für Philologie des Fernen Ostens krönte.

Diese beiden Disziplinen wie auch die Japanologie, die mit dem 1929 berufenen Philosophen Eugen Herrigel in Erlangen einen frühen Vertreter hatte und die heute durch eine junge Generation publikumswirksam repräsentiert wird, zeugen von einer aufschlussreichen Gewichtsverlagerung in der Philosophischen Fakultät: Einstmals starke Fächer wie vor allem die Germanistik, die in Erlangen nach 1945 immerhin durch Karl Bertau, Horst Haider Munske, Peter Horst Neumann oder Theodor Verweyen vertreten worden ist, haben sich weitgehend in die Bedeutungslosigkeit verabschiedet. Dass es 2017 gelang, Ewa Dąbrowska, die mit der Spracherwerbsforschung ein zukunftsfähiges Feld beackert, nach Erlangen zu holen, gibt Anlass zu hoffen. Zumal sich die FAU damit zum vierten Mal eine vom Bundesministerium für Bildung und Forschung geförderte Alexander von Humboldt-Professur sichern konnte.

Noch aber sind es vormalige Nischenfächer wie die Sinologie, die Japanologie, die Orientalistik oder auch die Amerikanistik, die heute nach außen sichtbar die Fahne der Erlanger Philologie tragen. Es ist eben kein Zufall, dass 2018 mit Heike Paul die Inhaberin des Lehrstuhls für »American Studies: Culture and Literature« den Leibniz-Preis an die FAU holen konnte.

Den höchstdotierten Förderpreis Deutschlands hat die *Deutsche Forschungsgemeinschaft* DFG 1985 erstmals ausgelobt. Das Programm soll die Arbeits- und Forschungsbedingungen herausragender Wissenschaftler verbessern, sie nicht zuletzt von administrativen Aufgaben und dem Wahnsinn der Drittmitteleinwerbung entlasten und ihnen die Ausbildung qualifizierter jüngerer Forscher erleichtern. Das Vorschlagsrecht liegt bei der Universität.

Bislang wurden fünf Forscher der Friedrich-Alexander-Universität mit diesem Preis ausgezeichnet, eine sechste, die Physikerin Gisela Anton, brachte ihn mit, als sie den Ruf an die FAU annahm, was in Kapitel II.3 nachzulesen ist. Dass die Hälfte der Preisträger Frauen sind, spricht für das Profil der Universität; dass Marion Merklein, die dritte von ihnen, wie auch die mit dem Leibniz-Preis bedachten Männer – Peter Greil, Wolfgang Peukert und Peter Wasserscheid – der Technischen Fakultät angehören, ist, wie in den Kapiteln II.4 und II.5 berichtet wird, kein Zufall.

Umso bedeutender war die jüngste Entscheidung der DFG. Erstmals wurde eine Geisteswissenschaftlerin der FAU mit dem Leibniz-Preis ausgezeichnet. Zudem fiel die Wahl nicht auf eines der traditionsreichen und großen, sondern auf ein vergleichsweise junges, zudem eher kleines Fach. So zeugt die Entscheidung auch von der Konjunktur ehemaliger Orchideenfächer. Dieser erstaunliche Zuspruch erklärt sich zum einen mit den Persönlichkeiten, die diesen Disziplinen in der Forschung wie in der Lehre ein neues Profil geben, zum anderen aber auch durch die gewandelten Rahmenbedingungen.

Die dramatischen Veränderungen, von denen Deutschland seit dem Zusammenbruch der starren Ordnung des Kalten Krieges erfasst worden ist, werfen für die Geisteswissenschaften, auch für die Philologien, Fragen auf, die sich vor einem Vierteljahrhundert so noch nicht gestellt haben. Was heute zum Beispiel im Nahen und Mittleren Osten oder im Süd- und Ostchinesischen Meer vor sich geht, betrifft Deutschland unmittelbar. In der grenzenlosen, in naher Zukunft lückenlos vernetzten Welt ist grundsätzlich jedes umstürzende Ereignis an irgendeinem Ort der Welt von globaler und damit zwangsläufig auch von nationaler Relevanz.

Wer heute im privilegierten Umfeld einer Philosophischen Fakultät forschen und lehren darf, muss sich auf seinem Feld auch mit Antworten auf die Fragen befassen: Wo stehen wir heute und wo gehen wir hin? Das gilt für die Vertreter sämtlicher geisteswissenschaftlicher Disziplinen, auch für die Philologien. Während aber von den Erlanger Germanisten seit ihrer breit rezipierten Stellungnahme zur Rechtschreibreform kaum mehr als dröhnendes Schweigen zu vernehmen ist, melden sich Japanologen und Sinologen, Orientalisten oder Amerikanisten auf ihren Feldern mit Themen zu Wort, die eine mittelbare oder unmittelbare Relevanz besitzen.

Das ist schon deshalb unverzichtbar, weil die Universität ja auf vielen Ebenen – hier mehr, dort weniger – international vernetzt ist. Bereits in den sechziger Jahren gab es an der Friedrich-Alexander-Universität einen »Senatsbeauftragten für Internationale Hochschulfragen«. Mit einer Habilitationsschrift zu »Wachstum und Wandel im neuesten italienischen Wortschatz« im Gepäck, war Albert Junker 1953 als Vertreter der Außerordentlichen Professur für Romanische Philologie nach Erlangen gekommen und hatte hier unter anderem eine Städtepartnerschaft mit Rennes eingefädelt. Die kam 1964 auch zustande. Der Versuch des Romanisten, der Städte- eine ergänzende Universitätspartnerschaft folgen zu lassen, scheiterte aber zunächst am hinhaltenden Widerstand des Rektors. Jahre gingen ins Land, bis sich die Hochschulleitung und der Senat aufrafften und ihrerseits forderten, Verbindungen in den angelsächsischen, arabischen, romanischen und slawischen Sprachraum aufzunehmen. In diesem Zusammenhang wurden 1972 auch die Beziehungen zur Université de Rennes formalisiert.

Weiter war man zu diesem Zeitpunkt beim Studentenaustausch. Zu seiner Förderung hatte die Hochschulleitung 1965 ein Akademisches Auslandsamt eingerichtet; im Wintersemester 1966/67 waren 835 ausländische Studierende in Erlangen immatrikuliert. Das entsprach einem Anteil von etwas mehr als acht Prozent, heute liegt er bei zwölf. Der nicht gerade atemberaubende Anstieg gegenüber den sechziger Jahren ist allerdings auch der Tatsache geschuldet, dass die Zahl der Studenten an der FAU auf fast 40 000 explodiert ist. Mit diesem Wachstum konnte der Austausch kaum Schritt halten.

Das gilt für beide Richtungen. Seit 1987 fördert die Europäische Kommission den Austausch von Studenten und Wissenschaftlern mit dem sogenannten Erasmus-Programm, dem allerdings 2016 nicht einmal 1000 Studierende der Friedrich-Alexander-Universität folgten. Eine bescheidene Zahl, wenn man an die politischen Bemühungen denkt, einen

»europäischen Hochschulraum« zu schaffen. Der war im Sommer 1999 in Bologna als Ziel proklamiert worden und sollte vor allem zu einheitlichen Studienstrukturen und vergleichbaren Studienabschlüssen führen.

Das Ergebnis ist ernüchternd. Es besteht im Wesentlichen in einem verschulten Schnelldurchlauf durch die Universität. Im Idealfall bringt er den Betroffenen zwar nach sechs Semestern einen Abschluss als »Bachelor«, in der Regel aber – und anders als in Aussicht gestellt – keine besseren Berufschancen ein. Denn der Abschluss ist Massenware. Der darauf optional aufbauende »Master« ändert daran wenig, weil er hoch spezialisiert ist. Wenn es um die Erfindung neuer »Master of«-Etiketten geht, sind der universitären Phantasie keine Grenzen gesetzt.

Es lag in der Logik dieser Entwicklung, dass man – im selben Atemzug und deutschlandweit – bewährte und international hoch angesehene Studiengänge, allen voran den des Diplomingenieurs, entsorgte. Mit dem »Masterplan Medizinstudium 2020«, den die Gesundheits- und Wissenschaftsministerien von Bund und Ländern 2017 beschlossen, droht diesem Studiengang Ähnliches: Ob eine »staatlich vorgegebene Berufsausbildung anstelle eines vollständigen Hochschulstudiums« noch ausreichend für den Arztberuf qualifizieren kann, zogen im März 2018 18 Dekane und Studiendekane Medizinischer Fakultäten, darunter der Erlanger, öffentlich in Zweifel.

Womit sich einmal mehr die Frage stellt, ob sich Entscheidungen von solcher Tragweite überhaupt an den Schreibtischen einer der Universität genuin fremden Welt treffen lassen. Seit Bologna sollte man es eigentlich besser wissen. Die Bereitschaft, das heimische Studierzimmer zu verlassen und für ein oder mehrere Semester ins Ausland zu gehen, hat der politisch gewollte und durchgesetzte Bologna-Prozess jedenfalls nicht nennenswert gefördert. Auch nicht an der Friedrich-Alexander-Universität, wie die erwähnten Zahlen zeigen.

Gescheitert ist an der FAU allerdings auch das hauseigene Konzept der Partnerschaften mit ausländischen Universitäten, sofern man überhaupt von einem solchen sprechen kann. Bildete für den Präsidenten Nikolaus Fiebiger »eine möglichst große Schnittmenge zwischen den Fachbereichs-Paletten« die eigentliche Grundlage der »Uni-Partnerschaften«, setzten seine beiden Nachfolger auf das Prinzip Masse statt Klasse. Bis 2014 wurden sage und schreibe mit über 500 Hochschulen in mehr als 70 Ländern Kooperationsverträge geschlossen, davon über 400 – von denen die meisten auf dem Papier standen – während des Rektorats beziehungsweise der Präsidentschaft Karl-Dieter Grüskes. Höhe- und Scheitelpunkt dieser »Internationalisierung« war der Busan Campus, den die FAU 2008 mit Unterstützung des Deutschen Akademischen Austauschdiensts in der südkoreanischen *Busan Jinhae Free Economic Zone* gründete. Die Hoffnungen der Hochschulleitung, der FAU solchermaßen den »Milliardenmarkt« des internationalen Bildungssektors zu erschließen, haben sich nicht erfüllt; die Entscheidung, diese aufwendige Kooperation 2017 einzustellen, war konsequent.

Selbstredend spricht das alles nicht gegen die internationale Zusammenarbeit, im Gegenteil: In der globalisierten Welt ist sie für die Universität, ihre Einrichtungen und ihre Angehörigen wichtiger, im Übrigen auch einfacher als je zuvor. Sie muss nur richtig angepackt werden. Und auch hier gilt, dass es die Einzelnen sind, die sie leben und damit vorantreiben, sei es als Studierende, als Gastdozenten oder auch als Manager internationaler Projekte. Viele Vorhaben der Naturwissenschaftler und der Mediziner, der Techniker oder auch der Informatiker, von denen einige in den folgenden Kapiteln vorgestellt werden, sind überhaupt nur noch in internationalen Verbünden mit Aussicht auf Erfolg zu realisieren.

Gleichzeitig stellen sich der Wissenschaft in rasch zunehmender Taktfolge Fragen, die zwar aus einer nationalen Perspektive heraus formuliert, aber überhaupt nur beantwortet werden können, wenn man das Thema in seinen internationalen Bezügen betrachtet. Zum Beispiel das Thema Menschenrechte, das mit der großen Migration des Sommers 2015 zu einer bis dahin nicht bekannten nationalen Herausforderung wurde, aber nur im globalen Kontext zu analysieren ist.

Im Umgang mit diesem gleichermaßen brisanten, drängenden und hochkomplexen Thema gilt die FAU inzwischen als eine erste Adresse. Nachhaltig belebt wurde dieses von den Politikwissenschaftlern wie den Juristen schon seit einigen Jahren beackerte Forschungsfeld 2009 mit der

Berufung Heiner Bielefeldts auf einen neu eingerichteten Lehrstuhl für Menschenrechte und Menschenrechtspolitik. Der Theologe, Philosoph und Historiker Bielefeldt, Jahrgang 1958, war für die Aufgabe geradezu prädestiniert, hatte er doch seit 2003 in Berlin das Deutsche Institut für Menschenrechte aufgebaut und geleitet. Kaum nach Erlangen berufen, war er von 2010 bis 2016 als einer von 40 ehrenamtlichen Sonderbericht-erstattern des UN-Hochkommissariats in Genf tätig. Seit 2016 übt er eine vergleichbare Funktion im Beraterstab der Organisation für Sicherheit und Zusammenarbeit in Europa OSZE aus.

Heiner Bielefeldt gehört zu jenen Geisteswissenschaftlern, deren Stimmen in der Öffentlichkeit auch deshalb wahrgenommen werden, weil sie sich zu ihren Themen gleichermaßen verständlich wie dezidiert äußern. Zum Beispiel zum »Menschenrecht Religionsfreiheit«, bei dem es nach der Feststellung Bielefeldts nicht nur »um die Frommen, … die klassische Religion, … auch nicht nur um Religionen« geht, sondern um die »identitätsbestimmenden Überzeugungen von Menschen, … und das schließt dann eben auch … die Freiheit von der Religion« ein.

Nicht zufällig ist Bielefeldt an der FAU einer der Köpfe des Forschungs-schwerpunkts »Kulturelle Werte, Religionen und Menschenrechte«. Zu diesem gehören unter anderem das *Centre for Human Rights Erlangen-Nürnberg* CHREN und das Projekt *Human Rights in Health Care*. Bei beiden gibt es eine enge Zusammenarbeit mit dem *Nürnberger Menschen-rechtszentrum* sowie der *Internationalen Akademie Nürnberger Prinzipien*. In Erlangen geht man in diesem Zusammenhang vor allem Fragen nach, die sich aus aktuellen Entwicklungen wie der Migration und ihren Folgen ergeben. Und weil es sich dabei auch um rechtswissenschaftlich relevante Themen handelt, wurde der Fachbereich Rechtswissenschaft der FAU von vornherein in die Projekte eingebunden. Partner sind dort die Völker-rechtler Markus Krajewski, Autor von Standardwerken zum Völker- und insbesondere zum Wirtschaftsvölkerrecht, und Christoph Safferling. Jahrgang 1971 und nach einer beachtlichen nationalen und internatio-nalen Karriere 2015 nach Erlangen berufen, hat er maßgeblichen Anteil daran, dass das Strafrecht nach einer Durststrecke wieder zu den vorzeig-baren Disziplinen an der FAU geworden ist.

Bemerkenswert sind auch hier die fächerübergreifenden Kooperationen. 2016 legte Christoph Safferling gemeinsam mit dem Potsdamer Historiker Manfred Görtemaker eine vielbeachtete Untersuchung zur Tätigkeit des Bundesjustizministeriums in der Zeit des »Dritten Reiches« vor. Ein Ergebnis der engen Kooperation der Erlanger Juristen mit den Politologen wiederum ist der 2014 eingerichtete interdisziplinäre Studiengang »Master of Human Rights«, an dem federführend für die Juristen Markus Krajewski und für die Politologen Heiner Bielefeldt sowie Michael Krennerich verantwortlich zeichnen, der entscheidend am Aufbau des Menschenrechtskomplexes an der FAU beteiligt gewesen ist.

Konsequenterweise sind die drei sowohl Mitglieder des *Centre for Human Rights Erlangen-Nürnberg* CHREN als auch des Projekts *Human Rights in Health Care*, das im Rahmen der – in Kapitel II.2 vorzustellenden – *Emerging Fields Initiative* EFI aufgelegt wurde. Hier wie dort ist durch den Arzt und Historiker Andreas Frewer auch die Medizinethik vertreten. Sie wurde 2001 eingerichtet und ist der Medizingeschichte zugeordnet, die es an der FAU seit 1967 als eigenes Fach gibt. Das heutige Institut für Geschichte und Ethik der Medizin, das nicht zur Philosophischen, sondern zur Medizinischen Fakultät gehört, wird seit 2009 durch den Historiker, approbierten Arzt und Autor einer Reihe medizinhistorischer Monographien Karl-Heinz Leven geleitet. Ihm gelang es, die Medizingeschichte mit einem nach innen wie außen sichtbaren Profil zu versehen.

Das EFI-Projekt *Human Rights in Health Care* geht Fragen nach, die an der Schnittstelle von Menschenrechten und Medizinethik im Gesundheitswesen angesiedelt sind. Auch hier spielen aktuelle Themen wie »Medizin und Menschenrechte für Flüchtlinge« eine wichtige Rolle. Darüber hinaus stehen grundlegende Fragen des Gesundheitswesens auf dem Programm. So ist es ebenfalls am Großprojekt »Bayerischer Demenz-Survey« BayDem beteiligt, in dem mit dem Neurologen Peter Kolominsky-Rabas ein Mediziner die Leitung hat. Es wird im folgenden Kapitel II.2 vorgestellt.

So führen neue Fragestellungen, die nicht selten durch krisenhafte Entwicklungen aufgeworfen werden, zu neuen inneruniversitären, fakultätsübergreifenden Kooperationen. Das ist sinnvoll und wegweisend, wenn Synergien freigesetzt werden. Es kann kontraproduktiv werden,

99

falls die Zentren und ihre Kooperationen eine logistische Eigendynamik entwickeln, die – wenn überhaupt – nur mit einem kräftezehrenden administrativen Aufwand zu steuern ist.

Den umgekehrten Weg, nämlich den der Konzentration, schlug das *Zentrum für Angewandte Geschichte* ZAG ein. Es führte 2006 drei Forschungsschwerpunkte – Internationale Beziehungen, Ausstellungen und Dokumentationen sowie Moderne Unternehmensgeschichte – zusammen, die während der neunziger Jahre am Lehrstuhl für Neuere Geschichte II der Erlanger Universität eingerichtet worden waren. Das ZAG finanzierte sich im Wesentlichen aus Mitteln, die auf dem freien Markt eingeworben wurden, ergänzt durch Gelder von Stiftungen, Kommunen oder Behörden. Mit diesen Mitteln wurden die laufenden Kosten insbesondere für die Wissenschaftlichen Mitarbeiter bestritten, während die FAU die Infrastruktur zur Verfügung stellte und den Geschäftsführer finanzierte.

Für die Mitarbeiter hatte die Tätigkeit am ZAG den Vorteil, dass sie im Rahmen ihrer Recherchen für eines der ZAG-Projekte ein außeruniversitäres Umfeld, in der Regel ein dynamisches Industrie- oder auch Medienunternehmen, von innen kennenlernten. Dieser Praxisbezug, der lange der Lehrerbildung vorbehalten war, sollte heute in sämtlichen Fächern einer Philosophischen Fakultät seinen festen Platz haben.

Als das ZAG mit Eintritt seines Gründers in den Ruhestand am 1. Oktober 2017 seine Arbeit an der FAU beendete, konnten seine Mitarbeiter auf eine stattliche Zahl abgeschlossener Projekte zurückblicken. Dazu zählten neben etlichen Monographien vor allem zu den internationalen Beziehungen, aber auch zur modernen Unternehmensgeschichte nicht zuletzt die Mitwirkung an großen nationalen Editionen wie den Akten des Auswärtigen Amtes oder der Berliner Willy-Brandt-Ausgabe. Breite Aufmerksamkeit erfuhr auch die Mitarbeit an einer Reihe von Fernsehdokumentationen oder an der Konzipierung großer Ausstellungen wie des *Dokumentationszentrums* auf dem ehemaligen Reichsparteitagsgelände der Nationalsozialisten in Nürnberg.

Hinter dem ZAG, mit dem die Erlanger Universität im deutschsprachigen Raum Neuland betrat, steckte ein Konzept, das sein Gründer im

November 2007 der Öffentlichkeit so vorstellte: Von dem Befund ausgehend, dass die Geisteswissenschaften von der Öffentlichkeit alimentiert werden, sind sie dieser Rechenschaft darüber schuldig, was sie tun. Falls sich die Öffentlichkeit nicht für das interessiert, was die Geisteswissenschaften treiben, macht nicht diese einen Fehler. Vielmehr sind die Forscher offenkundig nicht willens und in der Lage, die Methoden und vor allem die Ergebnisse ihres Tuns so zu präsentieren, dass die Öffentlichkeit nicht nur davon Kenntnis nimmt, sondern gegebenenfalls auch bereit ist, die geisteswissenschaftliche Arbeit durch Aufträge oder nicht zweckgebundene Spenden zu unterstützen.

Dass es geht und wie es gehen kann, zeigt die »Lange Nacht der Wissenschaften«. 2003 durch den Geschäftsführer eines Nürnberger Stadtmagazins initiiert, zog die Präsentation schon im ersten Jahr 15 000 Besucher an. 2017 waren es 25 000. Inzwischen beteiligen sich rund 400 Forschungseinrichtungen in Nürnberg, Fürth und Erlangen an dem Großereignis und erlauben den Besuchern zwischen 18 Uhr abends und 1 Uhr in der Früh einen Blick hinter die Kulissen. Beteiligt sind nicht nur die Hochschulen der Region, allen voran die FAU, sondern auch namhafte Unternehmen wie Siemens und Schaeffler, welche die Veranstaltung zudem als Sponsoren fördern. Das immerhin fast 300 Seiten starke Programmheft spiegelt das große Interesse, auf das vor allem die Natur- und Ingenieurwissenschaften stoßen. Die Präsenz der Geistes- oder auch der Rechtswissenschaften belegt, dass man die Öffentlichkeit mit den richtigen Fragestellungen neugierig machen und auch dann für die Wissenschaft gewinnen kann, wenn für die Teilnahme ein Obulus zu entrichten ist.

Es überrascht daher nicht, dass in der jüngeren Vergangenheit auch einige Disziplinen der Philosophischen Fakultät mit Erfolg Drittmittel aus der freien Wirtschaft eingeworben haben. So zum Beispiel der Soziologe Gert Schmidt, der sich von 1992 bis 2008 mit den Produktions- und Arbeitsbedingungen in der Automobilindustrie beschäftigte und seine Forschungen nicht zuletzt mit Geldern aus diesem Wirtschaftszweig finanzierte.

Beträchtliche Erfolge bei dieser Variante der Mitteleinwerbung konnten auch in der Psychologie und der Sportwissenschaft verbucht werden, zwei Disziplinen, die man nicht unbedingt unter dem Dach der Philosophischen Fakultät vermuten würde. Nicht zufällig wurden in beiden Fällen die Mittel von Unternehmen der gewerblichen Wirtschaft durch Lehrstühle eingeworben, die eine enge Beziehung zur Medizin haben, nämlich durch den Lehrstuhl für Psychogerontologie beziehungsweise den Lehrstuhl für Sport- und Bewegungsmedizin, von dem im folgenden Kapitel II.2 berichtet wird.

Natürlich soll die öffentliche Hand durch solche zusätzlich eingeworbenen Mittel nicht aus ihrer Verpflichtung zur Finanzierung von Forschung und Lehre entlassen, sondern gerade an diese Verpflichtung erinnert werden. Auch das Argument, die Annahme von Aufträgen gefährde die Unabhängigkeit der Forschung, verfängt nicht: Wer würde denn durch manipulierte Ergebnisse seinen Ruf ramponieren? Außerdem muss nicht jeder Auftrag angenommen werden. So lehnte das ZAG die Einladung des Bundesnachrichtendienstes, seine Geschichte zu erforschen, ab, weil die Behörde zu diesem Zeitpunkt keine umfassende Akteneinsicht zusagen konnte oder wollte. In dieser Hinsicht unterscheidet sich Auftragsforschung in den Geisteswissenschaften nicht von solcher in der Medizin oder der Technik, wo sie seit langem gang und gäbe ist. Ohne sie wäre die deutsche Forschung heute im internationalen Vergleich abgehängt.

Als der Gründer des ZAG sein Konzept 2007 – im Festvortrag aus Anlass des Jahres der Geisteswissenschaften am *Dies academicus* der FAU – öffentlich vorstellte, kam es, wie es kommen musste: Die Philosophische Fakultät bezog ohne Gegenstimme Position gegen ihn, sein Konzept und das ZAG. Dass der Vortrag unter anderem in den »Glanzlichtern der Wissenschaft« des Deutschen Hochschulverbandes nachgedruckt wurde und andere Fächer beziehungsweise Lehrstühle der Fakultät einen ähnlichen Weg einschlugen, änderte daran nichts.

Bedeckt verhielt sich die Philosophische Fakultät der FAU hingegen dann, wenn einem Mitglied aus den eigenen Reihen ein Fehlverhalten nachgewiesen wurde. So in einigen Plagiatsfällen, welche diese Fakultät immer wieder einmal in die Schlagzeilen nicht nur der regionalen Presse, sondern auch von »Bild« oder »Spiegel« brachten.

Als Ersten traf es zu Beginn der siebziger Jahre des vergangenen Jahrhunderts Friedrich Wilhelm Prinz von Preußen, der im Februar 1971 – nach einem gut elfjährigen Studium der Geschichte und der Politischen Wissenschaft – mit der Note »cum laude« zum Doktor der Philosophie promoviert wurde. Der Stein kam ins Rollen, als seine Dissertation, die sich mit einem Aspekt der Reichsgründung durch seinen Vorfahren, Preußens König und hernach zugleich Deutschen Kaiser Wilhelm I., befasste, von einem Marburger Bibliothekar unter die Lupe genommen wurde. Es war Hans-Joachim Schoeps, des Prinzen Doktorvater, höchstpersönlich, der – so zitierte ihn der »Spiegel« – den »einmaligen Fall eines Plagiats« untersuchte und zu dem Ergebnis kam, dass mehr als zwei Drittel des Textes wortwörtlich aus nicht genannten Vorlagen abgeschrieben worden waren. Solchermaßen enttarnt, folgte Friedrich Wilhelm dem Rat seiner Anwälte und entsagte freiwillig dem Doktortitel.

Weniger gravierend, aber medial nicht minder präsent war der Fall eines Ordinarius der Philosophie, der zu den profilierten, breit ausgewiesenen Vertretern seines Fachs in Erlangen zählte. Umso überraschter war man, als sein 1993 erschienenes Buch »Über das Glück des Menschen« um die Jahrtausendwende in die Schlagzeilen geriet, weil eines der drei Kapitel streckenweise wortwörtlich dem Werk eines englischen Kollegen folgte. Die daraufhin durch die Universitätsleitung mit der Begutachtung des Falls beauftragte dreiköpfige »Kommission zur Untersuchung von Vorwürfen wissenschaftlichen Fehlverhaltens« riet dem Rektor der FAU zwar, das wissenschaftliche Fehlverhalten zu missbilligen, da der Philosoph »weder den Vorschriften des Urheberrechtsgesetzes noch den wissenschaftsethischen Anforderungen« genügt habe, bescheinigte dem Delinquenten aber auch, dass er die fragliche Quelle genannt, mithin nicht des Plagiats oder des Diebstahls geistigen Eigentums bezichtigt werden könne.

Das war zweifellos ein Grenzfall. Eindeutig war hingegen der Fall, der vier Jahre später vor den Augen des staunenden Publikums offengelegt wurde. Danach hatte der Erlanger Ordinarius für Bayerische und Fränkische Landesgeschichte in einem 2002 erschienenen Beitrag über »Fürstliche Stadtentwicklung in der frühen Neuzeit« kräftig abgeschrieben und sich dabei ausgerechnet anlässlich des tausendjährigen Erlanger Stadt-jubiläums beim Stadtarchivar bedient. Anders als dem Philosophen blieb dem Historiker keine Wahl, als öffentlich Abbitte zu leisten. Die »Philo-sophische Fakultät und Fachbereich Theologie«, wie sie seit 2007 heißt, hielt sich auch hier bedeckt.

Insgesamt waren und sind Plagiatsfälle und andere Verfehlungen immer noch Ausnahmen an einer Fakultät, deren jüngere Entwicklung allerdings einen zwiespältigen Eindruck hinterlässt. Einige Fächer, die einmal sowohl eine beträchtliche Anziehungskraft als auch eine nennenswerte Außen-wirkung besaßen, haben sich geradezu marginalisiert. Dabei spielten – wie immer und überall in solchen Fällen – Fehlbesetzungen eine Rolle.

Hinzu kam eine schleichende intellektuelle, sprachliche, auch habi-tuelle Verwahrlosung von Teilen des Lehrkörpers. Das gilt nicht nur für die FAU, sondern für das an deutschen Schulen und Universitäten leh-rende Personal im Allgemeinen. Und wenn die Schule ein Spiegelbild der Gesellschaft ist, dann sagt das auch etwas über diese aus.

Die Autorität eines Hochschullehrers definiert sich gewiss nicht nur oder gar in erster Linie über sein Auftreten, seinen Stil oder seine Spra-che. Aber dass die Art des Auftretens und die Souveränität der intellek-tuellen Präsentation in einem jedenfalls mittelbaren Zusammenhang ste-hen, weiß jeder, der Vorstellungen der einen und der anderen Art einmal erlebt hat. Und dann sagt die Art des Auftretens immer auch etwas über den Respekt aus, den – in diesem Fall – ein Hochschullehrer den Hörern, den Examenskandidaten und den Mitarbeitern entgegen- oder eben nicht entgegenbringt.

Die Art des eigenen Auftritts steht allein im Ermessen des Einzelnen. Es gibt dafür aus gutem Grund keine äußeren Vorgaben. So gut wie kei-nen Einfluss haben einzelne Angehörige der Universität aber auf deren äußeren oder ihren baulichen Zustand. Wenn die Gebäude, in denen die Erlanger Geisteswissenschaftler, die Theologen oder auch die Juristen untergebracht sind, verkommen, geht das an den Insassen nicht spurlos vorüber. Seit den fünfziger Jahren des vorigen Jahrhunderts siedeln die drei Fakultäten auf dem vormaligen Areal einer Infanteriekaserne. Anders als die Juristen, die 1994 jedenfalls teilweise zu einem Neubau kamen, hausen Geisteswissenschaftler und Theologen in Gebäuden, die in eben jenen fünfziger oder – schlimmer noch – in den sechziger Jahren errichtet wurden.

Letztere, in denen vor allem die Philologen untergebracht sind, verlieren nicht nur immer wieder Teile ihrer Fassade, sondern laden mit ihrem zeittypischen Charme – außen Beton, innen Plastik, alles quadratisch, manches fensterlos – zu intellektueller Abstinenz geradezu ein. Durch seine Phantasielosigkeit besticht auch jenes Seminargebäude, in dem Politologen, Soziologen, Historiker und andere Quartier genommen haben. Niemand war überrascht, als dort im Sommer 2013 einige Fenster samt Rahmen auf die Straße und Teile der Betondecke nur deshalb nicht auf die Köpfe der Insassen fielen, weil sich der Vorfall nächtens ereignete. Dass die Räume eine Zeitlang nur stundenweise in Kolonne und mit Helm betreten werden durften, spricht Bände; dass es der Universitätsverwaltung aus dem Stand heraus gelang, die notwendigen Sanierungsarbeiten zu organisieren und umzusetzen, war nicht selbstverständlich.

Das bröselnde Gebäude ist typisch für den miserablen Zustand, in dem sich die Bausubstanz großer Teile der FAU – wie praktisch aller Universitäten der alten Bundesrepublik – befindet. Und dann sagt der äußere und innere Zustand der Immobilien auch etwas über die Prioritäten der Universitätsleitung aus. Fragt man nach den Gründen, warum diese den Geisteswissenschaften im weiteren Umfeld der Jahrtausendwende die kalte Schulter zeigte, liegen die Antworten auf der Hand.

Zum einen war selbst eine hochprofessionelle und gut motivierte Verwaltung wie die der FAU mit dem universitätsweiten Sanierungsstau beziehungsweise Innovationsbedarf schlicht überfordert. Da ging es der Friedrich-Alexander-Universität nicht anders als den meisten westdeutschen Universitäten. Zum anderen aber war das geradezu demonstrative Desinteresse namentlich des Rektors beziehungsweise Präsidenten Karl-Dieter Grüske auch eine Quittung für die zeitweiligen Leistungen beziehungsweise Nichtleistungen dieser Fakultät – und damit für ihre rudimentäre Präsenz in der Öffentlichkeit.

Die Universität lebt auch davon, wie sie wahrgenommen wird. Und wahrgenommen wird sie vor allem über die Außenwirkung ihrer Angehörigen. Man mag es gutheißen oder verachten, begrüßen oder verdammen – ändern kann man es nicht: Auch die Universitäten, ihre Kliniken inklusive, sind dem Druck des Marketings ausgesetzt. Wer sich gut verkauft, hat einen Vorsprung. Wer das nicht kann oder will, gerät zwangsläufig ins Hintertreffen.

Für die nach wie vor zahlreichen Vertreter jener damals modernen, heute anachronistischen Universität, die zu Beginn des 19. Jahrhunderts das Licht der Welt erblickte, mag das befremdlich klingen. Aber die optimale Vermarktung gehört nun einmal zur politischen und ökonomischen, sozialen und kulturellen Wirklichkeit. Und der kann sich niemand auf Dauer und mit Erfolg verweigern. Nicht zufällig hat die in der Zentralen Universitätsverwaltung angesiedelte Abteilung M »Marketing und Kommunikation« der FAU inzwischen mehr als 30 Mitarbeiter. Ob das Ergebnis ihrer Arbeit im Einzelfall immer den Aufwand rechtfertigt, sei dahingestellt. Aber dass es diese Abteilung geben muss und ihre Mitarbeiter in einem schwierigen Umfeld ihr Bestes geben, steht außer Frage.

Seriöses Marketing bedeutet ja nicht, ein schlechtes oder mangelhaftes Produkt in den Markt zu drücken und damit eine Schädigung des eigenen Rufs in Kauf zu nehmen. Sondern Marketing heißt, ein gutes, ausgereiftes oder auch entwicklungsfähiges Produkt so zu verkaufen, dass es im Markt den Platz findet, der ihm gebührt. Weil sich auf Dauer nur das erfolgreich vermarkten lässt, was wirklich gut ist, spielten die Geisteswissenschaften oder auch die Theologie um die Jahrtausendwende in der Außendarstellung der FAU kaum ein Rolle. Das unterschied sie von der Medizin und den Naturwissenschaften, der Technik und der Informatik, wie sich in den folgenden Kapiteln nachlesen lässt.

Inzwischen hat sich das, wie gesehen, in einigen Bereichen geändert. Auch dank der Etablierung neuer Professuren und durch eine mutige, die Konkurrenz in den eigenen Reihen nicht scheuende Berufungspolitik können sich einige geisteswissenschaftliche und theologische Disziplinen heute wieder als erste Adresse empfehlen. Nicht zufällig spielen dabei immer auch Persönlichkeiten eine entscheidende Rolle, die »von dem Trieb, zum Wesentlichen, Wichtigen und Lebendigen zu kommen, durchdrungen« sind und »der Gegenwart etwas zu sagen« haben.

Die Beobachtung Friedrich Paulsens galt vor über 100 Jahren, und sie gilt heute, also in einer Zeit, in der die zu akademischen Beamten mutierten beamteten Akademiker nicht nur das Bild der Philosophischen Fakultäten zu dominieren drohen. Davon war in Kapitel I die Rede. Ob sich der an mehr oder weniger sämtlichen Universitäten zu beobachtende partielle Verlust der Leidenschaft, der mit dieser Mutation einhergeht, aufhalten, ob sich der Prozess revidieren lässt, ist schwer zu sagen. Den Versuch ist es wert. Ansätze gibt es. Eine Alternative gibt es nicht.

2   Das Leben beleben

Die Universität war seit ihren Anfängen ein Raum, dem sich die breite Öffentlichkeit mit einem gewissen Respekt näherte. Das lag auch am Selbstverständnis der Hochschulen, die sich vorbehielten, lediglich für eine überschaubare gesellschaftliche Elite geschaffen zu sein. Auch wenn Letzteres im Zeitalter der Massenuniversität nur noch eine – allerdings zäh kultivierte – Chimäre ist, bleibt es bei einem distanzierten Verhältnis zwischen Universität und Gesellschaft.

Ausnahmen machen seit jeher der Sport und vor allem die Medizin. Der Sport als universitäre Disziplin legitimiert sich, von der Lehrerbildung abgesehen, zum einen durch die Angebote zur Teilnahme, die er der Bevölkerung macht. Zum anderen leistet der Sport in zunehmendem Maße auch einen nennenswerten Beitrag zur Gesundheitsökonomie einer Gesellschaft, deren Zivilisationskrankheiten ungeahnte Kosten nach sich ziehen. Hier gibt es, gerade im Fall der Friedrich-Alexander-Universität, eine enge Kooperation mit der Medizin. Die wiederum muss ihre Tore schon deshalb für die notleidenden Teile dieser Gesellschaft offenhalten, weil das Universitäts- zugleich das Erlanger Stadtkrankenhaus ist. So trägt die Medizin das Ihre dazu bei, dass die Distanz zwischen Universität und Gesellschaft abgebaut wird.

Die Medizinische Fakultät ist an der Friedrich-Alexander-Universität seit ihren Anfängen vertreten, die Kliniken folgten bald darauf. Schon 1779, also gerade einmal dreieinhalb Jahrzehnte nach der Gründung, rief der für Arzneikunde berufene praktische Arzt Friedrich von Wendt nicht nur das Clinicum Medicum ins Leben, sondern verband »die herkömmliche theoretische Vorlesung mit praktischer Unterweisung am Kranken« und vollzog damit eine »grundlegende Änderung im medizinischen Studium«. So hat das Alfred Wendehorst auf den Punkt gebracht. Der gleichfalls von Wendt angeregte, 1803 begonnene und 1824 vollendete Bau eines eigenen Klinikgebäudes stellte in Erlangen endgültig die Weichen hin zu einer universitären Medizin, die heute in vielen Bereichen national wie international kaum einen Vergleich zu scheuen braucht.

Wie kein anderes Fach hat die Medizin von der Spezialisierung der Naturwissenschaften im 19. Jahrhundert profitiert. So machte die Zusammenarbeit mit der vormaligen medizinischen Hilfswissenschaft Physik die in Kapitel II.3 beschriebenen Fortschritte bei den bildgebenden Verfahren möglich, ohne die eine moderne Medizin nicht mehr denkbar ist. Vergleichbares gilt für die Voraussetzungen, welche die Naturwissenschaften beispielsweise durch die Entwicklung von Narkotika für die zusehends hochkomplizierten Eingriffe der Mediziner am Patienten schufen.

Das kam von Anfang an vor allem der Chirurgischen Klinik zugute, die in Erlangen 1815 durch Bernhard Schreger eingerichtet wurde und die neben der fast zeitgleich durch Christian Friedrich Deutsch eingeführten Geburtshilfe zu den ältesten Teildisziplinen beziehungsweise Kliniken zählt. Zwischen dem, was vor zweieinhalb Jahrhunderten auf den Weg gebracht worden ist, und dem, was die Medizin heute leisten kann, liegen Welten. Und doch war es, aufs Ganze gesehen, eine organische Entwicklung – mit Phasen der Stagnation, aber auch mit enorm dynamischen Schüben: Minimalinvasive Operationstechniken wie die Schlüssellochchirurgie oder hochkomplexe Operationen wie die Zweihöhleneingriffe bilden vorläufige Höhepunkte dieses Prozesses. Flankiert wird er von der nicht minder rasanten Entwicklung zum Beispiel von Organ- oder Gefäßprothesen, die ihrerseits von der innovativen Medizintechnik profitiert.

Die damit einhergehende Ausbildung und Verselbständigung von Teildisziplinen war in Erlangen anfänglich nicht unumstritten. Bis Mitte der fünfziger Jahre des 20. Jahrhunderts stellte sich der Chef der Chirurgie dieser Entwicklung, die er als »Überspezialisierung« verstand, in den Weg. Erst als Gerd Hegemann 1955 die Chirurgische Klinik übernahm, kam die Klinik wieder in Bewegung. Hegemann – Jahrgang 1912, Mitglied der SA und der NSDAP – hatte seine Karriere auf Stationen in Münster, Berlin und Marburg vorbereitet und versah die Erlanger Chirurgie sogleich mit neuem Schwung. Qualifizierte Oberärzte wurden erst zu

Extraordinarien, dann zu Ordinarien ernannt und gleichzeitig mit der Leitung von Spezialabteilungen betraut. Das war eine Voraussetzung, um auf den Gebieten der Herz- und Gefäß-, der Thorax- und Bauchchirurgie dauerhaft innovativ sein zu können. 1969 wurde an dieser Klinik die erste koronare Venenbypassoperation in der Bundesrepublik durchgeführt.

Als 1965 das Bettenhaus fertiggestellt war, hatte sich die Erlanger Chirurgie nicht nur wieder jene Spitzenstellung erarbeitet, die sie dank der Magen- und Darmchirurgie nach dem Ersten Weltkrieg schon einmal besetzt hatte, sondern sie galt auch als eine der modernsten ihrer Art in der Bundesrepublik. Eine wichtige Begleiterscheinung war der Ausbau der Anästhesiologie. 1966 als Extraordinariat errichtet, 1970 zu einem Ordinariat mit eigenem Institut aufgewertet, wurde sie bis Mitte der neunziger Jahre zu einer eigenen Klinik ausgebaut und durch eine Professur für Experimentelle Anästhesiologie ergänzt.

So holte Gerd Hegemann den Rückstand auf, in den die FAU zum einen wegen der Verweigerungshaltung seines Vorgängers, zum anderen aber auch deshalb geraten war, weil die Bayerische Staatsregierung über viele Jahre die während des Zweiten Weltkriegs zerstörten Universitäten und Kliniken Würzburg und München bevorzugt hatte. Dass Erlangen, wie in Kapitel I berichtet, den Krieg so gut wie unzerstört überstanden hatte und auch deswegen auf Studierende aller Fakultäten eine große Anziehungskraft ausübte, konnte also auch von Nachteil sein.

Bei seiner Emeritierung zum Jahresende 1977 hinterließ Gerd Hegemann, der inzwischen als »Vater der deutschen Herzchirurgie« firmierte, eines der führenden Chirurgiezentren Europas. Was auf weiten Etappen ein Triumphzug gewesen ist, war auf anderen ein Hindernislauf. Das lag an einem Streit, den sein Kollege Karl Heinz Julius Hackethal Mitte der sechziger Jahre vom Zaun brach und der als »Erlanger Professorenstreit« in die Geschichtsbücher eingegangen ist. Hegemann selbst hatte den 1921 geborenen, 1955 habilitierten Orthopäden an die FAU geholt, weil Hackethal der Unfallchirurgie mit der sogenannten Bündelnagelung eine wegweisende Methode eröffnet hatte.

Allerdings wurde Hackethal lediglich zum Außerplanmäßigen Professor ernannt und von Hegemann auch nicht mit einer Leitungsfunktion in seiner Klinik betraut, was der damit quittierte, dass er Hegemann mehrere Kunstfehler vorwarf. Die öffentlich aufgeführte Auseinandersetzung, in der von beiden Seiten alle nur denkbaren Vorwürfe erhoben wurden, endete schließlich in einem Vergleich: Hackethal verzichtete – wie sich versteht »freiwillig« – auf seine Oberarztstelle und die Lehrbefugnis, die Klinik gestand ihm zu, weiterhin den Professorentitel führen zu dürfen.

So gerüstet, kehrte Hackethal Erlangen den Rücken, machte nun Karriere als Sachverständiger in Kunstfehlerprozessen und eröffnete – unter anderem mit dem 1976 erschienenen Buch »Auf Messers Schneide. Kunst und Fehler der Chirurgen« – einen Feldzug gegen die Schulmedizin. Dass er selbst mit seinen Methoden zur Krebsbehandlung oder auch dadurch in die Kritik geriet, dass er einer seiner Patientinnen zum Freitod verhalf, hielt ihn nicht davon ab, Anfang der neunziger Jahre in die Debatte um das sogenannte Erlanger Baby einzugreifen, von dem noch zu berichten ist.

Aber nicht nur einzelne Mediziner des Universitätsklinikums haben sich gelegentlich duelliert, sondern auch die Einrichtung selbst. Und zwar mit dem Städtischen Krankenhaus in Nürnberg. 1897 eröffnet und 1998 in ein selbständiges gemeinnütziges Kommunalunternehmen umgewandelt, sah sich das Nürnberger umso mehr in einer Konkurrenz zum Erlanger Klinikum, je schneller es wuchs. Heute werden an zwei Standorten jährlich fast 190 000 Patienten von fast 7000 Mitarbeitern stationär und ambulant behandelt. Weil die Größe allein den Nürnbergern nicht reichte, musste der Status eines Universitätskrankenhauses her. Seit 2014 kann dort über eine Kooperation mit der Paracelsus Medizinischen Privatuniversität PMU Salzburg Medizin mit einem österreichischen Abschluss studiert werden.

Das wiederum mochten die Erlanger Mediziner nicht hinnehmen. Da sie die zwischenzeitlich ordentlich funktionierende Zusammenarbeit durch Nürnberg infrage gestellt und vor allem ihr universitäres Privileg bedroht sahen, kündigten sie 2014 ihrerseits die Lehrvereinbarungen, die es etwa 40 Medizinstudenten pro Semester ermöglichten, ihr Praktisches Jahr in Nürnberg zu absolvieren. Zwei Jahre später erkannten sie fünf Nürnberger Chefärzten die Lehrbefugnis und den Titel eines Außerplanmäßigen Professors an ihrer Universität ab. Die zogen daraufhin vor das Verwaltungsgericht Ansbach und obsiegten Ende 2017 über Erlangen. Wenn es denn ein Sieg gewesen ist. In seiner Urteilsbegründung stellte das Gericht nämlich fest, dass es sich bei dem Professorentitel an der Salzburger Einrichtung um eine »Funktionsbezeichnung ohne die erforderlichen Wesensmerkmale eines regulären Universitätsprofessors« nach dem Bayerischen Hochschulpersonalgesetz handle.

Der Konflikt zwischen den beiden Protagonisten des Erlanger Professorenstreits, aber auch zwischen dem Erlanger und dem Nürnberger Klinikum macht deutlich, wie schwierig die Zusammenarbeit zwischen Spitzenkräften mit nicht selten primadonnenhafter Attitüde sein kann. Unter solchen Voraussetzungen tun sich Instituts-, Fakultäts-, Universitäts- und eben auch Klinikleitungen nicht selten schwer, den Kreis der Hochschullehrer zusammen oder gar geschlossen zu halten. Das ist, auf den ersten Blick überraschend, nicht zuletzt auch eine Spätfolge der sogenannten Achtundsechzigerbewegung, von der in Kapitel I berichtet wurde.

Seit nämlich in ihrem Gefolge die »innere Struktur« der Universitäten erschüttert wurde, suchten die mit der Leitung ihrer Einrichtungen Betrauten nach »Formen eines von Amtsautorität und Anpassungszwängen freien, von Vertrauen und Rücksichtnahme getragenen Miteinander«, das dem »Führungsstil« in einer modernen, demokratisch verfassten Gesellschaft angemessen ist. Mit dieser Analyse seiner Gegenwart trat der Werkstoffwissenschaftler Bernhard Ilschner 1972 sein Amt als Rektor der Friedrich-Alexander-Universität an.

In diesem Sinne, befand Magnifizenz, sollten die Mitarbeiter der Universität »an ihrer Weiterbildung als Lehrer und ›Führer‹« arbeiten, »durch Vorbild und Erfahrungsvorsprung« helfen, »eine als Gemeinsamkeit empfundene Aufgabe zu meistern« und nicht »den Rücken eines anderen als Plattform zum eigenen Aufstieg« benutzen. Inwieweit Ilschner den zu diesem Zeitpunkt einige Jahre zurückliegenden Professorenkrieg vor Augen hatte, in dem gegen die beiden Hauptkontrahenten Ermittlungsverfahren eingeleitet wurden und beide, wenn auch ohne Erfolg, einen Waffenschein beantragten, sei dahingestellt.

Mit solchen Herausforderungen hatten es Hegemanns Nachfolger nicht mehr zu tun. Jedenfalls wurde kein vergleichbarer Fall aktenkundig. Dafür nahmen die Aufgaben – auch – der Chirurgie schon deshalb kontinuierlich zu, weil der medizinische Fortschritt eine Eigendynamik entwickelte, der sich keine ihrer Teildisziplinen entziehen konnte. Schon gar nicht die Plastische Chirurgie, die heute wie kaum eine zweite die öffentliche Aufmerksamkeit auf sich zieht. Denn zum einen sind ihre Ergebnisse grundsätzlich für jedermann sichtbar, was zur Folge hat, dass sich auch jedermann ein Urteil anmaßt. Zum anderen gehört die chirurgische Korrektur aller möglichen Körperteile heute zum Selbstverständnis nicht nur der Prominenz.

Diese öffentliche Wahrnehmung kann die Plastische Chirurgie zu einem Balanceakt werden lassen. Denn es gibt nun einmal die Hoffnung der einen, nach schweren Erkrankungen oder Unfällen rekonstruiert zu werden, oder auch den für sich genommen legitimen Wunsch der anderen, ihr als unvorteilhaft wahrgenommenes Äußeres zu korrigieren. Und es gibt das Selbstverständnis des Arztes, nicht nach Eigennutz oder Eitelkeit zu entscheiden. Dass dieses Selbstverständnis nicht immer das Skalpell führt, ist wohl wahr; dass die Mehrheit der Ärzte im Sinne des Patienten verantwortlich entscheidet, ist allerdings auch richtig.

In Erlangen begann die Karriere des Fachs, als Carl Thiersch 1854 an die Friedrich-Alexander-Universität berufen wurde und sich mit plastischen Operationen einen weit über Erlangen hinausreichenden Namen machte. Bis 1867 hielt es den Chirurgen hier, dann mussten Klinik und Universität diesen bedeutenden »Arzt, Forscher und Lehrer« nach Leipzig ziehen lassen, weil sie ihm – wie auch manchem anderen – zu dieser Zeit nicht jenen »Wirkungskreis bieten« konnten, den eine große Stadt versprach. So die Bilanz Renate Wittern-Sterzels in ihrem Beitrag zur Geschichte des Klinikums. Wie andere Disziplinen erlebte auch die Plastische Chirurgie in Erlangen während der folgenden Jahrzehnte manche Tiefen und viele Höhen.

Seit 2003 sorgen Raymund Horch und seine Mitarbeiter dafür, dass sich der Ruf des Erlanger Klinikums und damit der Universität insgesamt auch mit diesem Fach verbindet. Horch, Jahrgang 1957, ging nach dem

Studium der Humanmedizin und Assistenturen bei führenden Chirurgen der Republik 1994 zu Björn Stark, der die Klinik für Plastische und
Handchirurgie des Universitätsklinikums Freiburg zu einer ersten Adresse
gemacht hatte. Gemeinsam entwickelten sie das sogenannte *Tissue Engineering* weiter, ein Verfahren, mit dem sich zum Beispiel großflächige
Verbrennungen durch Gewebeersatz behandeln lassen. Die Freiburger
beschleunigten den Vorgang, indem sie mit Erfolg Zellen statt Gewebe
verpflanzten, die über der Wunde zu Haut verwuchsen.

Mit der Habilitation zum Leitenden Oberarzt und ständigen Vertreter Björn Starks befördert, wechselte Raymund Horch als Visiting
Professor in die USA, kehrte 2002 zunächst als Außerplanmäßiger Professor nach Freiburg zurück, bevor er 2003 dem Ruf auf die Professur für
Plastische Chirurgie und Handchirurgie an der FAU folgte und ihr trotz
eines Rufes auf den entsprechenden Lehrstuhl an der TU München die
Treue hielt.

An der Friedrich-Alexander-Universität gelangen Horch und seinen
Mitarbeitern erstaunliche Erfolge, vor allem bei der Wiederherstellung
der weiblichen Brust nach Krebsoperationen, beim Annähen abgetrenn-
ter Gliedmaßen oder auch bei der Regeneration von Knochen. Unter Ver-
wendung unterschiedlicher Biomaterialien konnten die Erlanger Forscher
durchblutetes Knochen- und Muskelersatzgewebe züchten, das mit Ge-
fäßanschluss verpflanzbar ist. Der Anschluss ist wichtig, überlebenswich-
tig. Denn ohne Durchblutung stirbt das körpereigene Ersatzgewebe aus
der Retorte ab. »Wir züchten Ersatzteile für Menschen«, sagt Raymund
Horch. Tatsächlich gelang es den Erlangern, mit dieser Methode bei zwei
Patientinnen über inzwischen sieben Jahre konstant erfolgreich den eigenen Knochen nachzuzüchten. Das hat weltweit bislang kein zweites Team
geschafft.

Auch dieser Erfolg geht nicht unwesentlich auf die inneruniversitäre
Zusammenarbeit zurück: Die in Kapitel II.5 vorzustellenden Werkstoffwissenschaftler Aldo R. Boccaccini, Peter Greil und Robert F. Singer unterstützten nämlich die Arbeit der Kliniker durch perforierte Kammer-
systeme und Biomaterialien für die Gewebezüchtung, und Willi Kalender
wiederum führte, wie im folgenden Kapitel II.3 zu zeigen ist, den Erlanger

Medizinern mit seinen Bildgebenden Verfahren die Fortschritte im wahrsten Sinne des Wortes vor Augen.

Diese sogenannte translationale Forschung ist eine der großen Stärken der Friedrich-Alexander-Universität. Nicht zufällig wurde hier das bundesweit erste Zentrum dieser Art ins Leben gerufen. Das Konzept für dieses *Translational Research Center* TRC war 2007 auf Empfehlung des Wissenschaftsrates in die Förderung der Bund-Länder-Kommission für Bildungsplanung und Forschungsförderung aufgenommen worden. Für den Bau des TRC, das im Herbst 2014 eröffnet wurde, stellten Bund und Länder 24,8 Millionen Euro zur Verfügung. Seither arbeiten hier Mitglieder der Medizinischen Fakultät, die das Zentrum betreibt, mit Angehörigen anderer Fakultäten, vor allem der Technischen und der Naturwissenschaftlichen, eng zusammen und machen die Ergebnisse der Grundlagenforschung für Patienten nutzbar.

Errichtet wurde das TRC wie eine Reihe weiterer klinischer Neubauten auf dem Gelände des früheren Bezirkskrankenhauses, das 1846 als »Kreisirrenanstalt« eingeweiht worden war und seit 1910 als »Heil- und Pflegeanstalt« firmierte. Dass dieses großzügige, zentral gelegene Grundstück zur Verfügung stand, war ein Glücksfall. Denn seit der Eröffnung des Universitätsklinikums im Jahr 1815 hatte sich die Erlanger Medizin mit ihrer rasch wachsenden Zahl an Instituten und Kliniken über große Teile der Stadt ausgebreitet. Mit der Übernahme besagten Geländes, das zuletzt unter anderem als Großparkplatz genutzt wurde, zeichnete sich zumindest die teilweise Behebung dieses zusehends unhaltbaren Zustandes ab.

Das mit einem Nutzungskonzept beauftragte Kopenhagener Planungsbüro *Institute for the Analysis of Function in Hospital Planning* IFH schlug vor, die »Verzweigung« des medizinischen Komplexes mit Hilfe klinischer Zentren zu überwinden und diese in einem »übergeordneten Organisationsmodell« beziehungsweise in einem Gesamtklinikum zu integrieren. Dieser in den siebziger Jahren entwickelte »Generalplan für die Medizinische Fakultät«, der die bundesdeutsche Planungseuphorie dieser Zeit spiegelt, wurde in den folgenden Jahrzehnten schrittweise umgesetzt.

Eine der treibenden Kräfte war der Universitätskanzler Kurt Köhler. Der Jurist, Jahrgang 1926, stand seit 1968 an der Spitze der Universitätsverwaltung. Er war der Vater jenes an privatwirtschaftlichen Kriterien orientierten Kostendämpfungsplans für die Kliniken, der in Kapitel I vorgestellt worden ist. Auch mit der 1983 erfolgten administrativen Integration der einzelnen Einrichtungen in eine Zentrale Klinikverwaltung sollten Ausgaben begrenzt und Synergien gehoben werden.

Seit April 1991 liegt die Klinikleitung in den Händen einer Direktion, der zwei Ärztliche, ein Pflegedirektor und ein Verwaltungsdirektor angehören, der wiederum seit 1999 als Kaufmännischer Direktor firmiert. Im Zuge der Ökonomisierung auch nichtwissenschaftlicher Bereiche wurde das Gremium Ende der neunziger Jahre in »Vorstand« umbenannt und einem Aufsichtsrat unterstellt, dem nicht nur, wie bis dahin in solchen Gremien gang und gäbe, Politiker angehören, sondern auch ein Vertreter der Wirtschaft. Das war schon deshalb naheliegend, weil die medizinische Forschung ohne Aufträge aus der freien Wirtschaft kaum noch handlungs- und konkurrenzfähig wäre.

So gesehen war es konsequent, dass das jetzt sogenannte Universitätsklinikum mit dem Änderungsgesetz für das Bayerische Hochschulgesetz von 1998 in die wirtschaftliche Unabhängigkeit entlassen wurde. Seit Mai 2006 ist das Universitätsklinikum Erlangen als Anstalt des öffentlichen Rechts auch formal von der FAU getrennt. Schon seit 2003 macht es diese Unabhängigkeit nach außen hin deutlich: Mit einem blaugrünen Kreuz als Markenzeichen grenzt es sich vom Signet der Universität ab.

Dabei gibt es durchaus noch eine Reihe von Verbindungen. Die vorklinischen wie die klinisch-theoretischen Fächer sind mit wenigen Ausnahmen bei der Universität verblieben. Zudem sitzt ein Vertreter der Medizinischen Fakultät im Aufsichtsrat und ihr Dekan im Vorstand des Klinikums. Vor allem aber sind die leitenden Ärzte der Kliniken auch Universitätsprofessoren mit Lehr- und Prüfungsverpflichtungen. Und das wiederum entspricht sowohl ihrem Selbstverständnis als auch den Erwartungen der Patienten. Wenn die moderne Universität noch ein der Öffentlichkeit respekteinflößendes Merkmal hat, dann sind es ihre Etiketten und Titel.

Denn unbeschadet der rechtlichen und wirtschaftlichen Trennung von Universität und Klinikum bleibt Letzteres natürlich die unverzichtbare Basis für die wissenschaftliche Arbeit der Mediziner. Die Patienten sind, wenn man so will, das »Material« für ihre Forschungen, und gerade hier, in der Diagnose und der Therapie, haben einige Bereiche der Erlanger Medizin seit den neunziger Jahren enorme, national wie international beachtete Fortschritte zu verzeichnen.

Etwa in der Augenheilkunde, die sich 1872 als erste Disziplin von der Chirurgie getrennt hatte. Auch wenn sie sich auf die Erkrankungen des Auges und der umgebenden Strukturen konzentrierte, blieb die Ophthalmologie für die gesamte Medizin ein wichtiger Impulsgeber. So hat der von Hermann Helmholtz, einem an den Universitäten von Berlin, Königsberg, Bonn und Heidelberg wirkenden Mediziner und Physiker, entwickelte Augenspiegel, der einen Blick durch die Pupille auf die Netzhaut möglich macht, der Endoskopie den Weg geebnet. Auch einige Grundlagen der Anästhesie und der Transplantationsmedizin sind der Ophthalmologie zu verdanken.

In Erlangen konzentrierte sich die Augenheilkunde – unter anderem und mit großem Erfolg – auf die Erforschung, Diagnostik und Behandlung von Glaukomen. Die auch als »Grüner Star« bezeichnete, relativ häufig auftretende Erkrankung geht mit einer Erhöhung des Augeninnendrucks und einer Schädigung des Sehnervkopfes einher. Unbehandelt droht die Einschränkung der Sehfähigkeit bis hin zur Erblindung. Immerhin sind Glaukome in den Industrieländern eine der häufigsten Erblindungsursachen. Langfristig lässt sich das Problem nur durch ein verbessertes Verständnis der Ursachen und des Verlaufs der Erkrankung und damit durch eine verlässliche Frühdiagnose lösen.

Vor mehr als 20 Jahren wandten sich die Erlanger Augenklinik und weitere Einrichtungen der FAU in einem Sonderforschungsbereich der *Deutschen Forschungsgemeinschaft* den chronischen Glaukomen zu. Dank der engen Zusammenarbeit von chemischer, biologischer, auch technischer Grundlagen- und klinischer Forschung gelang es seit 1997, das Wissen über den Grünen Star beträchtlich zu erweitern und die Behandlungsmethoden entsprechend zu verbessern. Dieser Erfolg verbin-

2 Das Leben beleben

det sich vor allem mit dem Namen der Anatomin Elke Lütjen-Drecoll. Die Humanmedizinerin, Jahrgang 1944 und seit 1974 in Erlangen tätig, übernahm nach wissenschaftlichen Stationen unter anderem an den amerikanischen Universitäten Harvard und Emory 1984 die Leitung des Lehrstuhls für Anatomie II der FAU und baute ihn bis zu ihrer Emeritierung 2010 zu einer weltweit anerkannten Adresse auf dem Gebiet der Augen-Anatomie aus. Rufe auf in- und ausländische Professuren lehnte sie auch deswegen ab, weil sie in Erlangen ein ideales Umfeld für ihre Forschungen gefunden hatte.

In diese Arbeit war unter anderem der in der Informatik angesiedelte Lehrstuhl für Mustererkennung einbezogen. Die Medizinische Bildverarbeitung ist ein Beispiel für die vielfältigen interdisziplinären Kooperationen an der FAU, in diesem Falle von Medizin und Technik, und dort wiederum vor allem der medizinischen Bild- und Signalverarbeitung. Im Rahmen dieser Zusammenarbeit hat Joachim Hornegger den Wert einer Volluniversität kennengelernt.

Der studierte Informatiker und Mathematiker, Jahrgang 1967, hatte schon einen beträchtlichen Teil seiner Karriere an amerikanischen Universitäten und vor allem in der Bildsystementwicklung von Siemens verbracht, bevor er 2005 den Ruf auf den Lehrstuhl für Mustererkennung an der Technischen Fakultät der Friedrich-Alexander-Universität annahm und zugleich Mitglied der Medizinischen Fakultät wurde. Es überrascht daher nicht, dass sich der Schüler und Nachfolger Heinrich Niemanns, eines Pioniers der Informatik, nach der Übernahme des Präsidentenamtes im Frühjahr 2015 die Förderung dieser interdisziplinären Zusammenarbeit auf die Fahnen schrieb.

Die Tätigkeit Elke Lütjen-Drecolls fiel im Wesentlichen in die Ära Gottfried O. H. Naumanns, der die Klinik von 1980 bis 2003 leitete, sie nachhaltig prägte und ihr unter anderem mit der Hornhauttransplantation ein zukunftsfähiges neues Feld erschloss. Zur maßgeblich treibenden Kraft auf diesem Feld wurde sein Nachfolger Friedrich Kruse. Jahrgang 1959, 1993 in Heidelberg mit einer Arbeit über die Grundlagen neuer Operationsverfahren zur Behandlung von Hornhauterkrankungen habilitiert, sorgte Kruse mit einem neuartigen Verfahren zur Hornhauttransplantation dafür, dass die Erlanger Augenklinik ihren exzellenten Ruf halten konnte.

Bei diesem Verfahren werden nur noch Schichten der Hornhaut verpflanzt. Das hat seinen Grund, denn je dünner das Transplantat, umso höher ist die erreichte Sehschärfe. Vor allem muss das Auge nicht mehr großflächig geöffnet werden, und das wiederum mindert das Risiko und beschleunigt den Heilungsprozess. Bis Mitte 2016 wurden von Kruse und seinen Mitarbeitern 2700 Transplantationen nach diesem *Descemet Membrane Endothelial Keratoplasty*-Verfahren DMEK durchgeführt. 2010 stellte Erlangen neben dem niederländischen Rotterdam und dem amerikanischen Indianapolis eines von weltweit drei Zentren, die dieses innovative Verfahren anboten. Eine Voraussetzung für die Eingriffe ist eine eigene Hornhautbank. Sie wurde 1994, also schon zu Naumanns Zeit, eingerichtet, um die Spenderhornhaut konservieren, kultivieren und bei Bedarf zügig zur Verfügung stellen zu können.

Zu den Besonderheiten der Erlanger Medizin gehört ihre Vielseitigkeit. Sie spiegelt sich in den Profilen ihrer bedeutenden Repräsentanten, zu denen an vorderer Stelle Ludwig Demling zählt. 1921 geboren, übernahm Demling nach wissenschaftlichen und klinischen Stationen unter anderem in Würzburg, Berlin und Prag 1966 an der Friedrich-Alexander-Universität die Ämter eines Lehrstuhlinhabers für Innere Medizin und Direktors der Medizinischen Klinik mit Poliklinik.

Während seiner zwanzigjährigen Amtszeit baute der Internist die Klinik systematisch zu einem international anerkannten Zentrum der gastroenterologischen Forschung, Diagnostik und Behandlung aus und trug so entscheidend zur Weltgeltung der Erlanger Endoskopie bei. Davon zeugen die von Demling gegründete Deutsche Gesellschaft für Endoskopie sowie die von ihm mitinitiierte stark beachtete Zeitschrift »Endoscopy« sowie ein mehr als 700 Beiträge umfassendes Publikationsverzeichnis.

Mit seinen zahlreichen Schülern entwickelte Demling nicht nur die Darmspiegelung, sondern auch die endoskopische Entfernung von Gallengangsteinen zu Standardverfahren. Die sogenannte ERCP-Untersuchung bot sowohl in diagnostischer als auch in therapeutischer Hinsicht Möglichkeiten, die seinerzeit als bahnbrechend galten. Im Alleingang war das nicht zu schaffen. Deshalb pflegte Demling zeitlebens einen intensiven Austausch mit den Medizintechnikern, die nach seinen Vorgaben die erforderlichen Geräte konstruierten. Im ständigen Dialog stand er auch mit den Chirurgen. Die wussten das zu schätzen. Sein wichtigster Partner in deren Reihen, der schon porträtierte Chirurg Gerd Hegemann, sprach anerkennend davon, dass Erlangen durch Demlings Arbeit und Ausstrahlung »leuchte«.

Zu den Einrichtungen, die Demling und seine Mitarbeiter auf den Weg brachten, zählte ein DFG-Sonderforschungsbereich zur Krebsfrüherkennung, der maßgeblich dazu beitrug, dass die Erlanger Internisten weltweit Aufmerksamkeit fanden. Diesen herausragenden Leistungen eines ihrer Pioniere zollten die Friedrich-Alexander-Universität und das Universitätsklinikum Tribut, als sie 2015 ein *Ludwig-Demling-Center* einrichteten, in dem seither Tumor- und Entzündungserkrankungen im Darm erforscht und therapiert werden.

Dort arbeiten neben Medizinern unter anderem auch Biologen und Physiker an einer molekularen Bildgebung, mit der eine optimale Therapie sichergestellt werden soll. Speziell markierte Antikörper oder Sonden, endoskopisch in das erkrankte Gewebe eingebracht, machen die zellularen Strukturen sichtbar. So können krankheitsspezifische Veränderungen dargestellt und die Behandlung auf das Krankheitsbild abgestimmt werden.

Die Einrichtung dieses Zentrums ist ein Ergebnis der *Emerging Fields Initiative* EFI, die 2010 durch die Universitätsleitung ins Leben gerufen worden war. Ziel dieser Initiative war die frühzeitige Identifizierung wegweisender Ideen und ihre Umsetzung in Spitzenforschung. Ob die Initiatoren von einem Hauch schwarzen Humors gestreift wurden, als sie ihre Initiative mit dem Etikett »Interne Exzellenzförderung« versahen? Tatsächlich war EFI nämlich auch eine Reaktion auf das schwache Abschneiden in der im September 2006 eröffneten Runde der nationalen Exzellenzinitiative. Hinter EFI steckte die richtige Idee, dass man aus Scheitern auch lernen, dass ein Fehlschlag, so gesehen, auch seine guten Seiten haben kann. Und so wurden innerhalb der ersten sieben Jahre immerhin 24 Projekte in EFI aufgenommen und über jeweils zwei Jahre mit Mitteln von 340 000 bis zu 600 000 Euro gefördert – in der Hoffnung, bei den nächsten Runden der Exzellenzinitiative besser abzuschneiden.

Die Initiative zu dieser Initiative hatten Ende Januar 2004 Bundeskanzler Gerhard Schröder und Bundesbildungsministerin Edelgard Bulmahn ergriffen, um unter den deutschen Hochschulen diejenigen zu identifizieren und zu fördern, die »weltweit strahlen«. Mit zusätzlichen Mitteln ausgestattet, sollten die Spitzenuniversitäten zu den führenden Einrichtungen in den USA aufschließen. Eines der vielen Vorhaben der rot-grünen Bundesregierung, welche die Große Koalition unter Bundeskanzlerin Angela Merkel verwirklichte. Seit 2006 werden universitäre Forschungscluster und Exzellenzuniversitäten zu Dreiviertel vom Bund finanziert.

Besagte *Emerging Fields Initiative* EFI war nun aber nicht nur eine Reaktion auf das schwache Abschneiden in der damals letzten Runde besagter Exzellenzinitiative. Vielmehr brachte die Friedrich-Alexander-Universität sie auch als ihr Zukunftskonzept in die nächste Runde des Wettbewerbs ein, die im September 2010 eröffnet wurde. Am Ende ging man leer aus. Und das nicht nur beim Zukunftskonzept. Auch von zwei Graduiertenschulen und zwei Exzellenzclustern schaffte es jeweils lediglich eine über die Ziellinie.

Exzellenzcluster. So heißen sie tatsächlich. Überhaupt besteht das universitäre Universum nur noch aus Clustern. Exzellenz-, Spitzen-, Forschungs- und viele andere mehr clustern die Hochschulen förmlich zu. Für die Angehörigen dieser Einrichtungen ist das wie mit den Bäumen und dem Wald: Die Netzwerke verstellen den Blick auf das Wesentliche. Gut möglich, dass der Verlust der Identität auch mit diesem Phänomen zu tun hat.

Nun kann man natürlich fragen, was ein Cluster exzellent macht – die Zusammenarbeit der Netzwerker, ihr Draht zu den Entscheidern, ihre Performance, im günstigen Fall vielleicht sogar ihre Ideen. Auch kann man über die Exzellenzinitiative durchaus geteilter Meinung sein; die

Auswahl- und Vergabekriterien haben mit gutem Grund immer wieder zu kritischer Nachfrage geführt. Aber dass der Exzellenzstatus einen hohen Marktwert besitzt, steht außer Frage.

Dass EFI im nationalen Wettbewerb als Zukunftskonzept scheiterte, war bitter. Aufgeben wollte und will man im Schloss zu Erlangen, dem Sitz der Leitung und der Verwaltung, gleichwohl nicht, hält es vielmehr mit dem Iren Samuel Beckett, der lange auf seinen literarischen Durchbruch warten musste und schließlich sogar den Literaturnobelpreis erhielt: »Immer versucht. Immer gescheitert. Einerlei. Wieder versuchen. Wieder scheitern. Besser scheitern.«

Dass aus einer internen Forschungsförderung eine nobelpreiswürdige Leistung werden kann, zeigt die Karriere Harald zur Hausens. Als der Virologe 2008 mit dem Nobelpreis für Medizin ausgezeichnet wurde, hatte er Erlangen zwar schon lange verlassen, aber nie vergessen oder verleugnet, dass er hier eine entscheidende Etappe seiner Karriere verbracht hatte. Der von Ludwig Demling angeregte Sonderforschungsbereich zur Krebsfrüherkennung war das Sprungbrett.

Zur Hausen, Jahrgang 1936, 1960 in Düsseldorf promoviert und 1969 in Würzburg habilitiert, hatte unter anderem in den *Virus Laboratories* des *Children's Hospital* in Philadelphia gearbeitet. Das Labor wurde von den deutschstämmigen Virologen Gertrude und Werner Henle betrieben, die 1968 erstmals das Epstein-Barr-Virus als Erreger der Infektiösen Mononukleose, des sogenannten Pfeifferschen Drüsenfiebers, nachgewiesen hatten. Einen Namen machte sich zur Hausen, als er das Virus unter anderem in Nasenrachenkarzinomen nachweisen konnte. So gesehen war er der ideale Kandidat für den Direktorposten am 1972 neu eingerichteten Institut für Klinische Virologie der FAU.

Hier stießen alte Fallbeschreibungen den Virologen auf die Frage, ob humane Papillomviren (HPV) bei Frauen einen Gebärmutterkrebs auslösen könnten. Der Nachweis unter anderem viralen Erbguts im Krebsgewebe, der zur Hausen und seinen Mitarbeitern gelang, war zwar noch nicht gleichbedeutend mit dem Nachweis, dass die Viren diesen Krebs verursachen, aber eine nachhaltige Bestätigung der Forschung, die der

Virologe seit 1977 zunächst in Freiburg, dann vor allem in Heidelberg weiterverfolgte. Dort entwickelte er das nationale Krebsforschungszentrum zur weltweit führenden Einrichtung seiner Art. Dass seit 2006 Impfstoffe gegen die krebsauslösenden wichtigsten HPV-Hochrisiko-Typen verfügbar sind, ist wesentlich das Verdienst zur Hausens.

Natürlich stellt sich – in diesem wie in anderen vergleichbaren Fällen – die Frage, warum es der Universität 1977 nicht gelungen ist oder nicht gelingen wollte, den Mann zu halten. Hatte man dem Freiburger Angebot nichts entgegenzusetzen? Wurde das Potential des Virologen und seiner Forschungen noch nicht erkannt? Gab es Rivalen, Konkurrenten, Neider, die froh waren, ihn los zu sein? Spielten persönliche, zum Beispiel familiäre Faktoren die ausschlaggebende Rolle?

Eine Fortberufung oder auch eine Emeritierung beziehungsweise Pensionierung kann ein Fach, eine Fakultät, im äußersten Fall auch eine Universität in erhebliche Verlegenheit bringen. Auch die FAU hat solche Fälle bis in die jüngste Vergangenheit immer wieder einmal erlebt. Hier war es allerdings so, dass die noch junge Tradition der Virologie schon deshalb nicht abbrach, weil Harald zur Hausen in Bernhard Fleckenstein einen idealen Nachfolger hatte.

Fleckenstein, Jahrgang 1944, hatte sich 1975 in Erlangen mit einer Arbeit zur »Onkogenese durch Herpesvirus saimiri in Primaten« habilitiert und war dann als *Associate Professor of Microbiology and Molecular Genetics* an die *Harvard Medical School* gegangen, bevor ihn ein Ruf der FAU auf den Lehrstuhl für Klinische Virologie an das Institut für Klinische und Molekulare Virologie nach Erlangen zurückführte. Unter seiner Leitung entwickelte sich das Institut dynamisch weiter.

Mit der Forschergruppe, die er um sich sammelte, klärte Fleckenstein die molekulare Struktur der sogenannten γ2-Herpesviren, Rhadinoviren genannt, entdeckte deren Onkogene und beschrieb die Veränderungen menschlicher T-Lymphozyten durch sie. Diese Gruppe weißer Blutkörperchen schützt den menschlichen Organismus vor Infektionen, Giften und anderen Beeinträchtigungen. Weil sie bei Kontakt mit Krankheitserregern weitere Immunzellen aktivieren und eine Abwehrreaktion in Gang setzen, spielen sie bei der Infektionsabwehr eine Schlüsselrolle.

Auch das Humane Immundefizienz-Virus HIV kann die T-Helferzellen, eine Untergruppe der T-Lymphozyten, infizieren und die Immunschwächekrankheit AIDS auslösen, die Anfang der achtziger Jahre des 20. Jahrhunderts in den USA erkannt und durch prominente Opfer wie den Schauspieler Rock Hudson oder den Sänger der Gruppe Queen, Freddie Mercury, bekannt wurde. 2016 gab es weltweit geschätzt fast 37 Millionen HIV-Infizierte. Die virologischen Forschungen, die Bernhard Fleckenstein mit seinen Leuten in Erlangen vorantrieb, zeigten einen erfolgversprechenden Weg zur Therapie von AIDS. Auch deshalb blieb Fleckenstein der Friedrich-Alexander-Universität trotz auswärtiger Rufe treu, engagierte sich – unter anderem wiederholt als Dekan der Medizinischen Fakultät – in der universitären Selbstverwaltung und gehörte auch der Ethikkommission an, die die Fakultät Ende 1979 einrichtete und von der noch zu berichten ist.

Das von Harald zur Hausen und Bernhard Fleckenstein zu einem der führenden Einrichtungen seiner Art in Deutschland ausgebaute Institut für Klinische und Molekulare Virologie wurde 2007 in das Universitätsklinikum als Virologisches Institut integriert. Seit 2015 steht Klaus Überla diesem vor. Mit rund 130 Mitarbeitern, deren Arbeit zu einem großen Teil aus Drittmitteln finanziert wird, schreibt er die Erforschung der infektionsauslösenden Mechanismen bei Humanen Herpes- beziehungsweise Retroviren fort. Vor allem aber bietet das Institut auch die komplette virologische Diagnostik an – und das für mehr als 130 externe Einsender. Jährlich werden bis zu 120 000 immunologische und molekularbiologische Laboranalysen durchgeführt.

So gesehen ist das Virologische Institut wie das Universitätsklinikum, ja wie die Universität insgesamt auch ein Dienstleister. Diese Sicht auf ihren Arbeitsplatz fällt vielen Hochschulangehörigen nach wie vor schwer. Dabei hat der Status des Dienstleisters ja nichts Anrüchiges. Wissenschaftler waren und sind immer auch Dienstleister. Sie versorgen die Gesellschaft, die sie alimentiert, mit dem Wissen, das diese Gesellschaft unter den sich ständig ändernden Gegebenheiten braucht, um eine Zukunft zu haben. Das erklärt die Bereitschaft relevanter Teile der Gesellschaft, insbesondere der Wirtschaft und der Industrie, Forschungsaufträge an die Universitäten zu geben, auf diese Weise deren geballte Kompetenz zu nutzen und gleichzeitig die Finanzierungslücken zu füllen, die sich infolge des schrittweisen Rückzugs der öffentlichen Hand in den universitären Haushalten auftun.

Dass in diesem Prozess beide Seiten, also Auftrag- und Geldgeber sowie Auftrag- und Geldnehmer, Interessen verfolgen, liegt nahe und ist legitim. Dass der Auftragnehmer dabei seine Unabhängigkeit nicht aufs Spiel setzen wird, versteht sich von selbst. Wer will schon sehenden Auges seinen wissenschaftlichen Ruf ramponieren und damit einen nächsten Auftrag, von welcher Seite auch immer, gefährden? Inzwischen kämen weite Bereiche der Forschung in der Medizin, den Naturwissenschaften, der Technik und der Informatik ohne solche Aufträge zum Erliegen. Entsprechend gering sind die Berührungsängste dort. Das unterscheidet diese Bereiche der Universität, wie in Kapitel II.1 berichtet, von den Geisteswissenschaften oder auch der Theologie.

Dass Harald zur Hausen in Erlangen auf eine stattliche Sammlung von Fallbeispielen zurückgreifen und mit ihnen seine bahnbrechenden Forschungen auf den Weg bringen konnte, lag an der beachtlichen Tradition, auf welche die Frauenheilkunde in Erlangen zurückblicken kann. Schon 1828 wurde das Universitätskrankenhaus um eine Entbindungsanstalt ergänzt, die seinerzeit »12 Subjekte, und zwar 9 arme und 2–3 zahlende« aufnehmen konnte; in der zweiten Hälfte des 19. Jahrhunderts wurde die gynäkologische Abteilung schrittweise zur Frauenklinik ausgebaut und zu einer der renommiertesten Adressen in Deutschland.

Ihren Ruf verdankt die Erlanger Frauenklinik der konsequenten Entwicklung der Strahlentherapie. Zunächst Ludwig Seitz, dann sein Schüler und Nachfolger Hermann Wintz – seit 1913 am Klinikum tätig, seit 1921 Ordinarius für Geburtshilfe und Frauenheilkunde – bekämpften den Krebs konsequent mit dem damals modernen Instrument der Röntgenstrahlen: Wurden 1912 am gesamten Klinikum 28 Patienten »strahlentherapeutisch« behandelt, waren es zehn Jahre später bereits 684, vorwiegend in der Frauenklinik. Dass Wintz die Universität von 1938 bis 1944 durch die

Zeit des »Dritten Reiches« führte und dass in diesen Jahren, wie in Kapitel I berichtet, an der Frauenklinik Zwangsabtreibungen bei sogenannten Ostarbeiterinnen »in wenigstens 136 Fällen« vorgenommen wurden, gehört allerdings auch zu diesem Kapitel ihrer Geschichte.

In den sechziger Jahren des 20. Jahrhunderts machte die Erlanger Frauenheilkunde erneut mit einem spektakulären Vorstoß von sich reden. Denn jetzt versuchten die Gynäkologen, die aus der Tiermedizin bekannten Methoden der extrakorporalen Befruchtung auf den Menschen zu übertragen. Zu diesem Zweck sah sich der Assistenzarzt Klaus-Georg Bregulla bei den Veterinären der Hochschule Hannover sowie in der Landesbesamungsanstalt in Neustadt an der Aisch um und importierte die dort gewonnenen Einsichten in die Erlanger Frauenklinik.

Hier nahm sich Siegfried Trotnow – Jahrgang 1941 und 1976 mit einer Arbeit über »Geburtsgewicht und Größe des Neugeborenen in Abhängigkeit von verschiedenen mütterlichen Faktoren« habilitiert – der Sache an. Nach dem Weggang Bregullas übernahm er die Leitung der In-vitro-Fertilisations-Forschungsgruppe. Wie innovativ der tiermedizinische Ansatz in der Gynäkologie war, zeigt die wiederholte Weigerung der *Deutschen Forschungsgemeinschaft*, ihn zu fördern.

Schon in den achtziger Jahren war zu beobachten, was inzwischen als unumkehrbare Fehlentwicklung zu gelten hat. Zwar kommt heute keine Universität mehr ohne die Fördermittel der DFG aus; im Falle der FAU machten sie 2017 immerhin 38 Prozent der Drittmittel aus. Das ändert aber nichts daran, dass die *Deutsche Forschungsgemeinschaft* in vielen Bereichen ein Biotop ist. Immerhin wählen diejenigen, die Fördermittel beantragen, ihrerseits diejenigen aus, die als Gutachter maßgeblich über deren Vergabe und über die Ergebnisse der subventionierten Forschung befinden. Die Folgen dieser Entwicklung liegen auf der Hand. Zum einen fehlen der DFG die Möglichkeiten, die Mittel und wohl auch der Wille, überzeugende Ergebnisse jahre- oder jahrzehntelang subventionierter Forschung einzuklagen und das Versagen, das nicht mit einem nie auszuschließenden Scheitern innovativer Forschung zu verwechseln ist, zu sanktionieren.

Das gilt vor allem für die Geisteswissenschaften. Wer wissen will, welche Blüten das treiben kann, sollte einmal die dort angesiedelten sogenannten Sonderforschungsbereiche der DFG unter die Lupe nehmen. Laufen sie aus, stehen in der Bilanz nicht selten dünne, mitunter gar keine handfesten Ergebnisse jahrelangen Forschens, wohl aber Kohorten hoch spezialisierter, promovierter Nachwuchswissenschaftler, denen es an beruflichen Perspektiven fehlt.

Zum anderen ist die DFG ein geschlossener Kreislauf von Antragstellern und Gutachtern, und der wiederum macht es innovativen Ansätzen, die traditionelles Denken infrage stellen, mitunter schwer, Gehör zu finden. So ein Fall war die Erlanger In-vitro-Fertilisation IVF. Dass sich Siegfried Trotnow von der wiederholten Zurückweisung durch die DFG nicht entmutigen ließ, spricht für die Leidenschaft, die in dem Mann und hinter seiner Idee steckte. Um sie realisieren zu können, holte er unter anderem die Biologin Tatjana Kniewald in die Forschungsgruppe. In enger Zusammenarbeit mit dem Tiermediziner Safaa Al-Hasani verschaffte sie den Erlangern mit intensiven Tierversuchen den entscheidenden Vorsprung vor der wissenschaftlichen Konkurrenz.

Das war nicht unumstritten. Zwar gehören Tierversuche seit der Antike zum Repertoire der medizinischen und biologischen Ausbildung und Forschung. Doch erhielt der Tierschutz, der seit 1933 gesetzlich verankert ist, in den siebziger Jahren des 20. Jahrhunderts unter anderem durch die Kampagnen prominenter Tierärzte wie den langjährigen Direktor des Frankfurter Zoos, Bernhard Grzimek, mächtigen Auftrieb. Flankiert wurde der professionelle Tierschutz durch die Kritik nicht minder prominenter Humanmediziner am Tierversuch: »Vielleicht fünf Prozent, allerhöchstens aber zehn Prozent der derzeit in der Medizin gemachten Tierexperimente sind sinnvoll und damit vertretbar«, erklärte Julius Hackethal, der sich nach seiner Erlanger Karriere auf den Kreuzzug gegen die Schulmedizin begeben hatte, 1981 vor der Arbeitsgemeinschaft Deutscher Tierschutz.

Die Verantwortlichen an der FAU wussten also, dass sie sich auf gefährliches Gelände begaben, als sie nach der Jahrtausendwende ein

Präklinisches Experimentelles Tierzentrum einrichteten. Allerdings folgte man mit der Einrichtung einer dringenden, wenn nicht ultimativen Forderung, welche die DFG bei der Begutachtung entsprechender Sonderforschungsbereiche erhoben hatte. Benannt wurde das Tierzentrum nach dem Internisten Franz Penzoldt, der von 1903 bis 1920 Direktor der Medizinischen Klinik gewesen war.

Um der erwarteten und dann tatsächlich auch massiv vorgetragenen Kritik den Wind aus den Segeln zu nehmen, wurde im Herbst 2003, also in etwa zeitgleich mit dem Bau des *Experimentellen Tierzentrums*, auch eine Stiftungsprofessur für Innovationen im Tier- und Verbraucherschutz eingerichtet. Sie war die erste ihrer Art in Deutschland. Dass als wesentliches Ziel die Reduzierung und Ersetzung von Tierversuchen definiert wurde, zeigt, dass man ohne sie auch zu Beginn des 21. Jahrhunderts offenbar nicht auskam. In den siebziger Jahren des voraufgegangenen Jahrhunderts galten sie mehr oder weniger als alternativlos, wollte man schnell und für den Menschen risikolos zu Ergebnissen kommen. Auch bei der In-vitro-Fertilisation.

Im Sommer 1981 gelang Trotnow und seinen Leuten der entscheidende Durchbruch: Im Frühjahr 1982 erblickte das erste sogenannte Retortenbaby das Licht der bundesrepublikanischen Welt. Bis zum Sommer 1983 folgten ihm weitere zehn IVF-Kinder, wie der mit Hilfe der In-vitro-Fertilisation gezeugte Nachwuchs auch genannt wurde; bis zum folgenden Frühjahr waren es noch einmal 16. Als Trotnow Ende 1985 Erlangen verließ und im Frankfurter Krankenhaus Nordwest die Leitung der Frauenklinik übernahm, war die In-vitro-Fertilisation nicht nur in Erlangen fest etabliert, sondern sie machte auch international Karriere.

Der jordanische Arzt Zaid Kilani, der einige Jahre an der FAU studiert hatte und später bei Siegfried Trotnow in die Lehre gegangen war, exportierte sie in seine Heimat. 1987 kam dort das erste IVF-Baby zur Welt. Zunächst hoch umstritten, ist Kilanis Klinik in der islamischen Welt, in der die Fruchtbarkeit einen besonderen Stellenwert besitzt, längst ein angesehenes Zentrum für das in Erlangen entwickelte Verfahren. Und Zaid Kilani ist der FAU bis heute verbunden.

Das am 16. April 1982 geborene »Retortenbaby« war in Deutschland eine Sensation, wenn auch keine Weltpremiere: In Großbritannien führte die extrakorporale Befruchtung schon 1978 zum Erfolg. Die von Siegfried Trotnow geleitete Erlanger Gruppe folgte aber ihren australischen Kollegen, die bei der Behandlung Hormone einsetzten. Auch bei diesem Verfahren blieb die Erfüllung des Kinderwunsches eine langwierige und für die Patientinnen anstrengende, zudem nicht ungefährliche Prozedur.

Für die extrakorporale Befruchtung mussten die Forscher der Erlanger Universität nicht nur den Ovulationszyklus der Frauen mit Hormonen stimulieren. Vor jedem IVF-Versuch stand auch eine unter Vollnarkose vollzogene Bauchspiegelung, um die notwendigen Eizellen zu gewinnen. Ein nicht unerheblicher Eingriff, und in vielen Fällen blieb es auch nicht bei dem einem. Gleichwohl führten knapp ein Drittel der In-vitro-Fertilisationen in Erlangen zum Erfolg, im Oktober 1985 wurde das hundertste IVF-Kind geboren.

1986 gelang es den Erlangern, erstmals auch in Deutschland aus einem eingefrorenen Embryo eine Schwangerschaft zu erzeugen. Für die Frauen stellte diese Möglichkeit eine deutliche Erleichterung dar, weil sie nur noch einmal hormonell stimuliert und ihnen auch nur noch einmal Eizellen entnommen werden mussten. Die sogenannte Kryokonservierung im offenen System mit automatischer Auslösung des Kristallisationsprozesses hatten die Erlanger Gynäkologen mit Ingenieuren des Lehrstuhls für Regelungstechnik entwickelt.

Das Beispiel zeigt, dass effiziente Technik nicht gleichbedeutend mit hochkomplexen Systemen sein muss, im Gegenteil. In diesem Fall ging es darum, die äußerst kälteempfindlichen Eizellen durch allmähliches Absenken in einer Kühlbox von der Raumtemperatur auf die Temperatur von flüssigem Stickstoff herunterzukühlen. Das dauerte sieben Stunden, geschah mit Hilfe eines Wagenhebers mit Elektromotor und war erfolgreich. Später ersetzten die Regelungstechniker den Motor durch eine elektrische Steuerungseinheit. Das »Erlanger Verfahren« reduzierte die Temperaturschwankung im Eizellbehälter auf ein Minimum.

Dank der interdisziplinären Entwicklung konnte das reproduktionsmedizinische Team der Frauenklinik eine weitere Deutschlandpremiere

feiern: 1987 wurde das erste aus einer tiefgefrorenen Eizelle hervorge-
gangene Baby geboren. Das offene System bewährte sich, wurde von der
Firma Cryotechnik Erlangen CTE in Serie produziert und war ein frühes
Beispiel für die kommerzielle Umsetzung von Forschungsergebnissen.
Inzwischen hat diese Auslagerung von Know-how an beziehungsweise
aus der FAU eine stabile Tradition.

So freudig die von der Reproduktionsmedizin erzeugten Ereignisse für
die Mütter waren – das Verfahren warf auch heikle Fragen auf: Wer wählt
aus den auf Vorrat erzeugten und eingefrorenen Embryonen den der Frau
einzusetzenden aus? Und was geschieht mit den nicht verwendeten Em-
bryos? Diese und andere ethischen, aber auch rechtlichen Fragen, die an
den damaligen Stand des Tiefkühl-Verfahrens gebunden waren, mussten
aber nicht mehr beantwortet werden, weil die Skeptiker mit den rasanten
Fortschritten der reproduktionsmedizinischen Forschung schlicht nicht
mithalten konnten. Vergleichbares gilt heute für die Digitalisierung, die
noch vehementer und unkontrollierter voranschreitet als die medizinische Forschung und deren Eingriffe in das Leben des Einzelnen wie der
Gesellschaft bislang nur zu erahnen sind.

Die Beispiele verweisen auf ein grundsätzliches Problem des modernen Wissenschaftsbetriebs: Können Disziplinen wie die Theologie oder
die Philosophie, die von der Reflexion leben und für die der Faktor Zeit
eine elementare Grundvoraussetzung ihres Tuns ist, in Zukunft überhaupt noch Schritt halten mit Medizin und Naturwissenschaften, Technik oder Informatik, also Disziplinen, die einen zunehmenden Teil ihrer
Legitimation aus ihrer Dynamik ziehen? Wenn Wissen in Bewegung ist
und diese Bewegung eine nur noch schwer zu kontrollierende Eigendynamik entwickelt, fällt der Langsame und Bedächtige zurück. Jedenfalls kurzfristig.

Im Fall der Reproduktionsmedizin war es so, dass – kaum dass die
ersten Fragen nach dem Umgang mit befruchteten Eizellen gestellt worden waren – auch unbefruchtete Eizellen auf Eis gelegt und für eine In-
vitro-Fertilisation vorgehalten werden konnten. Zuletzt froren die Reproduktionsmediziner sogar Ovarialgewebe ein und retransplantierten es mit

Erfolg. Das ist der vorläufige Endpunkt einer Entwicklung, die mit dem am 16. April 1982 geborenen »Retortenbaby« ihren öffentlichkeitswirksamen Anfang nahm.

Der per Kaiserschnitt zur Welt gekommene Junge ist schon lange keine Berühmtheit mehr. Nicht nur, weil er inzwischen ein Mann von Mitte dreißig ist, der in ein normales Leben abseits medialer Aufmerksamkeit gefunden hat, sondern auch, weil das Erlanger Universitätsklinikum zehn Jahre nach der ersten erfolgreichen In-vitro-Fertilisation in Deutschland mit einem anderen Fall in die Schlagzeilen geriet.

Nach einem schweren Verkehrsunfall war am 5. Oktober 1992 eine achtzehnjährige Frau per Rettungshubschrauber in die Chirurgische Universitätsklinik Erlangen eingeliefert worden. Wenige Tage später stellten die Mediziner nicht nur den Hirntod der Schwerstverletzten, sondern auch eine Schwangerschaft fest. Eine dramatische Situation. Über sechs Wochen wurden die Lebensfunktionen der hirntoten Frau erhalten, um das Leben ihres Kindes zu retten. Ein medizinisch gewagtes und ethisch fragwürdiges Unterfangen. Denn gegen den ursprünglichen Willen der Eltern der verunglückten Mutter entschied eine »Art Ethik-Konsilium«, wie es Andreas Frewer in seinem Beitrag zur Geschichte des Universitätsklinikums nennt, die intensivmedizinische Behandlung mit künstlicher Beatmung und Ernährung fortzuführen. Die fünf beteiligten Ordinarien trafen diese Entscheidung in ihrer Funktion als Klinikärzte.

Erst gar nicht konsultiert wurde die Ethikkommission der Medizinischen Fakultät, die 1979 zur Bewertung solcher Fragen eingerichtet worden war und sich im Januar 1980 konstituiert hatte. Neben praktizierenden Ärzten waren in diesem Gremium auch ein Jurist und ein mit den ethischen Problemen der modernen Biologie vertrauter Theologe vertreten. Zwar befasste sich die Ethikkommission der Medizinischen Fakultät der FAU auch mit der Arbeit der Reproduktionsmediziner; verlangsamen oder gar aufhalten wollte und konnte sie diese aber nicht. Allerdings hielt die Kommission ein halbes Jahr nach der Geburt des ersten IVF-Kindes im Herbst 1982 in einer Stellungnahme ausdrücklich fest, dass mit »menschlichen Embryonen und Feten nicht experimentiert werden« dürfe.

Natürlich konnte man diese Frage auch zehn Jahre später im Falle der hirntoten Schwangeren stellen: War es ein Experiment, das Leben eines ungeborenen Kindes im Bauch einer hirntoten Mutter zu retten? Ob die Ethikkommission diese Frage tatsächlich gestellt und wie sie diese gegebenenfalls beantwortet hat, wissen wir nicht. Aber wir wissen, dass die Kommission von den Ärzten des Universitätsklinikums beziehungsweise ihrem »Konsilium« erst gar nicht zu Rate gezogen wurde. Sie konsultierten einen ortsansässigen Notar.

Eine interessante, eine groteske Situation: Zwischen den Mitgliedern der Ethikkommission, immerhin eine Einrichtung der Medizinischen Fakultät der Friedrich-Alexander-Universität, und den behandelnden Ärzten des Universitätsklinikums, ihrerseits Angehörige der Fakultät, herrschte in dieser die Öffentlichkeit aufwühlenden Frage offenbar dröhnende Funkstille. Das lag auch an den unterschiedlichen Arbeitsweisen beider Seiten. Während für die praktizierenden Ärzte des Universitätsklinikums der Zweifelsfall in aller Regel ein Notfall ist und nach einer umgehenden Entscheidung verlangt, entscheidet die Ethikkommission als Einrichtung der Medizinischen Fakultät in der Hauptsache über Forschungsvorhaben auf dem Antragsweg.

Dass der Fall des sogenannten Erlanger Babys die Öffentlichkeit im Herbst 1992 aufwühlte und zusehends polarisierte, lag auch an der Boulevardpresse, die sich darauf stürzte und den ethischen Umgang mit solchen Fragen zu einem Talkshowthema machte. Befürworter argumentierten mit der ärztlichen Pflicht zur Lebenserhaltung, Gegner kritisierten die Instrumentalisierung der hirntoten Frau als »Brutkasten« und warnten vor den seelischen Belastungen für das ungeborene Kind. Die Debatte zog sich hin, bis in der 19. Schwangerschaftswoche ein Spontanabort zur Einstellung der lebenserhaltenden Maßnahmen für die Frau führte.

Obgleich der Fall des »Erlanger Babys« in der Bevölkerung wie in den Medien hohe Wellen schlug, brauchte das Universitätsklinikum noch ein Jahrzehnt, bis dort 2002 nach dem Vorbild der Medizinischen Fakultät ein entsprechendes Gremium eingerichtet wurde. Seither entwickelt das Klinische Ethikkomitee KEK nicht nur allgemeine Leitlinien für die praktische Arbeit der Mediziner, sondern es berät die ärztliche Praxis auch in Einzelfällen. Das in der Regel zwanzigköpfige KEK trifft sich monatlich. Auf der Tagesordnung stehen die ethischen Fragen der Medizin: Therapiebegrenzung und Sterbebegleitung, die »Patientenperspektive« und die »Fehlerkultur«.

Auf sogenannten Ethiktagen, mit eigenen Jahrbüchern »Ethik in der Klinik« und anderen Maßnahmen und Initiativen mehr stellt sich das Komitee auch der breiten Öffentlichkeit. Zuständig für diese Öffentlichkeitsarbeit ist die Geschäftsstelle des KEK. Deren Leiter ist qua Amt der Inhaber der Professur für Ethik in der Medizin. Sie ist, wie in Kapitel II.1 berichtet, seit 2007 mit dem Arzt und Historiker Andreas Frewer besetzt und bildet gemeinsam mit dem Lehrstuhl für die Geschichte der Medizin das Institut für Geschichte und Ethik der Medizin.

Die Einrichtung des Klinischen Ethikkomitees war überfällig, seine Arbeit ist erfolgreich. Sie spielte eine entscheidende Rolle bei der Geburt des sogenannten Erlanger Jungen, der im Frühsommer 2008 zur Welt kam. Seine Mutter hatte während der Schwangerschaft einen Herzinfarkt erlitten. Sie konnte zwar wiederbelebt werden, trug aber so schwere neurologische Schäden davon, dass sie nicht mehr das Bewusstsein erlangte. Über Weihnachten 2007 stand die Entscheidung an, was mit der Wachkomapatientin und dem ungeborenen Kind geschehen sollte. Im Einvernehmen mit dem Klinischen Ethikkomitee KEK und den Angehörigen der Frau führten die behandelnden Ärzte die Schwangerschaft fort, bis sie das Kind per Kaiserschnitt auf die Welt holen konnten.

Nachdem die Mutter in einer Pflegeeinrichtung und ihr Sohn in einer Pflegefamilie untergebracht worden waren, wurde die Öffentlichkeit über den »Erlanger Jungen« informiert. »Wir haben aus dem Fall des ›Erlanger Babys‹ gelernt«, erklärte Matthias W. Beckmann, der die Frauenklinik seit 2001 leitet, und fügte mit Blick auf seine Vorgänger selbstkritisch hinzu, dass man Anfang der neunziger Jahre mit den modernen Möglichkeiten der Medizintechnik nicht so »verantwortungsvoll« umgegangen sei, wie das heute selbstverständlich der Fall ist.

Die öffentliche Diskussion über diese medizinethischen Grenzfälle reflektierte die Bedeutung, welche die Fragen nach der Lebens- und Sterbeweise in der postmodernen Gesellschaft gewonnen hatten. Mit der Berufung einer Ethikkommission der Medizinischen Fakultät hatte die Friedrich-Alexander-Universität vergleichsweise früh auf diese Herausforderungen reagiert. Fortan hielt sie mit der Entwicklung Schritt. Eine wichtige Etappe auf diesem Weg war 2010 die Berufung Peter Dabrocks auf den Lehrstuhl für Systematische Theologie II (Ethik).

1964 geboren, 1999 mit einer Arbeit zur evangelischen Fundamentaltheologie an der Ruhr-Universität Bochum promoviert, hatte Dabrock seine akademische Karriere 2002 als Juniorprofessor für Bioethik an der Philipps-Universität Marburg begonnen. Diese Juniorprofessuren waren Anfang des 21. Jahrhunderts durch eine Novelle des Hochschulrahmengesetzes auch deshalb eingeführt worden, weil man einem internationalen Trend Rechnung tragen wollte. Sie sollten Nachwuchswissenschaftlern Perspektiven und Bewegungsspielräume verschaffen und ersetzten in vielen Fällen, so auch in diesem, die Habilitation. Als Mitglied zahlreicher Ethikkommissionen und Vorsitzender des Deutschen Ethikrates sorgt Peter Dabrock dafür, dass die Friedrich-Alexander-Universität auf diesem zukunftsträchtigen Feld im öffentlichen Bewusstsein präsent ist. Und er hat als intellektueller Small Talker auch einigen Anteil daran, dass die Erlanger Theologie, die im 19. Jahrhundert einmal schulbildend gewesen ist, eine gewisse, zeitgemäße Renaissance erlebt.

Mit der Berufung Dabrocks folgten die Theologen einem Trend, der sich seit Mitte der neunziger Jahre auch anderer Fächer bemächtigte. Die Philosophen stellten immer schon bescheiden klar, dass mit Aristoteles einer der ihren die Ethik zu einer Disziplin erhoben habe. Die Mediziner etablierten die Medizinethik als eigenes Fach. Die Wirtschaftswissenschaftler entdeckten die Unternehmensethik. Und auch die Sportler interessierten sich zusehends für ethische Themen, wenn sie zum Beispiel nach den Motiven und Folgen von Doping oder unsportlichem Verhalten fragen. Jedenfalls an einigen Universitäten. Dass die FAU vorerst nicht dazugehört, erstaunt. Denn die Sportwissenschaft und der Sport sind hier breit und solide aufgestellt.

135

Der seit den Anfängen an der Friedrich-Alexander-Universität betriebene Sport ist ein Beispiel für die Verwissenschaftlichung eines Fachs, das ursprünglich wenig mit geistiger Erbauung oder theoretischer Durchdringung, hingegen viel mit der körperlichen, aber auch der sozialen Ertüchtigung der Studenten zu tun hatte. Die »wohlanständigen Leibesübungen« wie Reiten, Fechten und Tanzen, die man von der 1701 gegründeten Erlanger Ritter-Akademie übernommen hatte, wurden seit Beginn des 19. Jahrhunderts durch den Fechtmeister Johann Adolf Carl Roux um die »Turnkunst« ergänzt.

Wie überall in Deutschland hatten diese Leibesübungen auch in Erlangen eine politische Spitze. Denn sie standen im unmittelbaren Zusammenhang mit der nationalen Erhebung gegen die Herrschaft Napoleons und waren auch ein Versuch, den Geist der Burschenschaften in schwierigen Zeiten lebendig zu halten. Zwar hatte der Erlanger Fechtmeister anders als der weitaus bekanntere preußische Pädagoge Friedrich Ludwig Jahn, der als »Turnvater« in die Geschichtsbücher eingegangen ist, darauf verzichtet, in den Leibesübungen eine Vorstufe militärischer Ertüchtigung zu sehen und sie politisch zu besetzen. Dennoch fielen sie 1824 einem Ministererlass zum Opfer, der das Turnen an den Universitäten des Königreichs Bayern untersagte. Davon hat sich der Erlanger Sport jahrzehntelang nicht erholt.

Als er das tat, hatte er erneut eine politische Note. Denn die Initiatoren des Anfang des 20. Jahrhunderts ins Leben gerufenen »Akademischen Ausschusses für Leibesübungen« bezogen ausdrücklich auch gegen den »eindrängenden englischen Sportbetrieb« Stellung. Ihre Abneigung galt nicht zuletzt der von den britischen Inseln kommenden »Fußlümmelei«, wie der Stuttgarter Professor Karl Planck um die Jahrhundertwende den importierten und hierzulande immer populärer werdenden Fußball nannte. Die publizistischen und organisatorischen Abwehrreaktion gegen diese Sportarten reflektierten auf einem eher abgelegenen Feld auch den weltanschaulichen und machtpolitischen Gegensatz zwischen dem Deutschen Reich und Großbritannien, ohne den sich der Weg Europas in die Katastrophe des Ersten Weltkrieges nicht verstehen lässt.

Nach dem Ersten Weltkrieg behielt der Sport seine politische Note. Jetzt sollten Gelände- und Wehrsport nicht zuletzt die allgemeine Wehrpflicht ersetzen, die der Versailler Vertrag seit Januar 1920 untersagte. Aus eben diesem Grund besaß der Hochschulsport anfänglich auch für die Nationalsozialisten einen besonderen Stellenwert. Ende Oktober 1933 ordnete das Bayerische Kultusministerium für die damals drei Landesuniversitäten die Gründung eines SA-Hochschulamtes »für die körperliche und geistige Ertüchtigung« an. Dass es mit Beginn des Wintersemesters 1934/35 wieder eingestellt wurde, war eine Folge der Niederschlagung des sogenannten Röhm-Putsches, durch welche die SA in der nationalsozialistischen Hierarchie degradiert wurde. Mit der Wiedereinführung der allgemeinen Wehrpflicht und der Einführung des Reichsarbeitsdienstes im März beziehungsweise Juni 1935 hatte der Universitätssport seine Brückenfunktion erfüllt.

Eine andere hingegen behielt er. Nach dem Ersten Weltkrieg waren die praktischen Leibesübungen um theoretische Vorlesungen ergänzt worden. 1932 erhielt die Friedrich-Alexander-Universität ein eigenes »akademisches Institut für Leibesübungen«, das ausdrücklich auch »die Lehr- und Forschungsarbeit« aufzunehmen hatte. So lautete die Aufgabenbeschreibung in der ministeriellen Einrichtungsverfügung.

Die Verwissenschaftlichung des Fachs wurde forciert, als dem Institut Mitte der fünfziger Jahre des 20. Jahrhunderts die Ausbildung der »Sportphilologen« übertragen wurde. Diese Schwerpunktverlagerung vom allgemeinen Studentensport zur Sportlehrerbildung setzte sich 1972 mit der Integration der Pädagogischen Hochschule Nürnberg fort. Später übernahmen die Didaktiker der dortigen Erziehungswissenschaftlichen Fakultät auch die Ausbildung der Sportlehrer für das Gymnasium an der Sportanlage der Universität in Erlangen.

Das 1897 an der Gebbertstraße eingerichtete Gelände war in der zweiten Hälfte der dreißiger Jahre des 20. Jahrhunderts zu einem Sportareal ausgebaut worden. Bei der Modernisierung der großzügigen Anlage Ende der sechziger Jahre erfolgte auch eine Erweiterung um Spielstätten an der nahe gelegenen Hartmannstraße. Der Ausbau des universitären Sportangebots gipfelte in einem *Wassersportzentrum*, das die FAU in Pleinfeld –

am Großen Brombachsee, eine Autostunde südlich von Erlangen gelegen – errichtete. Seit der Einweihung im Sommer 2003 kann Segeln als universitäres Kursangebot mit eigenen Ressourcen betrieben werden. Und die Universität hat, genau genommen, einen weiteren, nämlich den nach Erlangen, Nürnberg, Bamberg und Fürth fünften Standort.

Das von der Sportpädagogin und -didaktikerin Annemarie Seybold und dem Sportpsychologen Hans Schellenberger vertretene Institut geriet in der FAU schnell in eine Sonderstellung. Daran vermochten weder die 2001 vollzogene Fusion des an der Erziehungswissenschaftlichen Fakultät angesiedelten Instituts für Sportwissenschaft mit dem Erlanger Sportzentrum etwas zu ändern noch die sechs Jahre später vorgenommene Integration in die Philosophische Fakultät, im Gegenteil. Warum man Sportler und Psychologen zunächst in ein Department packte, erschloss sich den Beteiligten nicht. Zwar wurde diese Liaison 2017 wieder gelöst, doch blieb das jetzt sogenannte Department für Sportwissenschaft und Sport in der Philosophischen Fakultät angesiedelt.

Während die Sportler dort nach wie vor wie ein Fremdkörper wirken, entwickeln sie zu anderen Fakultäten, insbesondere zur Medizinischen, fruchtbare Arbeitsbeziehungen. Das ist durchaus konsequent. Denn neben der klassischen Sportpädagogik und Sportdidaktik, die Ralf Sygusch vertritt, widmet sich das Department unter der Leitung von Alfred Rütten, Klaus Pfeifer und Matthias Lochmann dem Zusammenhang von Sport und Gesundheit.

Rütten, Jahrgang 1954, hatte 1987 an der Rheinisch-Westfälischen Technischen Hochschule Aachen promoviert und sich 1992 an der Universität Stuttgart habilitiert. Gastprofessuren unter anderem an den amerikanischen Eliteuniversitäten Yale und Stanford dokumentieren die Relevanz der Fragen, mit denen sich der Sportwissenschaftler nicht erst befasst, seit er 2001 den Ruf nach Erlangen annahm. Mit seiner Habilitationsschrift über die »zwischen empirischer Forschung und Politikberatung« angesiedelte »Angewandte Sportsoziologie« hatte er diese zu seiner Lebensaufgabe gemacht. Auf nationaler Ebene ist Rütten unter anderem im Auftrag des Bundesministeriums für Gesundheit an der Formulierung nationaler Empfehlungen für Bewegung und Bewegungsförderung beteiligt, international berät er die Europäische Region der Weltgesundheitsorganisation WHO in dieser Angelegenheit.

Wegen der enormen Konjunktur, der sich dieser Bereich »Public Health und Bewegung« mit seiner Institutionalisierung erfreute, holte sich Rütten 2004 Verstärkung. Klaus Pfeifer hatte die Grundlagen seiner Karriere 1996 beziehungsweise 2001 mit der Promotion und der Habilitation an der Universität zu Frankfurt am Main gelegt. Nach Ablehnung eines Rufs an die Universität Leipzig 2008 durch die Universitätsleitung auf einen Lehrstuhl mit dem Schwerpunkt Bewegung und Gesundheit befördert, ergänzt und flankiert Pfeifer die Aktivitäten Alfred Rüttens und gehört unter anderem der Expertengruppe Bewegung im Alltag des Bundesministeriums für Gesundheit an.

Der Anspruch der Erlanger Sportwissenschaftler klingt bescheiden. Rütten, Pfeifer und ihre Mitarbeiter versuchen ja zunächst einmal nicht mehr, als Bewegung in eine Bevölkerung zu bringen, die um deren gesundheitsfördernde Wirkung weiß, aber nur allzu oft auf sie verzichtet. Weil diese Passivität auch ein Problem für die Politik ist, sucht diese den Rat der Erlanger Sportler. Denn wer sich nicht bewegt, nimmt auf Dauer an Leib und wohl auch an der Seele Schaden, und wer dort Schaden nimmt, muss sich früher oder später medizinisch behandeln lassen. Das kostet die Gesellschaft in Zeiten dynamischen medizinischen Fortschritts sehr viel Geld. Also werden die Erlanger Sportwissenschaftler nicht müde zu erklären, wie das eine mit dem anderen zusammenhängt und wie dieses zu jenem führt.

Natürlich kann man sich fragen, was Leute mit diesem Profil und solchem Erfolg seit 2007 in einer Einrichtung verloren haben, die sich seit der Fakultätsreform jenes Jahres »Philosophische Fakultät und Fachbereich Theologie« nennt. Dass es dort Berührungsängste und Abwehrreaktionen gibt, überrascht nicht, zumal die Sportler zeigen, wie man sich in Szene setzen kann. Und so ist es kein Zufall, dass sich die Kooperationspartner der Sportler nicht in der eigenen, sondern zum Beispiel in der Medizinischen Fakultät finden.

Denn selbstredend widmen sich nicht nur die Sportler der »öffentlichen« Gesundheit, sondern auch die Mediziner und dort vor allem das an der Medizinischen Fakultät angesiedelte *Interdisziplinäre Zentrum für Health Technology Assessment und Public Health* IZPH. Geschäftsführender Vorstand dieses 2001 gegründeten ersten Verbundes zur Versorgungsforschung in Deutschland ist Peter Kolominsky-Rabas. Der Neurologe, Epidemiologe und Gesundheitsökonom mit bewegter Biographie, 1959 in Karlsbad geboren, hatte nach Studium und Approbation in Münster von 1989 bis 2004 am Erlanger Universitätsklinikum seine neurologische Ausbildung absolviert.

Weil die Vorsorge in Zeiten des enormen Kostendrucks im Gesundheitswesen und mit ihr die allgemeine Versorgungsforschung von zunehmender Relevanz sind, wurde Kolominsky-Rabas 2005 mit dem Aufbau des *Instituts für Qualität und Wirtschaftlichkeit im Gesundheitswesen* IQWiG in Köln betraut. 2009 kehrte er nach wissenschaftlichen Stationen im In- und Ausland an die Friedrich-Alexander-Universität zurück, um die Leitung des IZPH zu übernehmen und beim Aufbau des *Medical Valley* mitzuwirken. Von diesem ist in Kapitel II.3 und II.5 zu berichten.

Einen Namen machte sich das *Interdisziplinäre Zentrum für Health Technology Assessment und Public Health* IZPH mit einer Erhebung zu Schlaganfällen und ihrer Behandlung, also einem Thema, das für die Gesellschaft und damit für die Politik von herausragender Bedeutung ist. Denn wer den »Schlag« überlebt, hat in der Regel zeitlebens mit einer mehr oder minder starken Behinderung zu kämpfen. Ausgehend von der Erkenntnis, dass für die Kalkulation der Folgen nicht die Betrachtung des einzelnen Baumes, sondern die des ganzen Waldes relevant ist, wie Kolominsky-Rabas das formuliert, lieferte das Register die einzigen wirklich belastbaren Daten zur Epidemiologie von Schlaganfällen im deutschsprachigen Raum. Entscheidend war nicht die Menge, sondern die Qualität der gelieferten Daten. Das war ein Durchbruch.

Auf breiter Basis fortgeschrieben und durch das Bayerische Staatsministerium für Gesundheit und Pflege gefördert wird dieser Ansatz seit Februar 2015 durch das Versorgungsforschungsprojekt Bayerischer Demenz Survey BayDem. Die Langzeitstudie hat zum Ziel, die Versorgungssituation von Menschen mit Demenz und ihrer pflegenden Angehörigen im häuslichen Umfeld zu verbessern. Um zu einer Bewertung innovativer Gesundheitstechnologien vor der Entwicklung und Markteinführung zu kommen, stellte das Bundesforschungsministerium dem IZPH Millionenbeträge zur Verfügung.

Dass an dem Projekt neben der Wirtschafts- und Sozialwissenschaftlichen auch die Technische Fakultät beteiligt ist, zeigt, dass Fragen wie diese nur noch im Zusammenwirken verschiedener Disziplinen beantwortet werden können. Da die FAU die einzige Volluniversität des Freistaates ist, sind an ihr alle Disziplinen vertreten, die einen Beitrag zu Optimierung der Qualität und Wirtschaftlichkeit im Gesundheitswesen leisten können. Das ist eine große Stärke. Und es ist ein Alleinstellungsmerkmal.

Zu den Arbeitsgebieten des IZPH zählen die Prävention und die damit einhergehende sogenannte Gesundheitsförderung. Und die wiederum schlägt die Brücke von den Medizinern zu den Sportwissenschaftlern um Alfred Rütten. Die Forscher der beiden Disziplinen verbindet nicht nur der Versuch, die Gesundheit bestimmter Bevölkerungsgruppen – seien es Arbeitnehmer, nicht mehr Berufstätige oder Arbeitslose, Alteingesessene oder Zugewanderte – zu verbessern. Vielmehr geht es Medizinern wie Sportlern auch darum, mit vereinten Kräften Einfluss auf die Politik zu nehmen und die Gesundheits- und Bewegungsförderung im Sinne ihrer Erkenntnisse zu beeinflussen.

Diese Einflussnahme erfolgt auch über das *Kooperationszentrum für Bewegung und Gesundheit der Weltgesundheitsorganisation*, das am Department für Sportwissenschaft und Sport angesiedelt und das erste seiner Art in Europa ist. Dass die gleichfalls dort ansässige Juniorprofessur des sowohl in den physiologischen Wissenschaften als auch in der Medizin promovierten Matthias Lochmann 2010 zu einem Lehrstuhl für Sport- und Bewegungsmedizin aufgewertet wurde, war wissenschaftlich, politisch – und nicht zuletzt auch historisch – konsequent; dass die Medizinische Fakultät ihm die Zweitmitgliedschaft verweigerte, zeugte von einer gewissen Borniertheit.

Denn die Sportmedizin hatte an der FAU schon einmal Fuß gefasst, als der Mediziner Josef Schmidt in der zweiten Hälfte der sechziger Jahre an seiner Fakultät eine entsprechende Abteilung aufbaute. Fortgeschrieben wurde diese junge Tradition durch Kurt Bachmann, von 1972 bis 1997 Leiter der Medizinischen Klinik II mit Poliklinik, und Walter Hilmer, der dort die Sportmedizinische Abteilung leitete. Die Sportmedizin blieb also in der Medizinischen Fakultät angesiedelt, bis sie als Sport- und Bewegungsmedizin im Department für Sportwissenschaft unter dem Dach der Philosophischen Fakultät eine neue Blüte erlebte.

Keine andere Fakultät der Friedrich-Alexander-Universität hat im Laufe ihrer zweihundertfünfundsiebzigjährigen Geschichte derart viele Mutationen erlebt wie die Philosophische, von denen die monströse Erweiterung um die vormalige Erziehungswissenschaftliche Fakultät, die gesamte Theologische Fakultät sowie eben die Sportwissenschaft und den Sport die vorläufig letzte war. Wesentlich besser erging es der Naturwissenschaftlichen Fakultät, seit sie von 1929 an ein von der Philosophischen Fakultät unabhängiges Leben führte. Zwar musste auch sie eine Zellteilung in drei Fachbereiche und eine neuerliche Fusion überstehen. Doch verlief die Weiterentwicklung alter und die Gründung neuer Disziplinen insgesamt harmonisch.

3 Das Unsichtbare sichtbar machen

Revolutionen melden sich nicht an. Sie finden statt. Auch in den Naturwissenschaften. Das liegt in der Logik des Experiments, das kaum verlässliche Aussagen über die langfristigen Folgen eines Gelingens zulässt. Was Elektrizität zu leisten vermochte, sah man, als die Straßenbeleuchtung Einzug in die Städte hielt; was Düngemittel und Pflanzenzucht bewirken konnten, wusste man, als der Hunger aus Teilen der Welt verschwand.

Womit sich eine Reihe von Fragen stellt, allen voran die nach der Verantwortung des Wissenschaftlers für die Ergebnisse und die Konsequenzen seines Tuns. Können Naturwissenschaftler – Vergleichbares gilt vor allem auch für Mediziner – mögliche Folgen ihrer Versuche kalkulieren? Und wenn sie das können, wollen sie es auch? Müssen sie es wollen? Sicher ist, dass die Neugier, die Wissen in Bewegung hält und die eigentliche Triebkraft von Wissenschaft ist, keine natürlichen Grenzen kennt. Müssen Grenzen also gegebenenfalls gesetzt werden – und wenn ja, durch wen? Denn strahlende Städte sind eine Sache. Strahlender Müll ist eine andere. Dass es ihn geben würde, wusste man nicht erst, als die ersten Atomkraftwerke in Betrieb genommen wurden. Ziemlich genau wusste man das auch an der Friedrich-Alexander-Universität, die nach dem Zweiten Weltkrieg zeitweilig ein Zentrum der Kernforschung war.

In der Gründungsepoche der FAU waren die Naturwissenschaften noch vereint und unter dem Dach der Philosophischen Fakultät angesiedelt. Ein erster Schritt auf dem Weg zu selbständigen Fächern wurde getan, als die entsprechenden Lehrstühle mit den erforderlichen Apparaturen ausgestattet wurden. Messen, Wiegen, Prüfen bildeten die Grundlagen der exakten Naturwissenschaften Physik und Chemie. Von ihnen lösten sich nach und nach die deskriptiven Naturwissenschaften, also die Geographie, die Geologie und die Biologie. Inzwischen ist die Biologie, wenn man so will, wieder zu ihren Anfängen zurückgekehrt. Eigentlich war sie »eine Tochter der medizinischen Wissenschaft«, bis sie sich im 18. Jahrhundert zu »emanzipieren« und auf die »Beschreibung der Pflanzen und Tiere« zu konzentrieren begann. So ist in dem der »Allgemeinen Biologie« gewidmeten Band zu lesen, der 1915 im Rahmen der von Paul Hinneberg herausgegebenen Enzyklopädie »Die Kultur der Gegenwart« erschien. Heute ist die Biologie wieder eine kreative Naturwissenschaft, und die Mikrobiologie siedelt sehr nahe an der Chemie und der Medizin.

Anfänglich wurden die naturwissenschaftlichen Disziplinen, auch die Physik, von Professoren unterschiedlichster Fachrichtungen mitvertreten. So lehrte der von der Bayreuther Friedrichs-Akademie übernommene Jacob Wilhelm Hoffmann nicht nur Philosophie und Mathematik, sondern las als Ordentlicher Professor in Erlangen auch Astronomie, Geographie und Physik. Johann Christian Arnold übernahm 1754 an der Friedrich-Alexander-Universität zunächst eine Außerordentliche Professur für Philosophie, insbesondere für Mathematik und Physik, bevor er sich als Ordentlicher Professor auf die Physik konzentrierte.

Gut 100 Jahre später wurde mit Rudolph Hermann Arndt Kohlrausch erstmals ein Professor auf einen eigenständigen Lehrstuhl für Physik an der Friedrich-Alexander-Universität berufen. Das war ein bedeutender Schritt auf dem Weg zur Verselbständigung des Fachs, das allerdings im ersten Drittel des 19. Jahrhunderts noch an einer der »ärmlichsten« Ausstattungen unter den deutschen Universitäten krankte. Das musste der gebürtige Erlanger Johann Salomon Christoph Schweigger erkennen, als er 1817, von der Akademie der Wissenschaften in München kommend, an seiner Heimatuniversität die Professur für Physik und Chemie übernahm. Daher zog Schweigger schon zwei Jahre später die Konsequenz, ging nach Halle an der Saale, wirkte dort bis zu seinem Tod 1857 und verhalf den von ihm an der Universität vertretenen Fächern zu einem eigenen Institutsgebäude.

In Erlangen wurde das »Physikalisch-Chemische Institut« 1840 im sogenannten Museum untergebracht. Ein Fortschritt, wenn auch ein kleiner. Schließlich musste das Institut das Gebäude mit der mathematischen und anderen Sammlungen der Universität teilen. Die Mehrfachnutzung wirft ein Licht auf die beengten Verhältnisse, unter denen die Naturwissenschaften in Erlangen bis zur Wende zum 20. Jahrhundert zu leiden hatten. Dass dieses aus dem 18. Jahrhundert stammende Gebäude – eine am Rande des Schlossparks liegende, im Gründungsjahr der FAU profanierte Kirche – noch heute genutzt wird, sagt einiges über die Bausubstanz der Friedrich-Alexander-Universität, von der schon die Rede war. Untergebracht ist dort das Institut für Geologie und Mineralogie, das inzwischen zum Geozentrum Nordbayern ausgebaut wurde.

Die Physik musste lange warten, bis ihr 1894 an der Glückstraße ein eigener Institutsbau errichtet wurde, der den technischen Anforderungen des Fachs entsprach. Die treibende Kraft war Eilhard Ernst Gustav Wiedemann, der von 1886 bis 1926, also stattliche 40 Jahre, an der Universität lehrte, zeitweilig gemeinsam mit seinem Vater, dem Physiker Gustav Heinrich Wiedemann, die Beiblätter zu den »Annalen der Physik« herausgab und Mitglied mehrerer Akademien war. Auf der von Wiedemann gelegten Grundlage konnten seine Nachfolger in Erlangen unter anderem die Festkörperphysik etablieren. In diesem speziellen Bereich der Physik geht es um die physikalischen Eigenschaften fester Körper wie Kristallen, die in der Halbleitertechnologie des Computerzeitalters eine zentrale Rolle spielen. Eingeführt wurde diese Teildisziplin von dem 1926 nach Erlangen berufenen Bernhard Gudden, einem Schüler Robert Wichard Pohls, der in Göttingen eine wirkmächtige Schule gegründet hatte und als Vater der Festkörperphysik gilt. Fest institutionalisiert wurde die Festkörperphysik in Erlangen allerdings erst nach dem Zweiten Weltkrieg, als man 1948 einen zweiten Lehrstuhl für angewandte Physik einrichtete. Bis Mitte der siebziger Jahre besetzte ihn der ebenfalls aus der Pohl'schen Schule stammende Erich Mollwo.

Die Einrichtung dieses Lehrstuhls war kein Zufall, strebten doch die Siemens-Reiniger-Werke, die infolge des Zweiten Weltkriegs ihren Verwaltungssitz nach Erlangen verlegten, eine enge Zusammenarbeit mit der Friedrich-Alexander-Universität an. Treibende Kräfte dieser Kooperation waren Walter Schottky und Eberhard Spenke. Schottky war wohl 1942 aus dem bombardierten Berlin in das beschauliche Pretzfeld am Rande der

Fränkischen Schweiz geflohen. Hier baute er mit Spenke ein Forschungslabor auf, das mit Unterstützung der Hochschulphysik bald in die Weltspitze vorstieß und die Grundlagen für die deutsche Halbleiterindustrie
legte.

Vergleichbar eng und erfolgreich war die Zusammenarbeit zwischen
Siemens und der Friedrich-Alexander-Universität auf dem Gebiet der
Kernphysik, denn die Erlanger Forscher interessierten sich von Anfang an
auch für die praktische Nutzung der Kernenergie. Daher hoben die Siemens-Schuckertwerke 1955 in ihrer Erlanger Dependance eine Studiengruppe zur Reaktorentwicklung aus der Taufe, die innerhalb weniger
Jahre auf über 50 Mitarbeiter anwuchs.

Der Zusammenarbeit mit der Universität auf der einen entsprach die
Kooperation mit der amerikanischen Firma Westinghouse auf der anderen Seite. Später übernahm Siemens deren Reaktortechnologie und integrierte sie in seinen Energiesektor. Dank dieser Zusammenarbeit ging der
erste Bauauftrag für ein Atomkraftwerk mit Druckwasserreaktor in der
Bundesrepublik 1965 an die Siemens-Schuckertwerke. 1968 wurde das
Kraftwerk Obrigheim in Betrieb genommen.

Einen maßgeblichen Anteil an diesem Erfolg hatten die Physiker der
Friedrich-Alexander-Universität, die Erlangen zu einem Zentrum der
Kern- und Elementarteilchenphysik ausgebaut hatten. Die Karriere dieses
Fachs war Rudolf Fleischmann zu verdanken. Der gebürtige Erlanger,
Jahrgang 1903, hatte in seiner Heimatstadt und in München Physik und
Mathematik für das Höhere Lehramt studiert, 1929 bei Bernhard Gudden
promoviert und war dann über Göttingen nach Heidelberg gegangen, wo
er sich Walter Bothe anschloss. Bothe hatte mit Hans Geiger die Koinzidenzmethode entwickelt, die für die Kernphysik größte Bedeutung gewinnen und für die Bothe 1954 mit dem Nobelpreis für Physik ausgezeichnet werden sollte.

1936 in Heidelberg habilitiert, blieb Fleischmann Assistent am Institut
für Physik des *Kaiser-Wilhelm-Instituts für Medizinische Forschung* und
nahm dann 1941 einen Ruf an die sogenannte Reichsuniversität Straßburg
an. Dort erforschten Mediziner und Naturwissenschaftler unter anderem
die Wirkung toxischer Stoffe. Die Berufung nach Straßburg setzte politi

sche Linientreue voraus, die im Falle Fleischmanns durch die Mitglied-schaft in der SA und der NSDAP dokumentiert wurde.

Als die Amerikaner Ende 1944 das Elsass besetzten, nahmen sie Rudolf Fleischmann fest und verfrachteten ihn in die USA. Da sie mit Hochdruck an einer Atombombe arbeiteten, war der Kernphysiker für sie von größtem Interesse. Im August 1946 aus der Kriegsgefangenschaft zu-rückgekehrt, führte der Weg Fleischmanns zunächst an die Universität Hamburg und von dort 1953 auf den ersten Lehrstuhl für Experimental-physik an seine Erlanger Heimatuniversität.

Hier ließ der Kernphysiker einen jener Tandembeschleuniger errich-ten, mit denen unter anderem Kernreaktionen herbeigeführt werden kön-nen. Nach dem Versuchsreaktor in Garching war der Beschleuniger Mitte der sechziger Jahre die teuerste Apparatur in Bayern. Allein der Bau des Hauptgebäudes schlug mit über sieben Millionen D-Mark zu Buche. Dass der Freistaat rund 16 Millionen D-Mark für die Ausstattung lockermachte, lag an den Perspektiven der friedlichen Nutzung der Atomkraft.

Ihr gehörte damals noch die Zukunft. Auch in der Bundesrepublik, quer durch alle Parteien: Eine Nation, die nicht über die Möglichkeit ver-füge, »Atomenergie zu erzeugen«, habe ihr »Schicksal« nicht in der Hand. Das befand 1955 nicht nur der Sozialdemokrat Carlo Schmid, Vizepräsi-dent des Deutschen Bundestages, Präsidialmitglied des Deutschen Roten Kreuzes und Senator der *Max-Planck-Gesellschaft*.

Anders sah es mit der militärischen Nutzung der Kernenergie aus. Als Kanzler Konrad Adenauer und Verteidigungsminister Franz Josef Strauß forderten, die gerade aufgestellte Bundeswehr mit taktischen Atomwaffen auszurüsten, regte sich in der Bundesrepublik erheblicher Widerstand. Die zwölf Jahre zurückliegende Katastrophe in den japanischen Städten Hiroshima und Nagasaki vor Augen, wandte sich im Frühjahr 1957 eine Gruppe renommierter Kernphysiker gegen diese Pläne der Bundesregie-rung. Zu den 18 Unterzeichnern der sogenannten Göttinger Erklärung gehörte neben den Nobelpreisträgern Max Born, Otto Hahn, Werner Heisenberg und Max von Laue der international hoch angesehene Erlan-ger Kernphysiker Rudolf Fleischmann. Auch in dieser Hinsicht marschier-ten die Physiker der FAU also vorneweg.

Fleischmann war auch maßgeblich daran beteiligt, dass 1966 Nikolaus Fiebiger auf den neu eingerichteten Lehrstuhl für Experimental-, sprich Kernphysik berufen wurde. Fiebiger, Jahrgang 1922, hatte nach Arbeitsdienst, Kriegsdienst bei der Luftwaffe und Kriegsgefangenschaft seit 1947 an der Technischen Hochschule Stuttgart Physik studiert und war dort – nach einer beruflichen Tätigkeit bei Bosch – 1957 auch promoviert worden. Anschließend ging Fiebiger als Assistent an das Institut für Kernphysik in Frankfurt am Main, wo er sich – nach einem zweijährigen Aufenthalt am *Brookhaven National Laboratory* auf Long Island – 1963 habilitierte.

In Erlangen beschäftigte sich Fiebiger dann allerdings weniger mit den Problemen der Reaktorphysik als vielmehr mit solchen der Hochschulpolitik, denn am 1. August 1969 trat er das Amt des Rektors der Friedrich-Alexander-Universität an. Anfang 1972 durch den Werkstoffwissenschaftler Bernhard Ilschner abgelöst, kehrte er 1975 als Präsident an die Spitze der Universität zurück. Dass Fiebiger es dort, wie in Kapitel I berichtet, über 15 Jahre aushielt, also in der Verwaltungslaufbahn blieb und nicht in die Forschung zurückkehrte, hatte gewiss auch damit zu tun, dass nach der militärischen auch die friedliche Nutzung der Atomkraft in die öffentliche Kritik geraten war. Keine gute Voraussetzung für eine große wissenschaftliche Karriere.

Im Frühjahr 1979 war es im amerikanischen Kernkraftwerk Three Mile Island bei Harrisburg zu einem ernsthaften Störfall gekommen. Er lieferte den Atomkraftgegnern Argumente, die über die Warnung vor einer Gewässererwärmung durch das Kühlwasser der Reaktoren hinausgingen. Die offenkundigen Risiken der Radioaktivität gaben der Anti-Atomkraft-Bewegung eine ungeahnte und nachhaltige politische Durchschlagskraft. Vor diesem Hintergrund überrascht es nicht, dass von dem durch Rudolf Fleischmann an der FAU aufgebauten, einst bedeutenden Zentrum nur die Elementarteilchenphysik erhalten blieb.

Seit Ende der fünfziger Jahre wurde das Profil der Erlanger Physik abgerundet. Zu den Lehrstühlen für Experimentelle und Angewandte Physik traten zwei für die theoretischen Grundlagen des Fachs. Die Ordinariate übernahmen Ludwig Waldmann und Helmut Volz. Waldmann, 1913 in Fürth geboren, war nach dem Studium der Physik und Mathematik 1938 bei Arnold Sommerfeld in München promoviert worden. Entscheidende frühe Etappen seiner Karriere legte er seit 1943 an verschiedenen Instituten des *Kaiser-Wilhelm-* beziehungsweise *Max-Planck-Instituts für Chemie* zurück, bis er 1963 dem Ruf auf den Lehrstuhl für Theoretische Physik an der FAU folgte. Hier hatte Waldmann schon seit 1948 semesterweise unterrichtet. Und an der FAU war ihm auch die Venia Legendi verliehen worden, die er nach der Göttinger Habilitation im Oktober 1940 »unter den damaligen Umständen nicht bekommen« konnte. Dass seine Karriere bei Kriegsende keine Unterbrechung erfuhr, lag wohl auch an diesem Verlauf während des »Dritten Reiches«.

Das unterschied sie von der Laufbahn seines Fachkollegen. Auch der 1911 in Göppingen geborene Helmut Volz, der später zum Vater der Technischen Fakultät der FAU werden sollte, hatte unter anderem in München, außerdem in Tübingen Mathematik und Physik studiert. Nach der Staatsprüfung für das Höhere Lehramt und einem einjährigen Referendariat kehrte er 1934 als Hilfsassistent von Hans Geiger, dem Erfinder des nach ihm benannten Teilchenzählrohrs – vulgo Geiger-Zähler –, an die Universität Tübingen zurück und promovierte dort im November 1935. Nach wissenschaftlichen Stationen unter anderem bei Werner Heisenberg in Leipzig zog es Volz 1937 erneut zu Geiger, der inzwischen die physikalische Forschung an der Technischen Hochschule Berlin leitete. Hans Geiger spielte im Übrigen nicht nur in den wissenschaftlichen Biographien dieser Generation Erlanger Physiker eine Rolle, sondern hatte seinerseits von 1901 bis 1906 an der FAU Physik und Mathematik studiert und hier auch promoviert.

Mit Beginn des Zweiten Weltkriegs nahmen auch die militärischen Behörden von Geigers Institut Notiz. Schließlich bot die Ende 1938 entdeckte Kernspaltung nicht nur für die Energiegewinnung ungeahnte Möglichkeiten. Noch im September 1939 rief das Heereswaffenamt ein Projekt mit den führenden Physikern ins Leben, zu dem auch Helmut Volz herangezogen wurde. In diesem Zusammenhang experimentierte er mit Kollegen 1940/41 zur »Moderation von Neutronen«, verfasste auch entsprechende Aufsätze. Nachdem das Forschungsinstitut von alliierten Bomben getroffen worden war, zog sich der 1943 habilitierte Experimentalphysiker in das beschauliche Erlangen zurück.

Nach dem Zweiten Weltkrieg versuchte das amerikanische War Department Helmut Volz in die USA zu locken. Der Physiker widerstand dem Angebot, obwohl er mit der sogenannten Entnazifizierung einige Schwierigkeiten hatte, denn er war Ende 1933 in die SA und im Mai 1937 in die NSDAP eingetreten. Weil es aber im Wesentlichen bei den Mitgliedschaften geblieben war, weil sich zudem die Erlanger Studenten für ihn einsetzten und der Rektor der Universität Volz als »vortrefflichen Lehrer« und einen der »besten theoretischen Physiker« pries, blieb es bei einer »Geldsühne« von 500 Reichsmark und der Einstufung als »Mitläufer«. 1946 wurde Helmut Volz Außerordentlicher, 1962 Ordentlicher Professor für Theoretische Physik an der Friedrich-Alexander-Universität.

Für die Physiker, die nach 1945 das Fach an der FAU vertraten, gilt, was schon für den Lehrkörper der damals noch selbständigen Nürnberger Hochschule für Wirtschafts- und Sozialwissenschaften festgestellt worden ist und grundsätzlich auf alle Angehörigen dieser Generation zutrifft: Sie brachten ihre Geschichte mit. Sie systematisch und umfassend zu ergründen, bleibt in diesen und anderen Fällen auch deshalb eine noch zu lösende wissenschaftliche Aufgabe, weil die einschlägigen Akten lange Zeit nicht zugänglich waren.

Rudolf Fleischmann, Helmut Volz oder Ludwig Waldmann, 1903, 1911 beziehungsweise 1913 geboren, waren Kinder des deutschen Kaiserreichs. Sie wurden in einer Zeit sozialisiert, in der die Deutschen zwei verheerende Kriege, eine traumatisch nachwirkende Inflation und nicht zuletzt eine vernichtende Diktatur erlebten, und das hieß eben auch: Sie mussten für sich die Frage beantworten, wie sie es mit dem Nationalsozialismus hielten. Wie auch immer ihre Antwort nach Ende des Zweiten Weltkriegs im Einzelnen ausfiel, die Fortsetzung der alten oder der Beginn einer neuen beruflichen Laufbahn wurde von ihr beeinflusst.

Die Hochschullehrer, die wie Gisela Anton oder Gerd Leuchs der Erlanger Physik seit den neunziger Jahren des 20. Jahrhunderts ihren zweiten großen Modernisierungsschub verpassten und im Umfeld des Universitätsjubiläums in den Ruhestand gingen oder gehen, sind allesamt Kinder des geteilten Deutschland, also einer, wie wir heute wissen, politisch und militärisch vergleichsweise sicheren, geordneten Welt. 1955 beziehungsweise 1950 geboren, wuchsen sie, wie auch der Autor dieser Zeilen, in einer Zeit auf, die keine wirtschaftlichen Entbehrungen oder weltanschaulichen Zwänge kannte.

Selten waren die Karrierechancen so gut wie für jene Generation, die in den siebziger Jahren ihr Studium begann – vorausgesetzt, man wählte das Fach, in dem man sich entfalten konnte, fand das akademische Umfeld, das die Entfaltung zuließ und förderte, und brachte genügend Ehrgeiz und Fleiß mit, um sich zu behaupten. Denn es war die Generation der sogenannten Baby-Boomer, und das hieß: Die Konkurrenz war groß.

Gisela Anton, 1955 in Bonn geboren, machte sich früh als Teilnehmerin des nationalen Wettbewerbs »Jugend forscht« einen Namen: 1975 war die junge Studentin Bundessiegerin im Fach Physik. Karl-Heinz Althoff und Wolfgang Paul, die diese Disziplin an der Rheinischen Friedrich-Wilhelms-Universität vertraten, galten als Pioniere der Elementarteilchenphysik und wiesen Gisela Anton den Weg. 1983 wurde sie mit einer Dissertation über die Spaltung von Elementarteilchen promoviert. Für die Arbeit hatte sie nachgemessen, wie Deuteronen, also schwere Wasserstoffkerne, durch Beschuss mit Photonen gespalten werden.

Auch weil das Physikalische Institut der Universität inzwischen über eine Elektronen-Stretcher-Anlage ELSA verfügte, blieb Anton in Bonn. Mit ELSA lassen sich die Elementarteilchen erzeugen, die Anton untersuchen wollte. Um das zu schaffen, musste sie einen Detektor entwickeln, mit dem sich die ebenso kleinen wie instabilen Teilchen nachweisen ließen. Die sogenannten Eta-Mesonen entstehen bei der Kollision solcher hochenergetischer Teilchen.

1993 habilitierte sich Anton mit einer Arbeit über die »Photoproduktion von Eta-Mesonen«. Für den von ihr entwickelten Elementarteilchendetektor wurde sie mit dem Leibniz-Preis ausgezeichnet. Auch deshalb gingen Rufe aus ganz Deutschland ein. Nachdem der Freistaat Bayern dem Erlanger Lehrstuhl für Experimentalphysik einen Millionen-Betrag zugesagt hatte, setzte sich die Friedrich-Alexander-Universität gegen die Konkurrenz durch.

Zu einer Berufung gehören immer zwei Partner – der gerufene und der rufende. Auf dieser Seite wiederum spielen sowohl die Fachkollegen als auch die Verwaltung eine Rolle. Im Fall der Erlanger Physiker war Klaus Rith die maßgebliche Figur. Rith – Jahrgang 1942, 1974 in Bonn promoviert und 1982 in Freiburg habilitiert – hatte von 1986 bis 1992 als leitender Wissenschaftler am Heidelberger *Max-Planck-Institut für Kernphysik* geforscht, als er dem Ruf an die Friedrich-Alexander-Universität folgte. Einen Namen machte er sich nicht nur auf seinem Spezialgebiet, der Experimentellen Teilchenphysik, sondern auch als gefragter Gutachter unter anderem für das Bundesministerium für Bildung und Forschung. Und dann nutzte Rith als erster Neuberufener nach rund zwei Jahrzehnten die Gunst der Stunde und transformierte das Physikalische Institut der FAU von einer inzwischen eher behäbigen in eine moderne, leistungsfähige Einrichtung. Die Berufungen von Gerd Leuchs und Gisela Anton markierten 1994 und 1995 die entscheidenden Stationen.

Unterstützt wurde er dabei von Thomas A. H. Schöck. Der Verwaltungsjurist stand seit 1988 als Nachfolger Kurt Köhlers der Verwaltung der Friedrich-Alexander-Universität vor und war seinerzeit der jüngste Kanzler der Republik. 1948 im fränkischen Lauf an der Pegnitz geboren, absolvierte Schöck eine kaufmännische Ausbildung und studierte dann Volkswirtschaft und die Rechte an der Friedrich-Alexander-Universität. Nach dem Doppelabschluss zog er eine wissenschaftliche Karriere in Betracht, entschied sich dann aber für eine Verwaltungslaufbahn, die er im Bayerischen Staatsministerium der Finanzen begann.

Die Tätigkeit in den obersten Landesbehörden bereitet nicht selten auf Führungspositionen vor, werden doch in der ministeriellen Spitzenverwaltung Kenntnisse und Fähigkeiten erworben, die berufspraktisch bedeutend sind. So greifen nicht nur Parteien und Verbände, sondern auch Hochschulen gerne auf solche Verwaltungsjuristen zurück. Schöck setzte die in den achtziger Jahren geknüpften Verbindungen in die Ministerialverwaltung konsequent auch zum Vorteil seiner Alma Mater ein. Dass der Kanzler in seiner 2014 endenden Amtszeit eine deutliche Handschrift in den Annalen der Universität hinterlassen hat, ist aber auch seinem Amtsverständnis zu verdanken: Verwalten für die Wissenschaft, nicht Verwaltung der Wissenschaft war die Maxime seiner sechsundzwanzigjährigen Tätigkeit.

Dass sich die Experimentalphysikerin Gisela Anton für Erlangen entschied, lag zum einen an der exzellenten Ausstattung ihres Lehrstuhls, zum anderen aber auch an den Möglichkeiten, die eines der in Erlangen ansässigen Unternehmen ihrem Ehemann bot. Das war auch ein früher Erfolg des sogenannten *Dual Career Service*. Heute an mehr oder weniger allen Universitäten verfügbar, spielte die FAU seinerzeit – auch hier – eine Vorreiterrolle. Das erkannte man selbst in München. Jedenfalls war es das erste und einzige Mal, dass der Kanzler der FAU vom zuständigen Ministerium mehr Mittel erhielt, als er beantragt hatte. 2011 schlossen sich die Universitäten Bamberg, Bayreuth und Regensburg der Erlanger Initiative an. Mit von der Partie sind auch die Hochschulen Ansbach und Coburg, die *Fraunhofer-Gesellschaft*, die *Helmholtz-Gemeinschaft* und die *Max-Planck-Gesellschaft* sowie die Industrie- und Handelskammern. Nicht zuletzt die Beteiligung der nordbayerischen Unternehmen verhalf dem Partnerservice zum Erfolg.

Einen Teil des gewissermaßen nach Erlangen importierten Leibniz-Preisgeldes steckte Gisela Anton in die Medizinphysik. Hier widmete sie sich der Entwicklung neuartiger Röntgendetektoren und einem neuartigen Röntgenverfahren, mit dem sie Gewebsverkalkungen ab einer Größenordnung sichtbar machte, die bislang unter der Wahrnehmungsschwelle geblieben war. Je früher die kleinen Kalkablagerungen im menschlichen Gewebe entdeckt werden, desto eher können Krankheitsrisiken erkannt und behandelt werden, wie zum Beispiel Verkalkungen in der weiblichen Brust, die mit Tumoren korrelieren. Diese fakultätsübergreifende Zusammenarbeit von Naturwissenschaftlern, Medizinern oder auch Informatikern ist eine Spezialität der Friedrich-Alexander-Universität.

Zu den besonderen Merkmalen dieser Kooperation gehört die frühe und intensive Einbeziehung der Studierenden in die Forschung. Mit dem »Erlanger Projektpraktikum« schreibt Gisela Anton an der FAU den Grundgedanken von »Jugend forscht« fort, lässt ihre Studenten nicht nur Themen frei wählen, sondern animiert sie auch, Versuche zu entwickeln und durchzuführen. Fünf Jahre nach ihrer Berufung wurde Anton vom Bayerischen Wissenschaftsministerium mit dem Preis für »Gute Lehre« ausgezeichnet. 2009 gründete sie schließlich eines der ersten themenoffenen Schülerforschungszentren Deutschlands. Am *Erlanger Schüler-Forschungszentrum für Bayern* entfalten naturwissenschaftlich-technisch interessierte Schüler unter der Anleitung von Studenten ihre Begabung. Das können, wenn es gut läuft, auch erste Schritte auf dem Weg zur Spitzenforschung sein: Einige Teilnehmer des Schülerforschungszentrums haben national und international hoch angesehene Preise gewonnen.

Dass sich die Teilchenphysikerin nicht auf die Medizinphysik beschränkte, sondern ihren Lehrstuhl mit Hilfe der zugesagten Staatsmittel und des verbliebenen Leibniz-Preisgeldes auf ihr großes Thema ausrichtete, liegt auf der Hand. Seit Anton in Erlangen ist, versucht sie den Neutrinos auf die Spur zu kommen. Diese elektrisch neutralen Elementarteilchen haben im Vergleich zu anderen den Vorteil, dass sie nicht von kosmischen Magnetfeldern abgelenkt werden, sondern den Weltraum auf direktem Weg durchqueren. Die Eigenschaft macht die Neutrinos zu idealen Botenteilchen zum Beispiel aus dem Inneren der Sonne oder aus der Umgebung sogenannter Schwarzer Löcher.

Allerdings sind die Elementarteilchen extrem schwierig nachzuweisen. Um das zu schaffen, installierten Hunderte von Physikern aus einem halben Dutzend Ländern vor der Küste Frankreichs einen Detektor von gewaltigen Ausmaßen. ANTARES bestand aus zwölf Messstationen, die in über 2000 Metern Tiefe sogenannte Müonen aufzeichneten. Müonen entstehen beim Zusammenprall eines Neutrinos mit einem Wasserstoff- oder einem Sauerstoffkern. Die Detektion erfolgte über Photosensoren, die von der Kollision ein Lichtsignal aufnehmen. Trotz der Dimension des Detektors war ANTARES nicht der erhoffte Erfolg beschieden. ANTARES funktionierte zwar sehr erfolgreich, war aber immer noch zu klein: Die Aufnahmen waren zu selten.

Wenn das Werkzeug unzureichend ist, ziehen experimentell arbeitende Wissenschaftler daraus in aller Regel die Konsequenz, dass die nächste Anlage größer und die Instrumentarien feiner werden müssen. Für die Neutrinophysiker ist das geplante Kubikkilometer-Neutrino-Teleskop KM3NeT ein solcher Schritt. Weil die Führung des KM3NeT alle paar Jahre wechselt, gibt es mehrere Koordinatoren. Dass die Einrichtung des weltgrößten Teleskops seiner Art von der Friedrich-Alexander-Universität mit koordiniert wird, hat im *Erlangen Centre for Astroparticle Physics* ECAP seinen Grund. 2007 riefen die am ANTARES-Projekt beteiligten Wissenschaftler um Gisela Anton das ECAP ins Leben, um die physikalische beziehungsweise astrophysikalische Kompetenz mit der astronomischen zu verknüpfen.

Die Voraussetzungen waren ideal, weil die Friedrich-Alexander-Universität über eine eigene Sternwarte verfügt. Die Errichtung der Karl-Remeis-Sternwarte in Bamberg geht auf den gleichnamigen Juristen zurück, der seiner Heimatstadt ein Vermögen hinterlassen hatte. Der Hobbyastronom hatte verfügt, dass die 400 000 Goldmark für die Errichtung und Erhaltung einer Sternwarte zu verwenden seien. Die nicht unerheblichen Mittel wurden in eine Stiftung eingebracht, die das Gelände am Stephansberg erwarb und dort 1888/89 die Sternwarte errichtete. Sie besteht aus einem Haupt- und einem Beobachtungsgebäude mit Meridiansaal und zwei Kuppeln in Ost-West-Richtung.

Mehr oder weniger enge Beziehungen zur Erlanger Universität bestanden, seit Ernst Karl Albrecht Hartwig, der erste Direktor der Sternwarte, hier 1916 zum Honorarprofessor für Astronomie ernannt wurde. Den entscheidenden Schritt zur Eingliederung tat Wolfgang Strohmeier, der 1954 die Direktion der Sternwarte übernahm und die Himmelsüberwachung vom Nord- auf den Südhimmel ausdehnte. 40 000 Glasplatten, mit deren Digitalisierung 2003 begonnen wurde, halten diese Beobachtungen fest. Sie sind wie die Teleskope und Messapparaturen aus der Gründungszeit Teil der Astronomischen Sammlung der FAU.

Strohmeiers zukunftsweisende Idee, die Überwachung auf den Süd-himmel auszudehnen und Außenstationen in Südafrika, Argentinien und Neuseeland aufzubauen, war allerdings nur unter dem Dach einer Univer-sität zu realisieren, weil die benötigten erheblichen Drittmittel in einer Einrichtung öffentlichen Rechts verwaltet werden mussten. Und so wurde die Sternwarte zum 1. Januar 1962 der Friedrich-Alexander-Universität per Staatsvertrag als Astronomisches Institut eingegliedert. Heute gehört die FAU zu den wenigen Universitäten in Deutschland, die über eine eigene Sternwarte verfügen, und diese wiederum zählt zu den ganz wenigen welt-weit, die noch in ihrem angestammt historischen Gebäude residieren.

Zu den Himmelsdurchmusterungen in der südlichen Hemisphäre trat in der Ära Jürgen Rahes, der Wolfgang Strohmeier 1979 folgte, die Ko-ordinierung der weltweiten Beobachtungen des Halleyschen Kometen hinzu. Jörn Wilms wiederum, der 2005 auf eine Erlanger Professur für Astronomie berufen wurde und die Sternwarte seit 2006 gemeinsam mit Ulrich Heber leitet, brachte mit seinem Spezialgebiet, der Röntgenastro-nomie, gewissermaßen das Bindeglied zur Erlanger Astroteilchenphysik nach Bamberg. Im ECAP bildet die Röntgenastronomie neben Neutrino-physik das zweite Standbein.

Heute sind der Karl-Remeis-Sternwarte, die 1962 zum Institut für Physik kam und mit diesem 2007 in das Department Physik wanderte, drei Professuren mit insgesamt etwa 50 Mitarbeitern zugeordnet. Die ver-hältnismäßig kleine Anlage ist vor allem für die praktische Ausbildung angehender Wissenschaftler von Bedeutung. Für die Forschung spielt sie eine untergeordnete Rolle. Hier haben andere, leistungsstärkere Einrich-tungen die Führung übernommen.

Als nämlich Christian Stegmann 2005 an der Friedrich-Alexander-Uni-versität die Professur für Experimentalphysik zunächst vertrat und 2006 übernahm, importierte er von der Berliner Humboldt-Universität seine Beteiligung an dem Gammastrahlen-Teleskop *High Energy Stereoscopic System* H.E.S.S. nach Erlangen und errichtete mit der Gammastrahlen-Astronomie zugleich das dritte Standbein des *Erlangen Centre for Astro-particle Physics* ECAP.

Mit dem Teleskop können die Lichtblitze beobachtet werden, die bei der Kollision hochenergetischer Gammastrahlen mit der Atmosphäre entstehen, ohne dass auf satellitenbasierte Detektoren zurückgegriffen werden muss. Tscherenkow-Strahlung nennt man diese elektromagnetische Strahlung seit ihrer Entdeckung durch den gleichnamigen sowjetischen Physiker im Jahr 1934. Unter dem Akronym H.E.S.S. arbeiten in Europa und Afrika mehr als 20 Forschergruppen. Die Erlanger Wissenschaftler sind für das Datensystem und die Analysesoftware des Teleskops in Namibia verantwortlich. Über die Jahre hat H.E.S.S. mehr als 50 neue Gammastrahlenquellen entdeckt. Einige davon bisher unbekannte Galaxien in unterschiedlichen Entwicklungsphasen. Dass die Erlanger beziehungsweise Bamberger Astronomen seit rund 130 Jahren durchgängig optische Methoden verwenden, ist der Tatsache zu verdanken, dass hochkompakte und massenreiche Neutronensterne und Schwarze Löcher das Verhalten sichtbarer Begleitsterne beeinflussen. Auf sie haben die Wissenschaftler ihre Teleskope fokussiert. Die unsichtbaren Sterne senden zudem Röntgenstrahlen aus, die Jörn Wilms in der Hoffnung beobachtet, dass sie Auskunft über die Prozesse der »Akkretion« stellaren beziehungsweise intergalaktischen Materials durch Schwarze Löcher geben.

Dass es 2011 nicht gelang, Christian Stegmann zu halten, gehört zu den Niederlagen, die jede Berufungspolitik in der Bilanz stehen hat. Wie auch die Erfolge. Zu ihnen zählt die Berufung Stefan Funks auf diesen Lehrstuhl. Funk war nach dem Studium der Physik in Berlin und nach ersten beruflichen Erfahrungen am Heidelberger *Max-Planck-Institut für Kernphysik* 2005 mit einer Arbeit über »A new population of very high energy γ-ray sources detected with H.E.S.S. in the inner part of the Milky Way« promoviert worden. Ein Jahr später zog es ihn an das *Stanford Linear Accelerator Center*, eine Einrichtung des amerikanischen Energieministeriums, die von der Universität Stanford betrieben wird. Dass man den jungen Forscher, der in seinem Fach – den Weltraumwissenschaften – inzwischen zu den weltweit Meistzitierten gehört, an die Friedrich-Alexander-Universität holen konnte, spricht für diese und dokumentiert den international herausragenden Ruf des *Erlangen Centre for Astroparticle Physics* ECAP.

2016 wurden dem boomenden ECAP für den Bau eines Laboratoriums auf Empfehlung des Wissenschaftsrates von Bund und Ländern 40 Millionen Euro zur Verfügung gestellt. Bis 2022 sollen rund 150 wissenschaftliche Arbeitsplätze entstehen – in unmittelbarer Nachbarschaft zu den übrigen Instituten des Departments Physik und dem vorzustellenden *Max-Planck-Institut für die Physik des Lichts*, das 2009 aus der Friedrich-Alexander-Universität heraus eingerichtet wurde.

Die Gründung des *Erlangen Centre for Astroparticle Physics* ECAP krönte die Berufungspolitik, die in der Ära Fiebiger aufgenommen worden war. Der Physiker wusste, warum er auch die Forderung nach einem Lehrstuhl für Angewandte Optik unterstützte und damit eine verlorengegangene Tradition wiederbelebte. Nachdem Eugen Lommel 1886 nach München gegangen war, hatte man die Teildisziplin in Erlangen nicht wieder besetzt, obwohl der Pionier der physikalischen Optik hier die Grundlagen des Fachs gelegt hatte. 1874 war sein bedeutendes Werk »Das Wesen des Lichts« erschienen.

Physikalisch gesehen handelt es sich dabei um elektromagnetische Wellen beziehungsweise Quanten, die sichtbar sind. Dass Licht sowohl welligen als auch korpuskularen Charakter besitzt, wurde von Nils Bohr in der Quantentheorie zusammengedacht: Die Vorstellung der Lichtwellen wie der Lichtteilchen sind komplementäre Seiten derselben physikalischen Realität. Die Photonen genannten Lichtquanten werden von Atomen oder Molekülen ausgesandt, die durch Energiezufuhr angeregt werden. Jenseits der theoretischen Überlegungen haben die physikalischen Erkenntnisse vielfältige Anwendungsmöglichkeiten in der angewandten Optik: Von der Fotografie bis zur Holographie, von der Projektion bis zur Kommunikation, wie zu zeigen sein wird.

100 Jahre nach Eugen Lommel nahm Adolf Lohmann die Tradition der Angewandten Optik in Erlangen wieder auf. Der 1926 in Salzwedel geborene Physiker – 1953 in Hamburg promoviert, 1957 in Braunschweig habilitiert – ging Anfang der sechziger Jahre in die USA, übernahm das Management der *Optical Signal Processing Group* im IBM-Forschungslabor in San José und führte dort seine Forschungen zur optischen Informa-

tionsverarbeitung fort: Von Programmen ließ er aus mathematischen Ausdrücken, die virtuelle Objekte beschrieben, reelle Bilder berechnen, die auf Monitoren erschienen. Die computergenerierten, räumlichen Darstellungen virtueller Objekte, »Hologramme« genannt, sind seit der Science-Fiction-Serie *Raumschiff Enterprise* dem breiteren Publikum bekannt.

Obgleich die University of California in San Diego Adolf Lohmann nach der Erfindung der Computerholographie zum Full Professor ernannt hatte, folgte er 1973 dem Ruf der Friedrich-Alexander-Universität auf den eigens für ihn geschaffenen Lehrstuhl für Angewandte Optik. Offenbar war das Forschungsumfeld so attraktiv, dass es den renommierten Wissenschaftler vom bewegten Kalifornien ins beschauliche Frankenland zog.

In Erlangen arbeitete Lohmann unter anderem an der Verbesserung astronomischer Beobachtungsmethoden. Sie finden bis heute in vielen Teleskopen auf der Welt Anwendung, weil sie hochauflösende Abbildungen durch die turbulente Atmosphäre erlauben. In zwei Jahrzehnten legten Lohmann und seine Mitarbeiter auf dem Feld der Angewandten Optik ein derart breites Fundament, dass man das Fach nicht, wie schon einmal geschehen, verwaisen lassen wollte. Obwohl der Lehrstuhl ad personam eingerichtet worden war, wurde er nach Lohmanns Emeritierung 1992 wieder besetzt.

Mit Gerd Leuchs gewann die Friedrich-Alexander-Universität erneut einen ausgewiesenen Wissenschaftler aus der Industrie zurück. 1950 in Wuppertal geboren, hatte Leuchs nach dem Studium der Physik und Mathematik zunächst als diplomierter Physiker an der Ludwig-Maximilians-Universität München gearbeitet und war dort 1978 mit einer Untersuchung der »Feinstrukturaufspaltung von Natrium-Rydberg-Zuständen« promoviert worden. Die Zeit bis zur Habilitation, die 1982 erfolgte, verbrachte Leuchs unter anderem 1980/81 als Feodor-Lynen-Stipendiat am *Joint Institute for Laboratory Astrophysics* im amerikanischen Boulder. Nach Colorado kehrte er als Privatdozent mit einem Heisenberg-Stipendium zurück, bevor er 1985 die Leitung der Gravitationswellen-Gruppe am *Max-Planck-Institut für Quantenoptik* in Garching übernahm.

Dort versuchten Gerd Leuchs und seine Mitarbeiter nicht weniger, als die von Albert Einstein in seiner Relativitätstheorie vorhergesagten Schwankungen in der Raum-Zeit nachzuweisen. Die Gruppe eröffnete das Forschungsfeld der sogenannten Gravitationsphysik, der inzwischen ein eigenes *Max-Planck-Institut* gewidmet ist. 1990 wechselte Leuchs in die Industrie und beschäftigte sich als Technischer Leiter eines Schweizer Unternehmens mit der industriellen Anwendung von Laserlicht. Diese Arbeit in der angewandten Optik prädestinierte ihn für die Lohmann-Nachfolge. 1994 nahm Leuchs den Ruf auf den Lehrstuhl für Experimentalphysik an.

Rund 70 Mitarbeiter beschäftigen sich dort in erster Linie mit der Mikrooptik und der optischen Messtechnik. Mit Leuchs kam noch die Quantenoptik hinzu, die zum Beispiel in der Informationsverarbeitung eine zunehmend wichtige Rolle spielt. Aus diesem Grund richtete die *Deutsche Forschungsgemeinschaft* 1999 an der FAU das Schwerpunktprogramm Quanteninformationsverarbeitung ein, das bis 2005 von Gerd Leuchs koordiniert wurde. Ziel war und ist es, Quanten in der Informations- und Kommunikationstechnologie anwendungsfähig zu machen. Ein praktisches Anwendungsgebiet dieser Technik ist die Kryptografie, also die Verschlüsselung von Daten zur ungefährdeten Kommunikation.

Angesichts der hohen Aufmerksamkeit, die diese Forschungen national wie international auf sich zogen, erweiterte die Friedrich-Alexander-Universität im Jahr 2000 auf Antrag von Leuchs ihre Optikforschungsaktivitäten und gründete das *Zentrum für Moderne Optik* ZEMO, in dem verschiedene Fachrichtungen vernetzt wurden. Neben den Physikern sind dort Mediziner und die noch vorzustellenden Werkstoffwissenschaftler auf dem Gebiet der optischen Anwendungsforschung aktiv. Mit dem ZEMO im Rücken konnte Leuchs die *Max-Planck-Gesellschaft* überzeugen, in Erlangen eine *Forschungsgruppe für Optik, Information und Photonik* einzurichten. Die Gruppe bestand aus drei Abteilungen, war zunächst auf fünf Jahre befristet und wurde gemeinsam mit der FAU eingerichtet, die auch die *Forschungsgruppe* gegen eine Aufwandspauschale verwaltete. Der Startschuss fiel am 1. Juli 2003. Gerd Leuchs übernahm die Leitung einer der drei Abteilungen und war während der gesamten Laufzeit auch Geschäftsführender Direktor der *Forschungsgruppe*.

Die zweite Abteilung wurde von Lijun Wang geleitet. Der in Peking geborene Physiker, Jahrgang 1966, hatte im amerikanischen Rochester studiert und promoviert, war nach beruflichen Stationen an der Duke University und beim Kernenergie- und Rüstungskonzern General Atomics seit 1996 am *Nippon Electric Research Institute* NEC tätig, als ihn 2003 der Ruf der FAU auf einen eigens eingerichteten Lehrstuhl für Experimentalphysik erreichte. In der *Forschungsgruppe* war Lijun Wang für Photonik und Präzisionsmessungen zuständig.

Für die Leitung der dritten Abteilung konnte schließlich im Frühjahr 2005 Philip Russell gewonnen werden. Damit war der Aufbau der Erlanger *Max-Planck-Forschungsgruppe Optik, Information und Photonik* abgeschlossen. Der 1953 in Belfast geborene Brite – in Oxford promoviert – folgte aus dem englischen Bath dem Ruf auf einen Stiftungslehrstuhl, den die *Alfried Krupp von Bohlen und Halbach-Stiftung* an der Friedrich-Alexander-Universität eingerichtet hatte.

Russell widmet sich der Erforschung photonischer Materialien. Ergebnis seiner Tätigkeit sind die nach ihm benannten »photonischen« Glasfasern, die zum Beispiel als Ultraviolett-Lichtquellen bei der Chip-Herstellung zum Einsatz kommen. So können immer kleinere Strukturen auf mit Photolack beschichtete Siliziumscheiben projiziert und auf diese Art und Weise zusehends stärker integrierte Schaltkreise produziert werden. Inzwischen ist die optische Lithographie in atomare beziehungsweise molekulare Größenordnungen vorgedrungen und damit bald am Ende ihrer Möglichkeiten angekommen. Eine weitere Leistungssteigerung ist dann nur noch durch einen Paradigmenwechsel möglich. Statt der bislang verwendeten klassischen Rechner-Architektur sucht man nun die besonderen Möglichkeiten zu nutzen, die die Quantenphysik bietet: Überlagerungszustände und Verschränkung. Zu dieser Thematik hat die Europäische Kommission ein »Flagship Project« zum Thema Quantentechnologie auf den Weg gebracht, dessen Arbeit 2018 beginnen wird.

Die »Russell-Fasern« helfen aber auch, die Wechselwirkung von Licht und Materie im Nanometerbereich zu erforschen. Bei einer besonderen Variante dieser Fasern wird das Licht in einem kleinen hohlen Kanal geführt, ähnlich einer Kapillare, aber ohne die dort registrierten starken

Lichtverluste. Der hohle Kanal in einer Russell-Faser hat einen Durchmesser, der zehnmal kleiner ist als die Dicke eines menschlichen Haares. Er kann gezielt mit Atomen, Molekülen oder Zellen gefüllt werden, und das wiederum bietet Möglichkeiten für völlig neue Experimente. Für die Erfindung erhielt der Brite 2005 den mit 750 000 Euro dotierten Körber-Preis der gleichnamigen Hamburger Stiftung, den Berthold Leibinger Zukunftspreis und viele weitere Auszeichnungen.

Dass die *Forschungsgruppe für Optik, Information und Photonik* durch die *Max-Planck-Gesellschaft* an der FAU eingerichtet wurde, lag nicht zuletzt auch an der klugen Berufungspolitik der Erlanger Physiker. Diese folgt der einfachen Logik, dass Spitzenforscher ihresgleichen berufen. Das hilft, wenn es um Unterstützung seitens der Wirtschaft geht. In diesem Fall stellte die Siemens AG der inzwischen aus mehr als 100 Mitarbeitern bestehenden *Forschungsgruppe* übergangsweise ein Gebäude zu günstigen Konditionen zur Verfügung. 2016 konnte sie – nunmehr als *Max-Planck-Institut für die Physik des Lichts* – einen rund 60 Millionen Euro teuren Neubau beziehen, der im Osten der Stadt auf dem sogenannten Exerzierplatz am Rande des Röthelheim-Geländes in unmittelbarer Nachbarschaft der physikalischen Institute errichtet worden ist.

Von Anfang an kooperierte die mit der Naturwissenschaftlichen Fakultät verbundene *Max-Planck-Forschungsgruppe für Optik, Information und Photonik* sowohl mit der Technischen und der Medizinischen Fakultät als auch mit außeruniversitären beziehungsweise der FAU assoziierten Forschungseinrichtungen. Das galt namentlich für das *Fraunhofer-Institut für Integrierte Schaltungen* IIS, das *Bayerische Laserzentrum* oder die *Neue Materialien* in Fürth. Kooperationen wie diese sind charakteristisch für die im vergangenen Vierteljahrhundert von der Friedrich-Alexander-Universität aufgebaute Forschungslandschaft. Dass die FAU bei der Exzellenzinitiative, die in Kapitel II.2 vorgestellt wurde, gerade hier erfolgreich war, ist kein Zufall.

In der ersten Runde reüssierte der Erlanger Optik-Schwerpunkt mit seiner *Erlangen Graduate School in Advanced Optical Technologies* SAOT. SAOT bot ein interdisziplinäres und international vernetztes Graduiertenprogramm mit dem Ziel an, innovativ denkende junge Führungspersönlichkeiten für Wissenschaft und Industrie auszubilden. Die Leistungen der Promovierenden aus drei Fakultäten wurden kontinuierlich erfasst und aufgrund einer fakultätsübergreifenden Evaluierung des Promotionsfortschritts bewertet. Nicht zufällig war in dieser zweiten Runde des Exzellenzwettbewerbs neben SAOT auch das Cluster *Engineering of Advanced Materials* EAM des Schwerpunkts »Neue Materialien« erfolgreich, der im folgenden Kapitel II.4 vorzustellen ist. Beide Einrichtungen, die miteinander kooperierten, schafften es 2012 erneut über die Ziellinie.

Der Erfolg bei der Exzellenzinitiative war der zweite, den die Erlanger Optiker innerhalb weniger Jahre vorweisen konnten. Im Juni 2008 beschloss die Max-Planck-Gesellschaft nach zwei Begutachtungen durch ein international hochkarätig besetztes wissenschaftliches Gremium, die *Forschungsgruppe für Optik, Information und Photonik* zu »entfristen« und mit Wirkung zum 1. Januar 2009 als *Max-Planck-Institut für die Physik des Lichts* zu etablieren. Es war ein verdienter Erfolg, das Ergebnis intensiver und breit rezipierter Forschungen: Die bislang mit weit über 1000 Zitaten meistzitierte Originalarbeit aus der *Max-Planck-Forschungsgruppe* beziehungsweise dem *Max-Planck-Institut* in Erlangen wies einen neuen Weg, den Fokus von Licht durch geschickt gewählte Polarisationsmuster des Lichts zu verkleinern.

Das Ende der einzigen »Max-Planck-freien Zone« Deutschlands, welche die Nürnberger SPD-Bundestagsabgeordnete und zeitweilige Bundesministerin Renate Schmidt über Jahre beklagt hatte, war ein beachtlicher Erfolg. Und doch war es »nur ein Anfang«, wie Karl-Dieter Grüske, der Rektor der Friedrich-Alexander-Universität, nach Bekanntgabe der Entscheidung gegenüber den Medien erklärte: »Wir haben viel Nachholbedarf.« Seit 2002 im Amt, gelang es Grüske tatsächlich, mit Hilfe der wirtschaftsorientierten Wissenschaftspolitik der Landesregierung eine Reihe von anwendungsorientierten Forschungseinrichtungen an die Friedrich-Alexander-Universität zu holen. Unter anderem eröffnete die FAU während seiner Amtszeit in Fürth den nach Nürnberg und Bamberg vierten Standort, wovon in Kapitel II.5 zu berichten ist. Für diesen Erfolg, so es denn einer war, zahlte die Universität allerdings einen hohen Preis: Ihre »Zersplitterung«, die Grüske im Herbst 2014 vor seinem Abschied aus dem Amt beklagte, erreichte eine neue Dimension.

Die Entscheidung der *Max-Planck-Gesellschaft*, zum 1. Januar 2009 in Erlangen das *Institut für die Physik des Lichts* zu etablieren, schloss die Fortführung der von Gerd Leuchs und Philip Russell geleiteten Abteilungen ein. Hingegen entschied sich Lijun Wang, diese Position zu kündigen und ein attraktives Angebot aus seiner chinesischen Heimat anzunehmen. An die Stelle der von ihm geleiteten Abteilung Photonik und Präzisionsmessungen trat im März 2011 als dritte Abteilung des *Max-Planck-Instituts für die Physik des Lichts* eine Nanooptik-Gruppe.

Dem Umbau vorausgegangen war die Berufung Vahid Sandoghdars auf den Lehrstuhl für Nanooptik, Plasmonik und Biophotonik. Der 1966 im Iran geborene Physiker – 1993 an der Yale University im amerikanischen New Haven promoviert – kam über die *Ecole Normale Supérieure* in Paris als Postdoctoral Fellow nach Europa. 1995 trug ihm die Universität Konstanz die Leitung einer »Nano-Optics«-Gruppe an. Die Nanooptik arbeitet im kaum vorstellbaren millionsten Millimeter-Bereich.

Für den außenstehenden Beobachter sieht es so aus, als stünde der Aufwand der Forschung in einem umgekehrt proportionalen Verhältnis zur Größe des zu untersuchenden Gegenstandes. Mit anderen Worten: Je kleiner das zu untersuchende Objekt, um so kosten- und personalintensiver die Forschung. Für einen Vertreter der Geisteswissenschaften, der bei seinen Forschungen in der Regel auch dann auf sich gestellt ist, wenn er ein großes Feld beackert, also beispielsweise eine literarische Gattung, eine geschichtliche Epoche oder eine Biographie erkundet, ist es schwer nachvollziehbar, dass die Ausstattung für die experimentelle Erforschung von Neutrinos und Müonen, Atomen oder Molekülen Unsummen verschlingen soll.

Dass es für die Forschungsprogramme der Naturwissenschaftler, aber auch der Mediziner oder Techniker des Einsatzes ganzer Kohorten von Mitarbeitern bedarf, während ein Professor in den Geisteswissenschaften oder der Theologie um halbe wissenschaftliche Assistentenstellen zu kämpfen hat, mögen viele nicht einsehen. Wobei nicht zu übersehen ist, dass solches vor allem für jene Gelehrten gilt, die bei der öffentlichen Wahrnehmung leer ausgehen. Leuchttürme sind, wie in Kapitel I berichtet, hier eher eine Ausnahme.

Allerdings haben namentlich die Physiker auch Möglichkeiten, das Licht, das sie in hellem Glanz erstrahlen lässt, selbst zu erzeugen. So konnte Vahid Sandoghdar ein einzelnes Molekül an der Spitze einer Glasfaser zum Leuchten bringen. Nachdem er sich damit auf dem Gebiet der Nahfeldmikroskopie habilitiert hatte, übernahm der Spezialist für Laser-Spektroskopie mit 35 Jahren eine Ordentliche Professur an der Eidgenössischen Technischen Hochschule in Zürich. Dort konnte er zeigen, dass ein einzelnes Molekül einen Laserstrahl blockieren oder verstärken kann. Schließlich lockte eine mit bis zu fünf Millionen Euro ausgestattete Alexander von Humboldt-Professur Vahid Sandoghdar 2011 an die FAU nach Erlangen.

Fast gleichzeitig wurde Florian Marquard auf den Lehrstuhl für Theoretische Physik II berufen. Der gebürtige Berliner, Jahrgang 1974, hatte in Bayreuth Physik studiert, 2002 in Basel promoviert und war hernach an der Yale University tätig gewesen, als ihn 2010 der Ruf der FAU erreichte. Ein Jahr später erhielt er durch den Europäischen Forschungsrat einen ERC *Starting Grant* in Höhe von 1,5 Millionen Euro zum Aufbau einer eigenen Forschungsgruppe zum Thema Quanteneffekte in kombinierten optischen und mechanischen Systemen. So gesehen war es konsequent, dass Florian Marquard 2016 neben Gerd Leuchs, Philip Russell und Vahid Sandoghdar als Vierter in den Kreis der Direktoren am *Max-Planck-Institut für die Physik des Lichts* aufgenommen wurde.

Zu den besonderen Merkmalen in Erlangen zählt die Kooperation der Physiker mit den Medizinern. Schon früh wurden hier Innovationen der Physik in der Medizin zur Anwendung gebracht: »In den ersten Tagen des Jahres 1896 ging durch die Tagespresse eine Nachricht, die zuerst fast allgemein mit Unglauben … aufgenommen wurde: Der Physiker C. W. Röntgen in Würzburg sollte eine neue Art von Strahlen entdeckt haben, mittels deren man das Innere undurchsichtiger Körper, z. B. Knochen eines lebenden Menschen, erkennen könne.« So war noch 20 Jahre später in dem der »Physik« gewidmeten Band nachzulesen, der im Rahmen der von Paul Hinneberg herausgegebenen Enzyklopädie »Die Kultur der Gegenwart« erschien und der unter anderem Beiträge von Albert Einstein und Max Planck enthält.

Sehr früh setzte auch die Erlanger Universitätsmedizin das Verfahren ein. Schon 1896 gab es am Klinikum ein erstes Röntgengerät, seit 1913 forcierte der bereits vorgestellte Gynäkologe Hermann Wintz den Aufbau eines eigenen Röntgeninstituts. Wintz war nämlich nicht nur promovierter Mediziner, sondern hatte auch – an der Philosophischen Fakultät und bereits als Mediziner am Erlanger Klinikum tätig – im Fach Physik promoviert.

Nach dem Zweiten Weltkrieg brachte zunächst die zur U-Boot-Ortung eingesetzte Sonographie in der Medizin einen nächsten Fortschritt: Ohne die Belastung durch Röntgenstrahlen lieferten Ultraschallaufnahmen zusehends genauere Bilder. Neue Maßstäbe setzte das 1972 erfundene Computertomogramm CT für die Röntgenbildgebung, mit dem eine dreidimensionale Ansicht des Körperinneren ermöglicht wurde. Das Verfahren wurde in den siebziger Jahren um die Magnetresonanztomographie MRT beziehungsweise um die Kernspintomographie ergänzt, die nicht zuletzt in den Erlanger Kliniken und in enger Zusammenarbeit mit den Medizintechnikern von Siemens entwickelt wurden.

Die Medizintechnik hat in Erlangen eine lange Tradition. Mechanici und Hydraulici waren schon im 18. Jahrhundert vor Ort und für die Universität tätig. Die Ausweitung der Medizinischen Fakultät, ihrer Kliniken und Institute in der zweiten Hälfte des 19. Jahrhunderts ließ den Bedarf an medizintechnischen Erzeugnissen steigen. Zu den handwerklichen Produzenten und Händlern von Brillen, Gehhilfen usw. traten Hersteller elektrisch betriebener Großgeräte. Einer ihrer Pioniere war Erwin Moritz Reiniger. 1854 im Schwäbischen geboren und seit 1876 als Universitätsmechaniker am Physikalischen Institut der Universität tätig, eröffnete Reiniger Ende Mai 1877 in unmittelbarer Nähe des Schlosses eine Werkstatt für physikalische und elektromedizinische Apparate. Das war nicht nur eine der ersten Ausgründungen der Friedrich-Alexander-

Universität, sondern auch der Beginn der Erlanger Medizintechnik. 1886 gehörte der findige Mechanicus zu den Gründern der Firma Reiniger, Gebbert & Schall RGS, die seit 1932 als Siemens-Reiniger-Werke AG SRW firmierte und 1969 im Unternehmensbereich Medizintechnik der Siemens AG aufging.

Dort war seit 1976 auch der 1949 geborene Willi Kalender tätig. Der hatte in Bonn Mathematik und Physik studiert, dann Medizinische Physik an der University of Wisconsin belegt und dort ebenfalls – schon bei Siemens tätig – 1979 promoviert. Der Industriephysiker glänzte auf vielen Feldern. Als Praktiker und Theoretiker, als Manager und Wissenschaftler. Nachdem er sich 1988 an der Universität Tübingen habilitiert hatte, übertrug ihm die Siemens AG die Leitung der Abteilung Medizinische Physik. Über die Abteilungsleitung hinaus war Kalender fast von Anfang an auch in der Lehre tätig – unterrichtete seit 1991 als Associate Professor an der University of Wisconsin und seit 1993 als Privatdozent an der Technischen Universität München. Schließlich nahm er 1995 einen Ruf auf den Lehrstuhl für Medizinische Physik an der FAU an. Hier intensivierte Kalender die interdisziplinäre Zusammenarbeit von Medizin, Natur- und Ingenieurwissenschaften sowie den Technologietransfer zwischen der Wissenschaft und der Wirtschaft.

Willi Kalender war einer der Pioniere bei der Entwicklung der Spiral-Computertomographie. Sie revolutionierte die Aufnahmetechnik, indem sie die konstante Bewegung des Patiententisches mit der kontinuierlichen Rotation des Röntgensystems verband. Das kontinuierliche Spiralkonzept war nicht nur schneller, sondern auch schonender als das bislang bekannte und praktizierte Verfahren und setzt bis heute Standards in der medizinischen Bildgebung. Das Spiralverfahren reduziert Störfaktoren wie die Bewegung des Patienten auf ein Minimum und erlaubt eine schonende Untersuchung des gesamten Körpers innerhalb kürzester Zeit. Die exakte Wiedergabe erleichtert die Diagnose und erübrigt in der Regel weitere Untersuchungen. Die Spiral-CT-Technologie ist aus der klinischen Praxis von heute kaum noch wegzudenken und ein ausgezeichnetes Beispiel für den erfolgreichen Transfer von Ergebnissen der Grundlagenforschung in die Praxis – und umgekehrt.

Dieser Transfer hat in Erlangen Tradition. Sie begann, als Anfang des 19. Jahrhunderts die noch heute bestehende Physikalisch-Medizinische Sozietät ins Leben gerufen wurde. Sie setzte sich zum Ziel, die Erkenntnisse der Naturwissenschaften Physik und Chemie in die Medizin einzubeziehen, wie das Willi Kalender dann auch tat. Dass die Entwicklungen zudem an der Klinik zum Einsatz gebracht worden sind, versteht sich von selbst. So erhielt die Neurochirurgie – als vierte Klinik in Deutschland und zweite in Bayern – im Herbst 1975 einen Schädel-CT, der 1986 durch ein Ganzkörper-CT ersetzt wurde. Gleichzeitig kam am Erlanger Klinikum in einem eigens errichteten Gebäude einer der ersten Magnetresonanztomographen MRT zum Einsatz.

Aufgrund der außergewöhnlich engen Zusammenarbeit mit der Friedrich-Alexander-Universität hielt die Siemens AG Erlangen auch in schwierigen Zeiten die Treue und beließ die Fertigung medizinischer Geräte in der Stadt. Das war nicht selbstverständlich, denn in den neunziger Jahren wurde die Frage von Verlagerungen zu einem großen Thema. Nachdem auch Deutschland von der Wirtschaftskrise erfasst worden war, versuchten die mit der Vollendung des Europäischen Binnenmarkts und der schrittweisen Einführung der 35-Stunden-Woche kämpfenden Unternehmen, die steigenden Kosten und die zunehmende Konkurrenz nicht zuletzt mit Betriebsverlagerungen ins Ausland in den Griff zu bekommen. Dass Siemens den relativ teuren Standort Erlangen im Wesentlich unangetastet ließ, lag auch am Vorstandsvorsitzenden. Heinrich von Pierer, 1941 in Erlangen geboren, hatte an der Friedrich-Alexander-Universität Rechtswissenschaften und Volkswirtschaftslehre studiert und Erlangen über alle Karrierestufen hinweg die Treue gehalten. Er wusste, was Siemens an der Stadt und ihrer Universität hat.

Am 15. Dezember 1999 schlossen FAU, Klinikum und Siemens einen »Partnerschaftsvertrag«, der die Zusammenarbeit in der Medizintechnik, in der Informationstechnologie und im Prozessmanagement im Gesundheitswesen stärken sollte. Für die Entwicklung und Erprobung bildgebender Großgeräte wurden dem Klinikum Sonderkonditionen für Siemensprodukte eingeräumt. Zudem hatte sich die Stadtverwaltung vorgenommen, Erlangen zum Zentrum eines *Medical Valley* zu entwickeln. Nach dem Vorbild des amerikanischen *Silicon Valley* der IT-Industrie sollten die mittelfränkischen Kleinstädte in den Tälern der Pegnitz, Rednitz und Regnitz zu einem internationalen Zentrum der Medizintechnik aufblühen.

Die Bayerische Staatsregierung unterstützte das Vorhaben mit erheblichen Mitteln aus der »Offensive Zukunft Bayern« beziehungsweise der »High-Tech-Offensive«, die Ministerpräsident Edmund Stoiber in den neunziger Jahren auf den Weg gebracht hatte, um die Wirtschaft des Freistaats wieder an die Spitze zu bringen. Mit einigem Erfolg, jedenfalls in Erlangen, denn seit 2010 wird das *Medical Valley* als »Spitzencluster« aus Bundesmitteln gefördert. Die FAU hat in diesem Zusammenhang ihre »Medizintechnikkompetenz« in einem *Zentralinstitut für Medizintechnik* ZiMT zusammengefasst, das die Aktivitäten von 70 Professoren unterschiedlicher Fakultäten koordiniert und die Lehre im Studiengang »Medizintechnik« organisiert.

Schon im Jahr vor dem Abschluss des Partnerschaftsvertrags hatte Willi Kalender den Forschungsverbund FORMED ins Leben gerufen und eine Forschergruppe der DFG für bildgebende Verfahren initiiert. Vier Jahre später schob der zum Institut ausgebaute Lehrstuhl für Medizinische Physik das Großprojekt MedBild an, das neben Siemens auch andere Industriepartner mittrugen. Dass der Physiker 15 Patente unter anderem zur Spiral-Computertomographie hält, über 700 wissenschaftliche Veröffentlichungen vorzuweisen und fünf Unternehmen für Medizintechnik ins Leben gerufen hat, gehört zur beeindruckenden Bilanz dieses Mannes.

Willi Kalender war ein Pionier der Medizintechnik, aber er war nicht der einzige und er war auch nicht der erste Medizintechniker an der FAU. Die hatte nämlich schon 1970 einen Lehrstuhl für Physikalisch-Medizinische Technik eingerichtet und mit Max Schaldach besetzt. Der 1936 in Berlin geborene Physiker hatte mit seinem 1963 gegründeten Unternehmen Biotronik den ersten Herzschrittmacher aus Deutschland auf den Markt gebracht. Nach Biotronik gründete Max Schaldach weitere, weltweit operierende Technologieunternehmen, die auf den Gebieten der Festkörperphysik, der Materialwissenschaften, der Festkörperelektrochemie und der Mikroelektronik erfolgreich sind. Seine Forschungs- und Entwicklungsaktivitäten mündeten in 100 Patente, sein wissenschaftliches Werk ist in über 1500 Veröffentlichungen und über 1400 Vorträgen auf Fachkongressen dokumentiert. 2001 kam Max Schaldach bei einem Flugzeugabsturz ums Leben. Die zwei Jahre nach seinem Tod eingerichtete Stiftungsprofessur für Biomedizinische Technik am *Zentrum für Medizinische Physik und Technik* trägt seinen Namen.

Diese Einrichtung wiederum ist nicht mit dem *Zentrum für Physik und Medizin* ZPM zu verwechseln. Gemeinsam ist ihnen wie vielen vergleichbaren Zentren an der FAU, dass die Beteiligten an einem Strang ziehen, dabei Kräfte bündeln und schneller zu besseren Ergebnissen kommen, als das im Alleingang möglich wäre.

Für den außenstehenden Beobachter sind Einrichtungen wie das *Zentrum für Medizinische Physik und Technik* oder das *Zentrum für Physik und Medizin* ZPM kaum zu unterscheiden. Auch dann nicht, wenn man sich näher damit beschäftigt, also im Netz auf die Suche geht. Wie es überhaupt erstaunt, dass die digitale Präsentation vieler Einrichtungen der Friedrich-Alexander-Universität, auch gerade solcher mit einer hohen Affinität zu Technik und Informatik, in vielen Bereichen sehr zu wünschen übrig lässt und selbst auf einen Laien im günstigen Fall konventionell wirkt. Stellt man in Rechnung, dass die FAU, wie im folgenden Kapitel II.4 nachzulesen ist, mit gutem Grund gerade auf diesen Feldern eine führende Rolle beansprucht, ist das schwer nachvollziehbar.

Das *Zentrum für Physik und Medizin* ZPM wurde gemeinsam mit der *Max-Planck-Gesellschaft* ins Leben gerufen. Voraussetzung für den ersten Forschungsverbund dieser Art war die Zusage der Bayerischen Staatsregierung, eine Erstinvestition von rund 61 Millionen Euro zu tätigen. Initiiert wurde das Projekt ZPM von Vahid Sandoghdar, der am *Max-Planck-Institut für die Physik des Lichts* das Fundament legte. Die *Max-Planck-Gesellschaft* brachte dann auch die von Sandoghdar aufgebaute sowie eine neu eingerichtete Abteilung in das Zentrum ein. Die Friedrich-Alexander-Universität steuerte zwei neue Lehrstühle für Biophysik und für Mathematik in den Lebenswissenschaften bei, und das seit 2006 von der Universität getrennte Klinikum beteiligte sich mit einer Gruppe von Nachwuchsforschern an dem Verbund.

Das ZPM nimmt die Kräfte und die Kommunikation von Zellen im kranken Gewebe in den Blick: Wie bewegen sich Zellen eines Tumors oder einer Entzündung in dem sie umgebenden Zellverband? Gefragt waren optische Messverfahren, die bei hoher Auflösung auch Messungen im Gewebe durchführen können. Die Verbindung von physikalischen und mathematischen Methoden macht es möglich, Struktur, Organisation und Funktion von Zellen und ihr Zusammenspiel im Gewebe und in den Organen zu visualisieren. Die Forschungen werden die bildgebenden Verfahren verändern. Das war ein Grund, weshalb *Siemens Healthcare* beziehungsweise *Siemens Healthineers*, wie sie seit 2016 heißen, eine starke Unterstützung des Zentrums zusagte.

Das *Zentrum für Physik und Medizin* ZPM entstand in der Nachbarschaft des von der Universitätsklinik und der Medizinischen Fakultät der FAU eingerichteten, in Kapitel II.2 eingeführten *Translational Research Center* TRC. Das ist kein Zufall. Die beiden Zentren und andere mehr stehen nämlich auch für den Wiederaufstieg der Erlanger Universitätsmedizin, die Anfang der neunziger Jahre des 20. Jahrhunderts vom Wissenschaftsrat als »nicht herausragend« bewertet wurde. Bei dem Urteil übersah das Gremium, dass die Medizin in der Virologie, der Augenheilkunde oder auch der Reproduktionsmedizin Spitzenleistungen vorzuweisen hatte.

Das nicht gerade schmeichelhafte Urteil des Wissenschaftsrates wirft ein Schlaglicht auf das Evaluations- und Rankingunwesen, das inzwischen ein kaum mehr kontrollierbares Eigenleben führt. Der aus der angelsächsischen und amerikanischen Hochschullandschaft stammende Kennzahlenfetischismus hat die interuniversitäre Konkurrenz und den Trend zur Ökonomisierung weiter verschärft. Denn trotz ihrer methodischen Mängel haben gerade die sogenannten Forschungsrankings im Kampf um Studenten, Professoren und Mittel eine enorme Durchschlagskraft. Dabei verweist die auf diesem Weg ermittelte sogenannte Exzellenz weniger auf die Qualität des Erforschten und Publizierten als vielmehr auf

persönliche Qualitäten der Selbstvermarktung und der Netzwerkfähig-
keit, die im Wissenschaftsbetrieb des 20. Jahrhunderts noch von unterge-
ordneter Bedeutung gewesen sind.

Nach der Wissenschaftspolitik greifen auch die Wissenschaftsmanager auf die Instrumente zurück. Times Higher Education, Reuters Ranking und wie die Ranglisten auch heißen mögen, haben den Vorteil, dass
für jede Universität der Welt in irgendeinem Fach ein Spitzenplatz abfällt.
Für die Friedrich-Alexander-Universität sind es seit Jahren etliche. Dass
sie, wie erwähnt, im Jubiläumsjahr 2018 in den prestigeträchtigen »Reuters Top 100: Europe's Most Innovative Universities« den fünften Platz
einnahm und damit alle anderen deutschen Hochschulen hinter sich ließ,
hat sie nicht zuletzt ihrer Technischen Fakultät zu verdanken.

4   Die Forschung anwenden

Die Technik ist eine Tochter der Physik. Helmut Volz ist ihr Vater. Jedenfalls an der FAU. Deren Naturwissenschaftler drängten schon während der fünfziger Jahre des 20. Jahrhunderts auf eine Ergänzung um ingenieurwissenschaftliche Disziplinen, denn sie suchten nach einer praktischen Anwendung ihrer theoretischen Erkenntnisse. Dass mit Volz ein theoretischer Physiker zur treibenden Kraft wurde, lag also nahe. Davon wurde in Kapitel I berichtet. Unterstützung fand Volz beim Wissenschaftsrat, der die »neuartigen Modelle« einer Technischen Fakultät an einer klassischen Universität »mit Nachdruck« unterstützte.

Die nicht unumstrittene Empfehlung war auch eine Reaktion auf Berechnungen, die in den sechziger Jahren von einem bevorstehenden Ansturm auf die Hochschulen ausgingen. Tatsächlich verdreifachte sich die Zahl der Abiturienten in Bayern zwischen 1966 und 1982, die der Studienanfänger nahm im selben Zeitraum nahezu um das Vierfache zu. Dieser Entwicklung versuchte die Politik zum einen mit dem Bau neuer Hochschulen wie der 1962 gegründeten Universität Regensburg zu begegnen. Alternativ wurden die vormaligen Ingenieurschulen und Lehrerbildungsanstalten zu Fachhochschulen beziehungsweise Pädagogischen Hochschulen befördert. Letztere wiederum schlug die Bayerische Staatsregierung, wie in Kapitel I berichtet, nach nur einem Jahrzehnt den nächstgelegenen Universitäten zu. So kam die FAU 1972 zu einer bis heute nicht wirklich integrierten Erziehungswissenschaftlichen Fakultät.

Wesentlich reibungsloser verlief hingegen der Aufbau der Technischen Fakultät, weil er von innen heraus erfolgte. Außerdem war die Einrichtung nicht nur ein mehr oder weniger beliebiger Reflex auf die wachsenden Abiturientenzahlen, sondern eine gezielte Antwort auf den gesellschaftlichen Bedarf. Das sogenannte Wirtschaftswunder der fünfziger Jahre rief geradezu nach wissenschaftlich ausgebildeten Ingenieuren.

Allerdings konnten die entsprechenden Disziplinen in Bayern nur an der 1868 durch König Ludwig II. als »Polytechnische Schule Münchens« gegründeten heutigen Technischen Universität studiert werden. Und deren Absolventenzahlen reichten bei weitem nicht aus, um die angestrebte Transformation des Freistaats vom Agrarland zum Industriestaat mit der nötigen Kompetenz zu flankieren. Dass man seit Anfang der sechziger Jahre auch im fränkischen Norden nach entsprechenden Studienplätzen Ausschau hielt, lag nicht zuletzt am Druck der Wirtschaft.

Nachdem die in Kapitel I beschriebenen alternativen Optionen zu den Akten gelegt worden waren, erhielt die Friedrich-Alexander-Universität den Zuschlag. Dass der Fächerkanon einer klassischen Universität um ingenieurwissenschaftliche Disziplinen ergänzt wurde, war in der westdeutschen Universitätsgeschichte ein Novum. Andererseits entsprach das Vorgehen aber auch der seit dem 19. Jahrhundert zu beobachtenden Verwissenschaftlichung der Technik, die eine starke Verbindung zu den mathematisch-naturwissenschaftlichen Grundlagenfächern suchte.

Daher plante die FAU von Anfang an, einen »neuen Typ« von Ingenieuren auszubilden, die ihre Universität mit einem breiten Grundlagenwissen verlassen sollten. Fünf »Studienbilder« hatte die Universitätsleitung vorgesehen: Rechentechnik, Werkstoffphysik und -chemie, Elektronik, Regelungs- und Anlagentechnik sowie Verfahrenstechnik. Dieses »Erlanger Modell« des universitär gebildeten Ingenieurs wurde praktisch aus dem Stand zu einem Erfolg. Schon bald erweiterte man den Fächerkanon um das Chemieingenieurwesen, die Informatik und die Werkstoffwissenschaften. Erlangen war die erste bundesdeutsche Universität, an der man diese Fächer als eigenständige Disziplinen ansiedelte.

Bedenkt man die damalige Größe der Friedrich-Alexander-Universität, waren die Anfänge bescheiden. Zu Beginn wirkt die Technische wie ein Appendix der Naturwissenschaftlichen Fakultät. Das änderte sich bald, weil die neuen Fächer mit herausragenden Leistungen auf sich aufmerksam und die Technische Fakultät zu einem neuen Zentrum der FAU machten. Dass die Universität seit Gründung der Technischen Fakultät über 100 privatwirtschaftliche Ausgründungen vorzuweisen hat, zeigt, was sie gerade dem an dieser Fakultät versammelten Wissen verdankt.

Mit der Berufung Hanns Hofmanns auf den Lehrstuhl für Technische Chemie I begann 1965 die Karriere dieses zukunftsträchtigen Faches. Der 1923 geborene Chemiker hatte an der Technischen Hochschule Darmstadt studiert, wurde 1954 mit einer Arbeit zum »Chemischen Umsatz bei kontinuierlich durchgeführten Reaktionen in flüssiger Phase« promoviert und habilitierte sich dort auch auf dem Gebiet der Chemischen Technologie. Als Dekan auf Helmut Volz folgend, war Hanns Hofmann maßgeblich am Aufbau der Technischen Fakultät beteiligt. Dem 2006 verstorbenen Wissenschaftler verdanken die FAU den Studiengang des Chemieingenieurwesens und die Studenten zwei Lehrbücher, die Generationen geprägt haben. Zu Recht gilt Hanns Hofmann als Vater des Erlanger Departments für Chemie- und Bioingenieurwesen, dem seit 2003 Peter Wasserscheid als Lehrstuhlinhaber für Chemische Reaktionstechnik angehört.

Wie die Physikerin Gisela Anton kam auch Peter Wasserscheid über »Jugend forscht« zur Wissenschaft. 1989 war der neunzehnjährige Würzburger im Fach Chemie auf Landesebene erfolgreich, ein Jahr später belegte er in der Sparte »Umwelt« auf Bundesebene den Spitzenplatz. Das Studium der Chemie schloss der früh Prämierte mit einer Arbeit über die Ionischen Flüssigkeiten ab. Da die 1914 entdeckten organischen Salze trotz ihrer Struktur bei Zimmertemperatur flüssig sind, gelten sie als das »Lösungsmittel der Zukunft«. Über die Jahre entwickelte Wasserscheid für die ionischen Flüssigkeiten ein Katalysekonzept, das sich auszahlen sollte.

Nach der Promotion im Jahr 1998 ging er zu *British Petroleum Chemicals*, kehrte aber nach wenigen Monaten für die Habilitation an die Rheinisch-Westfälische Technische Hochschule Aachen zurück. Kaum war er habilitiert, berief ihn die FAU im September 2003 auf den von Hanns Hofmann geprägten Lehrstuhl für Chemische Reaktionstechnik. Von Herbst 2005 an war Peter Wasserscheid für fünf Jahre Geschäftsführender Vorstand des Departments für Chemie- und Bioingenieurwesen. So heißt die Einrichtung, seit Rainer Buchholz 2002 auf den neu eingerichteten Lehrstuhl für Bioverfahrenstechnik berufen wurde.

Inzwischen ist das Department für Chemie- und Bioingenieurwesen eines der erfolgreichsten der Friedrich-Alexander-Universität. Davon legen zwei Leibniz-Preise beredtes Zeugnis ab. 2006 erhielt Peter Wasserscheid die renommierte Auszeichnung. Er nutzte das damit verbundene Prestige, um zum einen die Europäische Kommission von seiner Arbeit zu überzeugen und sich zum anderen weiter als Unternehmensgründer zu profilieren. So rief er mit zwei Kollegen 2013 als Spin-off der Friedrich-Alexander-Universität die *Hydrogenious Technologies GmbH* ins Leben, »um die viel diskutierte Wasserstoffwirtschaft weltweit in die Realität umzusetzen«. Dass die Firma gleich nach der Gründung mit dem Bayerischen Gründerpreis und 2016 mit dem Innovationspreis der Deutschen Wirtschaft ausgezeichnet wurde, spricht für den richtigen Riecher und die Doppelbegabung des Akademikers und Unternehmers.

Schon 2010 war es Wasserscheid gelungen, den Europäischen Forschungsrat mit seiner Arbeit zu beeindrucken. 2010 ging der mit einem Preisgeld von knapp zwei Millionen Euro ausgestattete ERC *Advanced Investigator Grant* an ihn. Seit 2007 zeichnet die Europäische Kommission hervorragende Grundlagenforschung mit diesem Preis aus. Dass Wasserscheid acht Jahre später zum zweiten Mal europäisch ausgezeichnet wurde und in diesem Fall sogar 2,5 Millionen Euro für die Erforschung neuartiger Reaktionsbeschleuniger zugesprochen bekam, war spektakulär. Sieht man von dem ERC *Starting Grant* ab, der 2011 an den Physiker Florian Marquard vergeben wurde, ist an der FAU auf dieser Ebene nur noch der Chemiker Andreas Hirsch ähnlich erfolgreich, dessen Arbeit im folgenden Kapitel II.5 vorzustellen ist.

Überhaupt haben die Chemiker beziehungsweise Chemieingenieure der Friedrich-Alexander-Universität bei den renommierten Auszeichnungen die Nase vorn. Ein Jahr vor Peter Wasserscheid hatte Wolfgang Peukert den zweiten Leibniz-Preis an das Department für Chemie- und Bioingenieurwesen der Technischen Fakultät geholt. 1958 in Karlsruhe geboren, studierte Peukert Chemieingenieurwesen an der Technischen Hochschule seiner Heimatstadt. Mit einer Arbeit über die »kombinierte Abscheidung von Partikeln und Gasen in Schutzschichtfiltern« promoviert, schuf er die Voraussetzungen für eine Beschäftigung in der Industrie. Bei einem der größten Hersteller von Anlagen für die Pulver- und Partikelverarbeitung bis in den erweiterten Vorstand aufgestiegen, folgte Peukert 1998 einem Ruf auf den Lehrstuhl für Feststoff- und Grenz-

4 Die Forschung anwenden

flächenverfahrenstechnik an die Technische Universität München. Dass ihn die Erlanger 2003 von dort locken konnten, zeigt, was die FAU zu bieten hat. Nicht nur im Chemieingenieurwesen.

2005 erhielt Wolfgang Peukert aber nicht nur den begehrten Leibniz-Preis, sondern er hatte auch bei der ersten Ausschreibung der Exzellenz-initiative des Bundes und der Länder Erfolg und gehörte damit zu der überschaubaren Gruppe von Hochschullehrern der FAU, die hier zum Zuge kamen. Das Exzellenzcluster *Engineering of Advanced Materials* EAM, mit dem Peukert und seine Mitarbeiter das Ziel erreichten, fasste die Aktivitäten auf dem Gebiet der Neuen Materialien zusammen, die in Kapitel II.5 vorgestellt werden.

Dass bei diesem ersten Exzellenz-Wettbewerb, wie in Kapitel II.3 berichtet, auch der vorgestellte Optik-Schwerpunkt *Erlangen Graduate School in Advanced Optical Technologies* SAOT die Ziellinie überschritt, war kein Zufall. Denn beide Einrichtungen haben auch auf dem Feld der Nachwuchsförderung ein markantes Profil. Das Exzellenzcluster *Engineering of Advanced Materials* EAM konzentriert sich zwar auf die Forschung, verfügt aber wie das Exzellenzcluster der Optiker SAOT über ein eigenes Konzept zur Nachwuchsförderung, das begabte junge Wissenschaftler gewissermaßen schon am Schultor in Empfang nimmt. Dass sich die in das EAM integrierten Graduierten und die von SAOT geförderten Doktoranden eng abstimmen, überrascht so gesehen nicht. Dass Cluster und Schule auch in der zweiten Förderperiode der Exzellenzinitiative bis 2019 unterstützt wurden, war ein verdienter Erfolg.

Wie die Leibniz-Preise trug dieser Erfolg erheblich zum Renommee der Friedrich-Alexander-Universität und dieses wiederum zur Entscheidung der *Helmholtz-Gemeinschaft* bei, mit der FAU sowie dem *Forschungszentrum Jülich* das *Helmholtz-Institut Erlangen-Nürnberg für Erneuerbare Energien* HIERN zu gründen. Seit 2013 forscht man in Erlangen und Nürnberg zu innovativen Methoden der chemischen Energiespeicherung und der Verbesserung der »Photovoltaik« genannten Energieerzeugung aus Sonnenlicht. Seit dem Reaktorunfall im japanischen Fukushima und der ihm folgenden neuerlichen Energiewende von Kanzlerin Angela Merkel sind solche Themen noch drängender als vordem. Schließlich soll 2022 das letzte Kernkraftwerk in Deutschland abgeschaltet sein. Für das jährliche Forschungsbudget des HIERN von über fünf Millionen Euro kommt die *Helmholtz-Gemeinschaft* als mittlerweile größte Wissenschaftsorganisation Deutschlands auf, die Errichtung und Erstausstattung in Höhe von 32 Millionen Euro übernahm der Freistaat.

Eine Dependance des HIERN ist auf dem sogenannten AEG-Gelände in Nürnberg ansässig. Mit dessen Erschließung begann der Versuch der FAU, das Platzproblem durch eine weitere Ausdehnung in der Nachbarstadt zu lösen. Auch historisch gesehen war das ein bemerkenswerter Schritt. Denn die Industriebrache im Westen Nürnbergs stand für den Niedergang einer Region, die einmal ein Synonym für den Fortschritt auf dem Gebiet der Elektro- und der Unterhaltungsindustrie, der Haushaltsgeräte oder auch des Versandhandels gewesen war.

Als der schwedische Hausgerätehersteller Electrolux Ende 2005 bekannt gab, dass er die Nürnberger Produktion der 1994 erworbenen Allgemeinen Elektricitäts-Gesellschaft AEG schließen und nach Polen verlagern werde, war nicht nur den 1750 betroffenen Beschäftigten klar, dass der Untergang der traditionsreichen fränkischen Industrielandschaft wohl unaufhaltsam sei. Erst zwei Jahre zuvor hatte die Firma Grundig, einst eine Ikone der deutschen Unterhaltungselektronik, Insolvenz anmelden müssen, 2009 folgte das nicht minder legendäre Versandhaus Quelle, das unter dem Kunstnamen »Arcandor« in den Bankrott segelte.

Die Erschließung und Nutzung der ehemaligen AEG-Liegenschaft sind ein starkes Beispiel für den Umgang mit solchen Industriebrachen. Ähnliches gilt für das vormalige Grundig-Gelände im benachbarten Fürth, das heute als »Uferstadt« firmiert. Davon wird noch berichtet. Wie in anderen Gegenden der alten Bundesrepublik, so insbesondere im Ruhrgebiet und im Saarland, stand die Politik auch im Großraum Nürnberg-Fürth nach dem Zusammenbruch traditionsreicher Industrien vor einer komplexen Problemlage. Mit der Vereinigung Deutschlands kamen die Industrieruinen der DDR hinzu. Das hatte unter anderem zur Folge, dass die betroffenen Kommunen um neue Siedler für diese Brachen konkurrierten. Auch Nürnberg und Fürth. Beiden spielte zu, dass die

Friedrich-Alexander-Universität ihrerseits Ausschau nach Flächen für ihre dynamisch wachsenden und expandierenden Einrichtungen hielt und überdies das erhoffte innovative Potential mitbrachte.

Ende 2012 rief die FAU gemeinsam mit der Technischen Hochschule Nürnberg auf dem vormaligen AEG-Gelände den *Nuremberg Campus of Technology* NCT ins Leben. Dem NCT wie auch anderen Einrichtungen der FAU kam zugute, dass die Bayerische Staatsregierung 2014 im Zuge ihrer »Nordbayern-Initiative« über 600 Millionen Euro in beinahe 60 zukunftsträchtige Projekte in Franken und in der Oberpfalz investierte. Das half, den Aufbau solcher Einrichtungen in die Tat umzusetzen, zu beschleunigen oder mit einer soliden Perspektive zu versehen.

Eine dieser Einrichtungen war der *Energie Campus Nürnberg*, der gleichfalls auf dem vormaligen AEG-Gelände angesiedelt wurde. Aus einer Initiative der FAU, der Technischen Hochschule Nürnberg, des Bayerischen Zentrums für Energieforschung und des *Fraunhofer-Instituts für Integrierte Schaltungen* IIS erwachsen sowie vom Freistaat Bayern und der Stadt Nürnberg unterstützt, wurde er 2011 aus der Taufe gehoben. Das Land stellte mit 75 Millionen Euro für zehn Jahre die Finanzierung sicher. In 30 Laboren und Technika entwickeln mehr als 30 Professoren und über 100 Mitarbeiter neue Technologien für ein regeneratives Energiesystem – von der Bereitstellung über den Transport und die Speicherung bis hin zur Nutzung der Energie. Wie attraktiv die Einrichtung ist, zeigt das große Interesse der Industrie: 150 Partner haben bislang mehr als 40 Millionen Euro beigesteuert.

Das Chemieingenieurwesen, das auch auf jenem *Energie Campus Nürnberg* vertreten ist, war nicht die einzige Disziplin mit enormem Zukunftspotential, die schon früh an der Technischen Fakultät der FAU Fuß fassen konnte. Unter Leitung von Wolfgang Händler wurde mit dem Institut für Mathematische Maschinen und Datenverarbeitung von Juli 1966 an das Fach Informatik in Deutschland auf den Weg gebracht und an der Technischen Fakultät auch eines der ersten Informatik-Institute Europas aufgebaut. Zum Wintersemester 1969/70 ging der Diplom-Studiengang Informatik an den Start.

Schon wegen des Andrangs der Studenten erwies sich das Institutsgebäude auf dem Südgelände schnell als zu klein, so dass schon 1974 ein Erweiterungsbau in Angriff genommen werden musste. Das Informatik-Hochhaus – wegen seiner Außenfarbe auch »Blaues Hochhaus« genannt – trägt seit 2000 den Namen des Mannes, der das Fach und das Institut gegründet hat: Eine hochverdiente Reminiszenz an den 1998 verstorbenen Wolfgang Händler. Der Informatikpionier hinterließ der Friedrich-Alexander-Universität unter anderem eine Objektsammlung, die ihresgleichen sucht. Die 1997 gegründete, 2000 eröffnete Informatik-Sammlung Erlangen verfügt unter anderem über die erste noch funktionsfähige transistorbasierte Rechenmaschine aus dem Jahr 1962.

Auf dem Südgelände ist auch das im März 1968 gegründete Rechenzentrum der Universität untergebracht. Zweck der in ihrer Zeit innovativen Einrichtung war die Grundversorgung der Universität mit Datenverarbeitungskapazitäten. Den Benutzern stand ein drei Millionen D-Mark teurer Großrechner zur Verfügung. Ende der siebziger Jahre übernahm die Anlage die Funktion eines Regionalen Rechenzentrums RRZE, 2007 wurde dieses mit einem »High Performance Computing Cluster« ausgestattet und für anspruchsvolle Simulationen aufgewertet. Der rund eine Million Euro teure Rechner konnte bis zu neun Billionen Operationen pro Sekunde ausführen und gehörte seinerzeit zu den leistungsfähigsten der Welt.

Es ist ein Privileg von Neugründungen, dass sie bei Null anfangen, sich also im Zweifelsfall auch unbelastet von überlebten Traditionen ans Werk machen können. Im Fall der Technischen Fakultät zeigte sich das unter anderem an zwei gleich zu Beginn eingerichteten Lehrstühlen – für Allgemeine und Theoretische Elektrotechnik sowie für Nachrichtentechnik –, die alsbald weit über Erlangen hinaus Wirkung entfalteten.

Der Lehrstuhl für Allgemeine und Theoretische Elektrotechnik wurde 1966 mit Rolf Unbehauen besetzt. Der 1930 in Stuttgart geborene Mathematiker hatte sich 1962 in seiner Heimatstadt bei Wilhelm Bader für Theorie der Elektrotechnik habilitiert. Fast 35 Jahre lehrte Unbehauen an der Friedrich-Alexander-Universität die Grundlagen der Elektrotechnik, die Systemtheorie und die Technische Elektrodynamik. Daraus gingen eine

Reihe von Standardwerken hervor. Gleichzeitig führte Unbehauen die von Wilhelm Bader begründete Schule der Netzwerksynthese fort. Sie berechnet mit mathematischen Verfahren elektrische Netzwerke, die unter bestimmten Randbedingungen zu realisieren sind. Das ungewöhnlich breite Lehr- und Forschungsfeld Unbehauens wurde mit seiner Emeritierung 1996 geteilt: in einen Lehrstuhl für Elektromagnetische Felder und einen für Elektrische Netzwerke und Systeme.

Zeitgleich mit Rolf Unbehauen erhielt 1966 Hans Wilhelm Schüßler einen Ruf nach Erlangen. Der 1928 geborene Nachrichtentechniker hatte sich vom Elektrolehrling zum Hochschullehrer hochgearbeitet. Von der Technischen Hochschule Karlsruhe kommend, lehrte Schüßler bis zu seiner Emeritierung 1993 Nachrichtentechnik in Erlangen. Dem 2007 verstorbenen Lehrstuhlinhaber hat die Friedrich-Alexander-Universität eines ihrer fünf Gästehäuser zu verdanken. Die »Uni-Kate« wurde aus Mitteln der Hans Wilhelm und Helga Schüßler-Stiftung finanziert.

Mit diesem Lehrstuhl für Nachrichtentechnik war die Friedrich-Alexander-Universität sehr früh auf einem Forschungsfeld präsent, das die Welt revolutioniert hat. Dass analoge Töne in Echtzeit in elektrische beziehungsweise digitale Signale codiert, transportiert und decodiert werden könnten, war in den siebziger Jahren noch Zukunftsmusik, die nicht zuletzt dank Dieter Seitzer in Erlangen spielte. Der 1933 geborene Schwabe hatte an der Technischen Hochschule Stuttgart Elektrotechnik studiert und 1961 bei Richard Feldtkeller, einem der Pioniere der Nachrichtentechnik, mit einer Arbeit über die »Verformung von Impulsen auf inhomogenen Leitungen« promoviert.

Während Seitzer in Stuttgart studierte, schrieb Richard Feldtkeller zusammen mit Eberhard Zwicker das Standardwerk der Psychoakustik, das 1956 erschien. Unter dem Titel »Das Ohr als Nachrichtenempfänger« analysierten die beiden darin das Hörempfinden des Menschen und die Möglichkeiten, die sich daraus für die Nachrichtenübermittlung ergeben. Diese kann auf Redundanzen ebenso verzichten wie auf Signale, die von anderen verdeckt werden, weil dem wahrnehmbaren Frequenzbereich enge Grenzen gesetzt sind. Daher kann bei der Übertragung der Signalumfang so reduziert werden, dass die Reduktion nicht wirklich wahrnehmbar ist. Diese Überlegungen sollten bei der Digitalisierung eine ausschlaggebende Rolle spielen.

1962 verließ Dieter Seitzer die Stuttgarter Hochschule und ging zur *International Business Machines Corporation* IBM in die Schweiz. Hier baute das Unternehmen, das dem Computer-Zeitalter den Weg ebnen sollte, sein europäisches Forschungslabor aus. Im *Zurich Research Laboratory* übernahm Seitzer die Leitung der Abteilung *Computer related Communications*, die sich mit der Datenfernübertragung beschäftigte. In dieser Zeit setzte in der Elektrotechnik die Miniaturisierung zur Mikroelektronik ein, die eine ganze Forschergeneration faszinierte. Seitzers Generation hatte ja noch mit Elektronenröhren zu arbeiten begonnen, lernte zwischendurch Transistoren kennen und verfolgte dann, wie integrierte Schaltkreise zur Anwendung kamen.

Angesichts solcher Perspektiven suchte Seitzer neue Horizonte. Die Friedrich-Alexander-Universität eröffnete sie und richtete ihm 1970 den Lehrstuhl für Technische Elektronik LTE ein. Hier beackerte Seitzer ein breites Forschungsfeld, das von der Mikroelektronik und der Sensorik über die Nachrichtentechnik und Telekommunikation bis zur Rechnerarchitektur stets anwendungsbezogen war. Trotz oder wegen des Bezugs litt der potentielle Anwender an der Distanz, die in den siebziger Jahren noch zwischen der wissenschaftlichen Erkenntnis und ihrer wirtschaftlichen Verwertung lag. Insbesondere kleine und mittlere Unternehmen hatten es in dieser Zeit schwer, Forschungs- und Entwicklungsaufträge an Universitäten zu vergeben.

Die Führung der Friedrich-Alexander-Universität machte keine Schwierigkeiten, im Gegenteil: Präsident Fiebiger und Kanzler Köhler unterstützten Seitzers Bestrebungen. Hingegen verweigerte sich die ministerielle Wissenschaftsverwaltung in München zunächst dem Gedanken, dass eine Universität Aufträge aus der freien Wirtschaft annehmen könne oder dürfe. Warum auch immer. Erst als das für den Technologietransfer zuständige Wirtschaftsministerium auf die vergeblichen Bemühungen der FAU aufmerksam wurde, konnte auch das Kultusressort für den Aufbau einer entsprechenden Einrichtung gewonnen werden. Jedenfalls grundsätzlich. Tatsächlich konnte diese Brücke zwischen Wissenschaft und Wirtschaft nicht vor dem 1. September 1981 eingeweiht und die Kontaktstelle für Forschungs- und Technologietransfer FTT ins Leben gerufen werden.

Formal dem Dekan der Technischen Fakultät unterstellt, blieb die FTT dem Lehrstuhl für Technische Elektronik zugeordnet, bis sie zwei Jahrzehnte später in die Zentrale Universitätsverwaltung ZUV wechselte. Denn inzwischen hatte auch der Gesetzgeber die Bedeutung des Wissens- und Technologietransfers erkannt und ihn als Aufgabe der Universitäten in das Hochschulrahmengesetz des Bundes und die Hochschulgesetze der Länder eingefügt. Seit 2000 ist die Kontaktstelle für Wissens- und Technologietransfer WTT, wie sie seither heißt, in der inzwischen geteilten Abteilung Forschung und Finanzen der Zentralen Universitätsverwaltung ZUV angesiedelt und dort für sämtliche Fakultäten zuständig.

Die WTT fungiert nicht zuletzt als Kontaktstelle für die Erfinderberatung und als Anlaufstelle für Universitätsangehörige, die den Schritt in die Selbständigkeit wagen wollen. Und sie ist für die Verwertung von Patenten zuständig. Mit der Reform des Arbeitnehmererfindungsgesetzes, die zum 1. Februar 2002 in Kraft trat, wurde das sogenannte Professorenprivileg abgeschafft. Seither sind Professoren anderen Arbeitnehmern gleichgestellt, und das heißt: Sie müssen ihre Erfindungen dem Arbeitgeber zur Verwertung anbieten. Die Hochschulen wiederum sind verpflichtet, diese durchzusetzen. Trotz zunehmender Patentanmeldungen ist der Finanzierungsbeitrag der Patent- beziehungsweise Lizenzeinnahmen zu den Hochschuletats unbedeutend.

Im Unterschied zu anderen Technologietransfer-Agenturen der Republik verfolgte die Erlanger Kontaktstelle von Anfang an konsequent eine nachfrageorientierte Strategie, die das universitäre Angebot ausschließlich am Bedarf der Wirtschaft ausrichtete. Messebesuche, Öffentlichkeitsarbeit und andere Aktivitäten mehr dienten dem Aufmerksamkeitsgewinn. Schon zwei Jahre nach der Gründung liefen die Geschäfte der Kontaktstelle so gut, dass die Kosten fast vollständig aus den Einnahmen bestritten werden konnten. Ein Erfolg, der auch Heinz Gerhäuser zu verdanken ist.

Der 1946 geborene Elektromechaniker hatte nach der Berufsausbildung zunächst am Ohm-Polytechnikum in Nürnberg, dann an der Friedrich-Alexander-Universität Elektrotechnik studiert und am Lehrstuhl für Technische Elektronik promoviert. Gerhäuser entwickelte den ersten digitalen Signalprozessor, der akustische Signale in Echtzeit verarbeiten konnte, und schuf damit eine Voraussetzung für die in Erlangen erfundene Sprach- und Musikcodierung. Nach der Promotion ging er zum *IBM Research Laboratory* im amerikanischen San José, kehrte aber auf Wunsch Seitzers nach Deutschland zurück, um die Leitung der Kontaktstelle zu übernehmen.

Als sich die nach wenigen Jahren mit einer Flut von Mikroelektronik-projekten überschwemmt sah, dachten Heinz Gerhäuser und seine Leute über die Ausgründung der Mikroelektronikaktivitäten nach. Mehr oder minder gleichzeitig erhielt Dieter Seitzer das Angebot, ein in Duisburg zu gründendes außeruniversitäres Forschungsinstitut zu übernehmen. Die von dem Abwerbeversuch alarmierte Universitätsleitung schaltete die Erlanger Stadtspitze und die Industrie- und Handelskammer Nürnberg ein, die ihrerseits eine mittelfränkische Mikroelektronik-Initiative ins Leben rief und so das Ihre dazu beitrug, dass Seitzer der FAU erhalten blieb.

Die Mikroelektronik galt als Schlüsseltechnologie der Zeit und als »eine der wenigen, wenn nicht die einzige Technologie, der noch das Potential für immense weitere Fortschritte in Richtung vermehrter Leistungsfähigkeit und starker Verbilligung innewohnt«. So haben das Heinrich Niemann, Dieter Seitzer und Hans Wilhelm Schüßler Anfang der achtziger Jahre formuliert, als sie die Zukunft der Mikroelektronik und ihre Rolle in der Gesellschaft in einer Ringvorlesung an der FAU erörtern ließen.

Diese klassischen, häufig fächerübergreifenden Ringvorlesungen der Fakultäten waren 1968 um die allgemeine Vorlesungsreihe des Collegium Alexandrinum ergänzt worden. Dieses wiederum löste das Erstsemester-Kolleg ab, das 1956 im Studentenwohnheim »Alexandrinum« eingerichtet worden war. Die dort angebotenen Vorträge sollten die universitären Reformbestrebungen nach dem Zweiten Weltkrieg flankieren und das akademische Gemeinschaftsleben stärken. Vertreter praktisch aller Fächer führten die Studenten während des Erstsemester-Kollegs in die Grundlagen ihrer Disziplinen ein.

Ein Jahrzehnt nach der Gründung des Kollegs regte sich in den Reihen der Studenten Widerstand gegen dieses als »elitär« betrachtete Format. Unter dem Druck der sogenannten Achtundsechziger, der in Kapitel I beschrieben wurde, gab man die Beschränkung auf die Wohnheimbewohner und Studienanfänger auf und verlegte das jetzt »Collegium Alexandrinum« genannte Kolleg 1968 in den Großen Hörsaal der Organischen Chemie. Die wöchentliche Veranstaltung richtete sich als »Schaufenster der Universität« an die breite Bevölkerung. Legendär waren die »Weihnachtsvorlesung der Physik« und die »Chemische Zaubervorlesung«. Sie wurde durch Rudi van Eldik, der hier von 1994 bis 2010 als Ordinarius für Anorganische und Analytische Chemie lehrte, gegeben und war nicht nur für die Studenten der Naturwissenschaften ein Pflichttermin. Bis zu 30 000 Zuschauer verfolgten die Ausstrahlung der aufgezeichneten Vorlesungen über den Bildungskanal des Bayerischen Rundfunks. Finanziert wird das Collegium Alexandrinum durch öffentliche und private Spender. Getragen wird es von einem Freundeskreis.

Das Beispiel zeigt auch, welche bedeutende Rolle Spenden für die Universität spielen. Dafür sorgen zum einen auf Dauer angelegte Stiftungen. Erster Stifter war der Universitätsgründer Markgraf Friedrich, der 1743 für einen Freitisch zur Verpflegung bedürftiger Studenten in den Kirchen seines Fürstentums eine Klingelbeutelsammlung durchführen ließ. Ende des 18. Jahrhunderts profitierten 44 der 200 Studenten von dieser Verköstigung. Als »Konvikt-Stiftung« existiert sie in Form einer Studienbeihilfe für »würdige und bedürftige« Studenten der Evangelischen Theologie bis heute.

Insgesamt verfügt die FAU über mehr als 60 Stiftungen mit einem Kapitalvermögen von insgesamt fast 50 Millionen Euro, die Liegenschaften nicht mitgerechnet. Sie werfen etwa eine Million Euro pro Jahr ab. Die Gelder werden, wie in aller Regel von den Stiftern gewünscht oder verfügt, vor allem zur Förderung von Forschung und Lehre verwandt.

Darüber hinaus erhält die FAU jährlich Geldspenden in nennens-
werter Höhe. Die Spender, wie die in Nürnberg ansässigen Schöller-Stiftungen, bedenken mit ihrer Zuwendung in der Regel ein ganz bestimmtes
Forschungsprojekt, das sie mitunter über Jahre unterstützen. Daneben
gibt es auch Sachspenden, und die sind nicht zu unterschätzen. Sie gehen
in der Hauptsache bei der Universitätsbibliothek und der Antikensammlung ein.

Eine Variante der Spende, die zunehmend an Bedeutung gewinnt, ist
die Stiftung von Lehrstühlen. Sie ist eine »meist auch finanziell intensive
Form der Kooperation«, die in der Regel befristet und mit der Erwartung
verbunden ist, dass die »Verstetigung« durch die Hochschule übernommen wird. So hat es Thomas A. H. Schöck 2017 in einem Beitrag für die
Neuauflage des Standardwerks zum Thema »Hochschulrecht im Freistaat
Bayern« auf den Punkt gebracht.

In der Bundesrepublik erstmals in den fünfziger Jahren eingerichtet,
nahm die Zahl der Stiftungslehrstühle seit den achtziger Jahren stetig zu.
2003 zählte man in Deutschland etwa 660 Stiftungslehrstühle. 41 Prozent
wurden durch Unternehmen finanziert, der größere Teil durch Verbände,
Vereine, Einzelpersonen und Stiftungen. In der Regel erfolgt die Finanzierung über fünf Jahre und beläuft sich auf 500 000 bis eine Million Euro.
Am aufwendigsten ist die Förderung insbesondere wegen der Labor- und
Materialkosten in den Ingenieur- und den Natur-, am günstigsten in den
Rechts- und den Geisteswissenschaften.

An der FAU gab es 2017 zeitweise über 40 Stiftungslehrstühle beziehungsweise -professuren. Das Spektrum reicht von einem durch die Gesellschaft für Konsumforschung GfK eingerichteten Lehrstuhl für Marketing Intelligence über die Theo und Friedl Schöller-Stiftungsprofessur für
Klinische Ernährung im Alter bis zur Max-Schaldach-Stiftungsprofessur
für Biomedizinische Technik. Das in dieser Hinsicht besonders erfolgreiche *Fraunhofer-Institut für Integrierte Schaltungen* IIS investierte insgesamt
80 Millionen Euro aus Lizenzerlösen in sechs Professuren für die noch
vorzustellenden *International Audio Laboratories Erlangen* AudioLabs.

Die »Professoren von Unternehmers Gnaden«, wie sie 2008 von der
»Frankfurter Allgemeinen Zeitung« genannt wurden, geraten vor allem

deshalb immer wieder in die Kritik, weil sich Unternehmen vermeintlich in Hochschulen »einkaufen, um ihre eigene Wissenschaft produzieren zu lassen«. Diese »Art von Überbelichtung von zweifelhaften Wissensgebieten« nahm im November 2009 der Grünen-Abgeordnete Sepp Dürr im Bayerischen Landtag aufs Korn. Nach seiner Beobachtung wirken Stiftungslehrstühle »wie von der Wirtschaft bestellte Scheinwerfer, die für Unternehmen interessante Wissensgebiete ausleuchten. Wohin die Scheinwerfer leuchten, bestimmt die Wirtschaft durch ihre Anfinanzierung. Pharma-, Immobilien-, Bau-, Maschinenbau-, Logistik-, Handels- oder Klinikunternehmen zahlen, aber anders als bei der Auftragsforschung nicht den ganzen Betrag, sondern sie zahlen nur an, und die Rechnung schicken sie anschließend an den Staat.«

Kritik wie diese ist nicht ohne weiteres von der Hand zu weisen. Andererseits stellt sich die Frage nach den Alternativen. Tatsächlich kommen die Universitäten angesichts des Rückzugs der öffentlichen Hand aus der Verantwortung heute in vielen Bereichen ohne die Unterstützung von Spendern und Stiftern gar nicht mehr über die Runden. Das gilt für die Medizin, die Naturwissenschaften und nicht zuletzt für die Technik, wie in Erlangen das frühe Beispiel Elektronische Bauelemente belegt.

Noch bevor der »Förderkreis für den Ausbau der Mikroelektronik an der Friedrich-Alexander-Universität Erlangen-Nürnberg e.V.« im November 1983 das Licht der Welt erblickte, hatten die Initiatoren Spenden in Höhe von sieben Millionen D-Mark gesammelt. Genug, um einen Lehrstuhl für Elektronische Bauelemente einzurichten, der mit Heiner Ryssel besetzt wurde. Ryssel, Jahrgang 1941, hatte an der TU München promoviert, sich dort auch habilitiert und zwischen diesen beiden Stationen am Münchener *Fraunhofer-Institut für Festköpertechnologie* gearbeitet. Dass er 1985 an die FAU wechselte, spricht für die Perspektiven, die der Elektrotechniker hier sah.

Tatsächlich war der Lehrstuhl für Elektronische Bauelemente der erste Stiftungslehrstuhl in Bayern – und zugleich der erste Schritt auf dem Weg zu einer der schließlich weltweit bedeutendsten Einrichtungen ihrer Art. Kaum dass Ryssel die Arbeit aufgenommen hatte, stellte das Kultus-

ministerium die Mittel für die Einrichtung eines Lehrstuhls für Rechner-
gestützten Schaltungsentwurf bereit, der 1986 mit Klaus Müller-Glaser
besetzt wurde.

Gleichzeitig machte die Bayerische Staatsregierung den Weg für die
Gründung eines *Zentrums für Mikroelektronik und Informationstechnik*
ZMI frei: Zum Geschäftsführer der gemeinnützigen GmbH wurde Dieter
Seitzer bestellt. Kurz darauf bezogen die Mikroelektronik-Aktivitäten der
universitären Kontaktstelle für Forschungs- und Technologietransfer für
knapp anderthalb Jahre Räume, die von der Stadt Erlangen zur Verfügung
gestellt worden waren, und legten einen »fliegenden Start« hin. So erinnern sich die Beteiligten. Innerhalb eines Jahres brachte das ZMI nicht nur
den geforderten Eigenanteil auf, sondern es platzte auch aus allen Nähten
und musste nach Tennenlohe ziehen.

Der Umzug vor die Tore der Hugenottenstadt war der erste Schritt,
um den beengten Verhältnissen auf dem sogenannten Südgelände der
Universität, dem Standort der Technischen Fakultät, zu entkommen. Die
Kapazitäten des in den siebziger Jahren weiter ausgebauten Campus im
Süden Erlangens waren mit fast 40 Lehrstühlen, Werkstätten und anderen
Einrichtungen erschöpft. Neue Professuren wurden in der Regel in ange-
mieteten Räumen in- und außerhalb der Stadt untergebracht. Das begann
sich zu ändern, als Mitte der neunziger Jahre die amerikanischen Streitkräfte aus Erlangen abzogen. Der Röthelheim-Campus auf dem ehemaligen Kasernengelände bot zahlreichen Einrichtungen der Technischen,
Naturwissenschaftlichen und Medizinischen Fakultät sowie dem erwähnten Gästehaus der Universität Platz.

In der Summe ist es schon erstaunlich, wo die Institute und Kliniken
der Friedrich-Alexander-Universität seit Ende des Zweiten Weltkrieges
Quartier genommen haben. Nämlich vorzugsweise auf den Geländen
ehemaliger Kasernen oder Irrenanstalten: Im Fall der Geisteswissenschaften, der Theologen und der Juristen war es das vormalige Areal einer
Infanteriekaserne, im Fall der Techniker das ehemalige Gelände der amerikanischen Streitkräfte, im Fall der Kliniken das Areal der vormaligen
»Kreisirrenanstalt«. Vorbei sind aber wohl die Zeiten, in denen man annahm, dass der Geist der Bewohner in Grund und Boden fortlebt.

Als der sogenannte Röthelheim-Campus unter anderem durch die Techniker bezogen wurde, war das *Zentrum für Mikroelektronik und Informationstechnik* ZMI in Tennenlohe längst wieder Geschichte. Denn die Mitarbeiter hatten die Räumlichkeiten noch nicht bezogen, als die Integration in die *Fraunhofer-Gesellschaft* vorbereitet wurde. Die 1949 in München ins Leben gerufene Gesellschaft hat sich – im Gegensatz zur *Deutschen Forschungsgemeinschaft* und zur *Max-Planck-Gesellschaft* – die Förderung der »angewandten Forschung« zur Aufgabe gemacht. Mit ihrer auf mittelständische Unternehmen ausgerichteten Strategie expandierte die *Fraunhofer-Gesellschaft* in den siebziger Jahren auf dem Feld der anwendungsnahen Mikroelektronikforschung, also zu einem Zeitpunkt, als die japanische Konsumgüterindustrie mit Quarzuhren und anderen elektronischen Geräten die europäischen und amerikanischen Märkte überschwemmte und die traditionellen Industrien der westlichen Welt an den Rand drängte und zum Teil in den Ruin trieb.

Es war also kein Zufall, dass die *Fraunhofer-Gesellschaft* im Sommer 1985 das ZMI als *Arbeitsgruppe für Integrierte Schaltungen* AIS übernahm. Die von Dieter Seitzer geleitete Abteilung Angewandte Elektronik hatte fünf Jahre Zeit, um dem sogenannten *Fraunhofer-Modell* gerecht zu werden. Die Gesellschaft stellte nämlich nur eine zwanzigprozentige Grundfinanzierung bereit und erwartete, dass insbesondere Industrieprojekte den Rest beisteuerten. Schon vor Ablauf der fünfjährigen Probezeit beschloss der Senat der *Fraunhofer-Gesellschaft*, die Abteilung Angewandte Elektronik zum 1. Juli 1990 in ein *Fraunhofer-Institut* IIS-A umzuwandeln.

Die unter der Leitung von Heiner Ryssel gegründete Abteilung Bauelementetechnologie musste noch weitere drei Jahre warten, bis auch sie zum 1. Juli 1993 von der *Fraunhofer-Gesellschaft* als *Fraunhofer-Institut* IIS-B übernommen wurde. Voraussetzung war, dass der Freistaat und der Bund für die erforderliche Ausstattung aufkamen. Knapp 60 Millionen D-Mark wurden der Friedrich-Alexander-Universität zur Verfügung gestellt, die dem von Ryssel geleiteten Lehrstuhl für Elektronische Bauelemente ein Technologiegebäude mit rund 1000 Quadratmetern Reinraumfläche und ein Institutsgebäude mit 5000 Quadratmetern baute. Die aus etwa 100 Stammmitarbeitern bestehende Arbeitsgruppe Bauelemente-technologie ergänzte 1993 das *Fraunhofer-Institut für Integrierte Schaltungen* IIS, das zugleich mit Heiner Ryssel einen zweiten Leiter neben Dieter Seitzer bekam.

Dementsprechend bestand das IIS seinerzeit aus zwei eigenständigen Teilen. Das von Seitzer geleitete IIS-A hatte nach wie vor die Angewandte Elektronik im Blick: Von der Simulation und Entwicklung von integrierten Schaltungen und Systemen über drahtlose und leitungsgebundene Kommunikationssysteme sowie bildgebende und -auswertende Systeme für die Produktions- und Medizintechnik bis hin zur Audio- und Video-codierung zur Datenreduzierung in Multimediasystemen. Hingegen beschäftigte sich das von Ryssel geleitete IIS-B mit der Mikrochipfertigung von der Kristallzüchtung bis hin zur Entwicklung von Halbleiterfertigungsgeräten und -materialien. Seit 2003 ist dieses vormalige IIS-B eigenständig und firmiert als *Fraunhofer-Institut für Integrierte Systeme und Bauelementetechnologie* IIS-B.

Seit Ende der siebziger Jahre der erste Prozessor für die Echtzeit-Verarbeitung akustischer Signale zur Verfügung stand, spielte die digitale Signalverarbeitung in Erlangen eine zunehmend größer werdende Rolle. Es war der erste Schritt zur digitalen Musikcodierung. Diese konnte nur gelingen, wenn die zu bearbeitende Datenmenge nach den Regeln der Psychoakustik reduziert und komprimiert wurde. Das war die Aufgabe von Karlheinz Brandenburg.

Der 1954 geborene Erlanger studierte Elektrotechnik und Mathematik an der Universität seiner Heimatstadt. Schon im Studium schrieb Brandenburg eine Software für den digitalen Signalprozessor, den Heinz Gerhäuser am Lehrstuhl für Technische Elektronik entwickelt hatte. Nach dem Doppelabschluss nahm sich Brandenburg die Datenreduktion zur Musikcodierung vor. Als Doktorand programmierte er einen Algorithmus, der die Verarbeitung und Verbreitung akustischer Daten revolutionierte. Für diese Revolution hat er gekämpft – und gelitten: Das »ultimative Teststück« – Suzanne Vegas »Tom's Diner« – dürfte ihm noch heute in den Ohren klingen.

1989 legte Karlheinz Brandenburg mit seiner Dissertation den entscheidenden »Beitrag zu den Verfahren und der Qualitätsbeurteilung für hochwertige Musikcodierung« vor. Ein Meilenstein auf dem Weg zu dem sogenannten mp3-Standard, der 1992 von einer Expertengruppe im Auftrag der *Internationalen Organisation für Standardisierungen* ISO zum weltweit besten Kompressionsstandard gekürt wurde. Dass die Entscheidung für das in Erlangen entwickelte Verfahren fiel, war ein Erfolg der IIS-Arbeitsgruppen: Sie hatten den Codieralgorithmus verfeinert, die notwendigen Abspielgeräte gebaut und Brandenburg bei der weltweiten Implementierung des mp3-Standards unterstützt.

Um die beträchtlichen Lizenzeinnahmen aus dem in Erlangen entwickelten mp3-Dateiformat neuen Forschungsprojekten in den eigenen Reihen zuführen zu können, gründete die *Fraunhofer-Gesellschaft* am 18. November 2008 eine eigene, nämlich die sogenannte *Fraunhofer-Zukunftsstiftung.* So wurde sichergestellt, dass auch weitere Technologien innerhalb der gesamten *Fraunhofer-Gesellschaft* entwickelt werden konnten. Zunächst mit einem Grundstock von fünf Millionen Euro ausgestattet, hatte sich das Stiftungskapital durch die Lizenzeinnahmen nach einem halben Jahr um 95 Millionen Euro erhöht. Innerhalb von nur drei Jahren wurden der Stiftung durch die Lizenzeinnahmen insgesamt 215 Millionen Euro als Verbrauchskapital zugeführt. Mitte 2012 profitierte fast die Hälfte aller damals bestehenden *Fraunhofer-Institute* von dieser hauseigenen Förderung, die wiederum Dutzende neuer Lizenz- und Patentanmeldungen nach sich zog. Diese Erfolgsgeschichte zeigt, dass zum einen technische Entwicklungen und naturwissenschaftliche Forschungen in der Regel Teamarbeit sind und dass zum anderen der forschende Techniker nicht selten auch ein Unternehmer ist.

Diese Teamarbeit und diese Mehrfachbegabung machen die Spezies so erfolgreich und unterscheiden sie von den Solipsisten in den Elfenbeintürmen der Geisteswissenschaften. Von dem Geldsegen, den die mp3-Lizenz-Einnahmen über 25 Jahre in die Kasse der *Fraunhofer-Gesellschaft* und damit natürlich auch des IIS gespült haben, können sie nur träumen. Natürlich kann man fragen und muss es wohl auch, ob der klassische Vertreter der Geisteswissenschaften überhaupt eine Chance hat, Entwicklungen auf den Weg zu bringen, die zu derart spektakulären, zudem auch noch kapitalisierbaren Ergebnissen führen. Geistige Arbeit im Sinne der geisteswissenschaftlichen Disziplinen lebt zwar auch von der Kommunikation und der Debatte, ist aber, wenn es zum Schwur kommt, keine Team-, sondern Einzelarbeit. Das Motto »Einsamkeit und Freiheit«, mit dem der wiederholt zitierte Soziologe Helmut Schelsky 1963 seine Analyse der deutschen Universität versah, spiegelt ja in erster Linie das Selbstverständnis der Geisteswissenschaften, der Theologie, in gewisser Weise auch der Rechtswissenschaft wider. Andererseits ist es aber in der Regel auch nicht so, dass im Fall der Naturwissenschaften, der Medizin oder der Technik ein Team als solches und als Ganzes die letztlich zündende Idee hat. Auch hier ist es der Einzelne, dem sie kommt und der sie formuliert. Karlheinz Brandenburg ist so einer.

2000 wechselte er nach Ilmenau, wo das IIS mit Unterstützung des Freistaats Thüringen eine Außenstelle aufbaute. Dort hob Brandenburg ein *Fraunhofer-Institut für Digitale Medientechnologie* IDMT aus der Taufe mit dem Ziel, dreidimensionale Klangwelten für Räume und Säle aller Art und Größe zu erschaffen. Neuen Audio- und Multimediasystemen verschrieben sich auch die *International Audio Laboratories Erlangen*, die 2008 durch die FAU und die *Fraunhofer-Gesellschaft* im Erlanger IIS eingerichtet wurden.

Dass die Lehrstühle des Departments Elektrotechnik, Elektronik und Informationstechnik zu den größten Drittmitteleinwerbern der FAU gehören, ist kein überraschender Befund. Sie tragen so zur Erfolgsgeschichte der Friedrich-Alexander-Universität in einem System bei, das die Hochschulen heute, wie in Kapitel I berichtet, fest im Griff hat. Die beinahe 200 Millionen Euro, welche die FAU jährlich an Drittmitteln verbucht, werden im Wesentlichen von Ingenieur- und Naturwissenschaften sowie der Medizin eingespielt. Das macht die Friedrich-Alexander-Universität zu einer der drittmittelstärksten Universitäten in Deutschland.

1993 rückte Heinz Gerhäuser neben Dieter Seitzer in die Leitung des IIS auf, nach dessen Emeritierung übernahm er sie 1998 alleine. 2011 folgte ihm Albert Heuberger. Der 1959 geborene Elektrotechniker kam nach dem Studium an der FAU zum IIS, wo er sich mit digitaler Rundfunktechnik beschäftigte. Das Digital Audio Broadcasting DAB sollte die Kapazitäts- und Qualitätsprobleme der bestehenden Analogtechnik ersetzen und den Rundfunk mit zusätzlichen Informationsdiensten versehen. Mit einer Arbeit zur »Versorgungsqualität im mobilen Kanal in digitalen Satellitenrundfunknetzen« wurde Heuberger im Februar 2005 an der Friedrich-Alexander-Universität promoviert.

2008 ging Heuberger als Professor für »Drahtlose Verteilsysteme« an die Technische Universität Ilmenau und übernahm die Leitung der *Fraunhofer-Projektgruppe Drahtlose Verteilsysteme/Digitaler Rundfunk DVT* des IIS. 2011 kehrte er in die IIS-Zentrale nach Erlangen zurück. Das war die Zeit, als weltweit die mp3-Patente auszulaufen begannen. Im April 2017 war endgültig Schluss.

Allerdings hatten die *Fraunhofer* die Lizenzeinnahmen, die im Laufe der Jahre üppig gesprudelt waren, geschickt in die Entwicklung neuer Technologien, vor allem im Audio-Bereich, investiert. Dabei folgten sie einer Maxime, die Albert Heuberger als »Exzellenz in der Anwendung« bezeichnet: Die Erlanger *Fraunhofer* entwickeln Technologien, die so innovativ und attraktiv sind, dass sie weltweit nachgefragt werden und sich folglich kapitalisieren lassen. So sichern sie sich eine stabile Position im globalen Innovationssystem.

Eines dieser neuen Felder, auf dem Heuberger und seine Leute die Forschung vorantreiben, ist die Kognitive Sensorik, die für viele Anwendungen in der Industrie, insbesondere auch in der Automobiltechnik von Interesse ist. Die Nachfrage nach intelligenten Sensoren ist groß, schließlich sollen die Kraftfahrzeuge in naher Zukunft selbständig fahren.

Dieter Seitzer, seine Schüler und seine Nachfolger haben an der FAU und dem IIS »Dinge in Bewegung« gebracht, die »unverrückbar« schienen. Das war schon beim fünfundzwanzigsten Jubiläum des Lehrstuhls für Technische Elektronik im Jahr 1995 erkennbar. »Niemand in Europa«, bilanzierte Seitzer 2010 im Rückblick selbstbewusst, »forscht so nah am produzierenden Bereich wie wir«. Dass dieses eher am Rande akademischer Idealvorstellungen liegende Forschungsverständnis gelebt werden konnte, ist nicht zuletzt ein Verdienst der Friedrich-Alexander-Universität. Das in Erlangen entwickelte Modell einer Forschungs- und Anwendungsuniversität bietet den Ingenieurwissenschaften die notwendigen Freiräume und Verbindungen zu Wirtschaft und Gesellschaft. So gesehen kehrte die Friedrich-Alexander-Universität mit der Gründung der Technischen Fakultät zu ihren Anfängen zurück.

Welche Chancen die elektronische Informationsverarbeitung bot, erkannten früh auch die Wirtschaftswissenschaften. Als im Wintersemester 1969/70 an der Technischen Fakultät der Informatik-Studiengang seinen Betrieb aufnahm, besetzte die in Nürnberg ansässige Wirtschafts- und Sozialwissenschaftliche Fakultät einen betriebswirtschaftlichen Lehrstuhl mit einem Wirtschaftsinformatiker.

Der 1937 geborene Peter Mertens hatte Rechtswissenschaft, Volkswirtschaftslehre und Wirtschaftsingenieurwesen in Freiburg und Darmstadt studiert. Mit einer Arbeit zur »Verbesserung des Informationsstandes industrieller Betriebswirtschaften unter besonderer Berücksichtigung der organisatorischen Aspekte« 1961 promoviert, ging der Nachwuchswissenschaftler an das amerikanische Mekka der Technischen Hochschulen: Am *Massachusetts Institute of Technology* MIT wurden nicht nur die ersten »Kernspeicher« für Computer gebaut, sondern auch die ersten Programme geschrieben, also die Grundlagen für das aufkommende Computer-Zeitalter gelegt.

Zurück in Deutschland, machte sich Peter Mertens auf die Suche nach Partnern aus der Praxis, die an der Erschließung großer Datenmengen für das Dokumentenmanagement oder auch für die Prozesssteuerung interessiert waren. Obwohl die Praxisorientierung der Wissenschaft Mitte der sechziger Jahre noch nicht populär oder gar mehrheitsfähig war, habilitierte er sich 1966 an der Technischen Universität München mit einer Arbeit über »Die zwischenbetriebliche Kooperation und Integration bei der automatisierten Datenverarbeitung«. Damit legte Mertens die Grundlagen für die Wirtschaftsinformatik.

Dass die Kombination der traditionsreichen Betriebswirtschaft mit der aufkommenden Informatik Zukunft haben sollte, ist rückblickend offenkundig. Seinerzeit brauchten die Universitäten jedoch einige Jahre, um den Trend zu erkennen und das neue Fach einzurichten. Die 1966 im oberösterreichischen Linz gegründete Hochschule für Sozial- und Wirtschaftswissenschaften, die heute den Namen »Johannes-Kepler-Universität« trägt, richtete 1968 den ersten Lehrstuhl für betriebliche Datenverarbeitung im deutschsprachigen Raum ein – für Peter Mertens, der bereits nach der Promotion kurzzeitig für diese Hochschule tätig gewesen war.

Zwei Jahre später folgte er dem Ruf an die FAU und begründete hier das Fach im eigentlichen Sinne. Mehr als 100 Doktoranden, gut 20 Hochschullehrer und das Standardlehrbuch »Integrative Informationsverarbeitung« mit 18 Auflagen zeugen von dem Einfluss, den Mertens vom ersten Wirtschaftsinformatik-Lehrstuhl Deutschlands aus als Leiter der Forschungsgruppe Betriebliche Anwendungen entfaltet hat.

Dass er den Bezug zur Praxis pflegte, lag durchaus im Interesse einer Forschungs- und Anwendungsuniversität wie der FAU, die sich immer auch als Dienstleister verstanden hat. Kunden waren nicht nur datenverarbeitende Unternehmen wie die Datenverarbeitungsorganisation des steuerberatenden Berufes in der Bundesrepublik Deutschland DATEV oder die Gesellschaft für Konsumforschung GfK, eine Ausgründung der Nürnberger Hochschule für Wirtschafts- und Sozialwissenschaften, sondern auch die Unternehmen der traditionellen Industrie wie Schaeffler oder Leoni und nicht zuletzt die staatliche Arbeitsvermittlung: Da sie bis zur Jahrtausendwende unter anderem wegen der steigenden Arbeitslosenzahlen mit immer größeren Datenmengen zu kämpfen hatte, kam ihr die professionelle Unterstützung der Wirtschaftsinformatiker sehr gelegen. Über 30 Forschungsprojekte gingen aus dieser Zusammenarbeit hervor.

Und dann gehörte Mertens von Anfang an einer Reihe von Forschungsgemeinschaften an, war zum Beispiel Sprecher des bayerischen Forschungsverbundes Wirtschaftsinformatik FORWIN. Der Verbund erblickte im März 2000 das Licht der Welt, entstand im Zuge der Förderoffensiven der Bayerischen Staatsregierung und wurde auch von ihr mit einem Startkapital von neun Millionen D-Mark bedacht. Über drei Jahre versuchte diese Forschungsallianz, die anwendungsorientierte Grundlagenforschung zum Beispiel im E-Commerce voranzutreiben. Entscheidend waren auch hier die richtigen Fragestellungen: Wie können elektronische Marktplätze gestaltet werden? Welchen Anforderungen haben elektronische Personalvermittlungsmarktplätze zu genügen?

Einige dieser Forschungsverbünde, die während der achtziger Jahre in Mode kamen, zeichneten sich dadurch aus, dass sie themenorientiert Lehrstühle mehrerer bayerischer Landesuniversitäten zusammenführten. Das 1988 gegründete Bayerische Forschungszentrum für Wissensbasierte Systeme FORWISS war der erste dieser Art. Er wurde von den Universitäten Erlangen-Nürnberg, TU München und Passau betrieben. Rund 150 Projekte, ungezählte Studien und Marktanalysen wurden von den 70 FORWISS-Forschern abgewickelt. Etwas mehr als die Hälfte seines Etats finanzierte FORWISS mit der Auftragsforschung. In Erlangen waren neben dem Lehrstuhl von Peter Mertens auch die Informatik-Lehrstühle von Heinrich Niemann und Herbert Stoyan an der Entwicklung intelligenter Software-Lösungen beteiligt. Schon Mitte der neunziger Jahre packten die Erlanger Forscher Computer in die Kofferräume von Kraftfahrzeugen und arbeiteten an ersten Fahrassistenzsystemen.

Von besonderer Weitsicht zeugt schließlich das Bayerische Förderprogramm zum leichteren Übergang in eine Gründerexistenz FLÜGGE. Von Peter Mertens angeregt und von der Staatsregierung aufgelegt, unterstützte es seit 1997 angehende Unternehmer. Die Firmengründer saßen auf Assistentenstellen, mussten allerdings nur etwa die Hälfte ihrer Arbeitszeit auf die damit verbundenen Projekte verwenden und konnten während der verbleibenden Arbeitszeit die Rechnerkapazitäten nutzen, die ihnen die Universität kostenlos zur Verfügung stellte.

Solche Kooperationen lagen in dieser Zeit in der Luft und wurden auch in anderen Bereichen der Universität ausprobiert. Zum Beispiel am *Zentrum für Angewandte Geschichte* ZAG, das in Kapitel II.1 vorgestellt wurde. Dort verbrachten die Wissenschaftlichen Mitarbeiter die Hälfte ihrer Zeit mit der Arbeit an einem der Projekte des ZAG. Die übrige Zeit stand ihnen für die Arbeit an ihrer Dissertation zur Verfügung, die sie mit dem während der Projektarbeit verdienten Geld finanzierten.

Bekanntester Profiteur des FLÜGGE-Programms ist Heinz Raufer, der Mitte der neunziger Jahre mit einer Dissertation über ein »integriertes

Workflow-Management in der Industrie« bei Peter Mertens promoviert wurde. Das war die Zeit, als im Internet das elektronische Shoppen aufkam und den traditionellen Versandhändlern wie der in Fürth beheimateten Quelle das Wasser abgrub. Die Nürnberger Wirtschaftsinformatiker erkannten den Trend zum Online-Einkauf früher als andere. Mit großem Erfolg bauten sie im Internet einen virtuellen Handelsplatz auf, verkauften ihn aber instinktsicher vor dem Platzen der Internetblase. Mit den Erlösen wiederum startete Heinz Raufer auf dem Höhepunkt der dot.com-Krise die Buchungsplattform hotel.de. Erneut mit Erfolg. Zwischenzeitlich gehörte hotel.de in Europa zu den fünf Führenden der Branche. 2011 wurde es von einem Wettbewerber übernommen, und Raufer brachte zwei Jahre später sein nächstes Unternehmen auf den Weg.

Einer von fünf Assistenten des Lehrstuhls für Wirtschaftsinformatik gründete ein Unternehmen – und folgte damit dem Vorbild des Lehrers: Auch Peter Mertens war nämlich nach der Habilitation zwei Jahre lang in einem Schweizer Software-Unternehmen tätig gewesen und hatte es dort sogar bis zum Geschäftsführer gebracht. Wie schon bei Peter Wasserscheid zeigt auch dieser Fall, dass ein herausragender Wissenschaftler zugleich ein ungewöhnlicher Unternehmer sein kann. Ob das auch umgekehrt gilt, sei dahingestellt. Warum auch sollte es einen gut bezahlten Manager in eine Beamtenlaufbahn ziehen? Es sei denn, er hat seine erste Karriere hinter und den Ruhestand vor sich oder weiß die »Einsamkeit und Freiheit« der Forschung zu schätzen.

Wie die Gründungsfächer der Technischen Fakultät entwickelte sich auch die Wirtschaftsinformatik zu einem Jobmotor, den die interdisziplinäre Zusammenarbeit am Laufen hält. Als Mitglied sowohl der in Nürnberg ansässigen Wirtschafts- und Sozialwissenschaftlichen als auch der in Erlangen ansässigen Technischen Fakultät verknüpfte Peter Mertens im wahrsten Sinne des Wortes beide in seiner Person. Das war eine Pionierleistung, und es blieb lange die Ausnahme. Seit 2006 ist auch Kai-Ingo Voigt, der 1998 auf den Lehrstuhl für Industrielles Management berufen wurde, Zweitmitglied der Technischen Fakultät.

Die anwendungsorientierten Kooperationen der Technischen mit der Medizinischen, der Naturwissenschaftlichen oder eben auch mit der bis

2007 eigenständigen Wirtschafts- und Sozialwissenschaftlichen Fakultät haben die Friedrich-Alexander-Universität zu einer der innovativsten Hochschulen Europas gemacht. Nach der Jahrtausendwende meldeten Wissenschaftler der FAU jeden zweiten Tag eine Erfindung und fast 100 Patente pro Jahr an. Darunter nicht wenige im Bereich der Werkstoffwissenschaften.

5   Das Neue erschaffen

Auf Stahl gründete der Mensch im 19. Jahrhundert seine Gegenwart. Mit Kunststoffen vermüllte er im 20. Jahrhundert seine Zukunft. Das war ein Preis – nicht der einzige und wohl auch nicht der höchste –, den er für den Fortschritt zahlte. Tatsächlich war es, bis es soweit kam, nicht vorstellbar, dass man einmal weitgehend auf natürliche Ressourcen verzichten und Werkstoffe ganz oder teilweise synthetisch herstellen könnte.

Ihren unaufhaltsamen Siegeszug traten die neuen Materialien in der ersten Hälfte des 20. Jahrhunderts an, in der zweiten waren sie aus dem Alltag nicht mehr wegzudenken. Zwar konnten die synthetischen die traditionellen Werkstoffe wie Stahl und Keramik nicht verdrängen, aber sie traten immer häufiger an ihre Stelle. Kunststoff, der Werkstoff auch des deutschen Wirtschaftswunders, war überall: im Haushalt, im Auto, in der Kleidung.

Weil sich Wissenschaft aber niemals mit dem Erreichten zufrieden gibt, weil sie ihre Legitimation aus ihrer Zukunftsfähigkeit bezieht, weil sie schon deshalb in Bewegung bleiben muss, war der Erfolg beim Kunststoff zugleich ein Ansporn, neuen, anspruchsvolleren Materialien auf die Spur zu kommen. Dass die Forschung darin von der Wirtschaft motiviert und nachhaltig unterstützt wurde, überrascht natürlich nicht: Die prinzipielle Unzufriedenheit mit dem Erreichten verbindet diese beiden Motoren der modernen Gesellschaft.

Und so standen in den fünfziger Jahren die Werkstoffphysik und Werkstoffchemie auch auf dem Ausbauplan der Friedrich-Alexander-Universität. Diese sogenannten Werkstoffwissenschaften wurden an der Technischen Fakultät in etwa zeitgleich mit dem Chemieingenieurwesen, der Elektrotechnik und der Informatik eingerichtet. Dahinter steckte eine weitsichtige Idee: In dem neuen Fach sollten die materialwissenschaftlichen Forschungen zu den Werkstoffen Metall, Glas und Keramik gebündelt und gezielt auch für die Weiterentwicklung elektronischer Bauteile nutzbar gemacht werden. Die Werkstoffwissenschaftler würden – so die Hoffnung – helfen, die Hardware der Informatiker zu optimieren.

Diesen werkstoffübergreifenden Zugriff brachte Bernhard Ilschner an die Friedrich-Alexander-Universität. Die Herausforderung war groß. Wollte man die vielfältigen metallischen und nichtmetallischen Werkstoffe intelligent verbinden und den Materialverlust wenn schon nicht vermeiden, so doch in engen Grenzen halten, war eine enge Zusammenarbeit mit der Konstruktion und Fertigungstechnik vonnöten. So sah das Ilschner. Der 1928 geborene Materialwissenschaftler war 1954 in Bonn mit einer Arbeit »Zur Theorie der Oxydation von Metallen« promoviert worden und hatte sich 1963 an der Universität Göttingen habilitiert.

Die kaum ein Dutzend Seiten umfassende, in einer Fachzeitschrift veröffentlichte Abhandlung über »Strukturelle Probleme beim Stoffabbau aus kristallisierten Verbindungen« belegt, dass wissenschaftliche Qualität nicht zwangsläufig und schon gar nicht ausschließlich quantitativ zu erfassen ist, auch wenn die seit der Jahrtausendwende um sich greifenden »Rankings« das glauben machen wollen.

Schon gar nicht trägt der Vergleich, wenn er auf die Disziplinen anderer Fakultäten wie der Geisteswissenschaftlichen ausgedehnt wird. So können Dissertationen zum Beispiel im Fach Geschichte auch schon einmal die Marke von 1000 Seiten überschreiten. Mit gewissermaßen umgekehrtem Vorzeichen gilt auch hier: Der Umfang sagt noch nichts über die Qualität aus, wenn auch eine Dissertation in den historischen Disziplinen im Format eines Zeitschriftenaufsatzes alleine deshalb nicht vorstellbar ist, weil die Aufbereitung und Auswertung des Quellenmaterials in jedem Fall einen bestimmten Raum erfordern.

Im August 1965 auf den Lehrstuhl für Allgemeine Werkstoffeigenschaften – Werkstoffwissenschaften I – berufen, baute Bernhard Ilschner in Erlangen nicht nur das erste Institut für Werkstoffwissenschaften der Bundesrepublik auf, sondern er war auch in der universitären Selbstverwaltung aktiv. Von August 1968 bis Juli 1969 wirkte der Werkstoffwissenschaftler als Dekan der Technischen Fakultät, von 1969 bis 1971 als

Prorektor an der Seite Nikolaus Fiebigers, den er 1972 für drei Jahre als Rektor ablöste.

Um nicht nur in den ersten Monaten, sondern strategisch langfristig »über die Runden« zu kommen, machte sich Ilschner zu Beginn seiner Amtszeit öffentlich Gedanken zur »Bildungsreform in einer Leistungsgesellschaft«: »Ohne ein bildungspolitisches Konzept«, davon war der Rektor überzeugt, werde das »Schul- und Hochschulwesen manövrierunfähig im großen Strom gesellschaftlicher Entwicklungen treiben«. Ilschner wusste, dass die »moderne Hochschule« ihre Studenten nicht nur fachlich ausbilden, sondern auch persönlich bilden müsse. Schließlich verlangten die Dynamik der technischen und ökonomischen Entwicklung wie auch die wachsende Internationalität des Lebens einen »sehr hohen Grad von Offenheit gegenüber Neuem«, was »letzten Endes Bildung« sei. Diese könne nicht in »esoterischen Seminaren über Wissenschaftstheorie« vermittelt werden, sondern nur in »konkreter Ausbildung für einen definierten Beruf«.

Der Rahmen, den Bernhard Ilschner für die Präsentation seines Bildes der Bildung wählte, war der *Dies academicus* 1972. Die Rektoratsrede wurde zwar, wie seit einigen Jahren üblich und bis heute fortgeschrieben, im fensterlosen Bunkerbau des Auditorium Maximum vorgetragen. Aber sie machte doch deutlich, dass diese Vorträge nicht, wie das heute gang und gäbe ist, aus einer mehr oder weniger phantasie- und visionslosen Präsentation von Zahlen und Bilanzen bestehen sollten, sondern vielmehr den Zweck haben, die Universität in ihrer politischen, gesellschaftlichen und kulturellen Gegenwart zu verorten und von dieser Ortsbestimmung aus den Blick in die Zukunft zu richten.

Dass die Forschung gerade in seiner Fachrichtung »nutzbare« Ergebnisse hervorzubringen hatte, verstand sich für den Werkstoffwissenschaftler Ilschner von selbst. Und natürlich wusste er als Rektor auch, dass die »Bedeutung wissenschaftlicher Erkenntnisse für die Gesellschaft« der Maßstab ist, nach dem die den Hochschulen »bereitgestellten Aufwendungen« bemessen werden. Dieser Zusammenhang war Anfang der siebziger Jahre nicht allen einsichtig, im Gegenteil: Namentlich die kapitalismuskritischen Geistes- und Gesellschaftswissenschaften lehnten ihn durchweg ab. Für viele Vertreter und Studierende dieser Disziplinen war die Finanzierung durch die theoretisch, mitunter auch handgreiflich attackierte Gesellschaft eine Selbstverständlichkeit, die keiner Gegenleistung bedurfte. Dass sie mit dieser Anmaßung durchkamen, überrascht noch heute. Dass sich bei dem gescheiterten Versuch, Studiengebühren einzuführen, Vergleichbares wiederholte, wundert ebendeshalb nicht: Zum Wintersemester 2013/14 wurden sie nach gut sechs Jahren in Bayern als vorletztem Bundesland wieder abgeschafft.

Bernhard Ilschner war nicht nur Forscher und Verwalter, sondern er war auch ein engagierter akademischer Lehrer. Ein Ergebnis seiner Erlanger Lehrtätigkeit war das 1982 vorgelegte Grundlagenwerk »Werkstoffwissenschaften: Eigenschaften, Vorgänge, Technologien«, das seit der dritten Auflage 2002 von Robert F. Singer, einem seiner Schüler, mit herausgegeben wird. Notwendig machten die Ergänzung die zahlreichen Materialien, welche die Werkstoffwissenschaften seit der Erstauflage des Standardwerks entwickelt hatten. So zum Beispiel für den Fahrzeug- beziehungsweise Karosseriebau, der heute fast doppelt so viele Werkstoffe einsetzt wie zu jener Zeit, als die Erstauflage erschien. Das zunächst auf drei Lehrstühle ausgelegte Institut war in den siebziger Jahren auf einen Komplex von sechsen angewachsen: 1970 war der Lehrstuhl für Korrosion und Oberflächentechnik, 1973 der für Polymerwerkstoffe und 1974 der für Werkstoffe der Elektrotechnik hinzugekommen.

Allerdings blieben die Werkstoffwissenschaftler lange im Schatten Bernhard Ilschners, obgleich der Erlangen 1982 zugunsten von Lausanne verlassen hatte. Erst als Robert F. Singer 1991 den Lehrstuhl für Werkstoffe und Technologie der Metalle sowie Peter Greil 1993 den für Glas und Keramik übernahmen, bekam das Fach neuen Auftrieb. Zwischen 2009 und 2014 rundeten die drei Ordinariate für Biomaterialien, für Werkstoffsimulation sowie für Mikro- und Nanostrukturforschung die Erlanger Werkstoffwissenschaften ab. Heute sind die Erlanger Werkstoffwissenschaftler mit neun Lehrstühlen, 18 hauptamtlichen Professoren und rund 190 wissenschaftlichen Mitarbeitern das größte Department seiner Art in Europa.

Angesichts der rasant zulegenden Attraktivität des Fachs überrascht es nicht, dass sich der 1950 geborene Robert F. Singer für das Studium der Werkstoffkunde in Erlangen entschieden hatte. Nach der Promotion bei Bernhard Ilschner ging der Endzwanziger für ein Jahr in die USA, kehrte allerdings von Stanford zunächst nicht in die Wissenschaft zurück, sondern begann eine Karriere als Abteilungsleiter Keramik in der Konzernforschung und Koordinator der internationalen Brennstoffaktivitäten des Schweizer Technologie-Konzerns ABB. 1980 von dem seinerzeit als »Brown, Boveri & Cie.« BBC firmierenden Unternehmen mit der Weiterentwicklung von Aluminiumlegierungen zu einer sogenannten Superlegierung beauftragt, baute Singer Ende der achtziger Jahre eine Abteilung im Heidelberger Forschungszentrum des Konzerns auf, wo man sich mit neuen Energiewandlungssystemen befasste, die allgemein als Brennstoffzellen bezeichnet werden.

Wenige Jahre später erreichte den Ilschner-Schüler der Ruf der Erlanger Werkstoffwissenschaftler. Die Berufung ist charakteristisch für die Technische Fakultät, in der Taten und nicht Titel zählen. Zum 1. September 1991 übernahm der nicht habilitierte, aber erfahrene Industrieforscher den Lehrstuhl für Werkstoffwissenschaften II, der 1966 eingerichtet und zunächst mit Hans Ulrich Zwicker besetzt worden war. Auf Wunsch des neuen Inhabers wurde die Denomination des Lehrstuhls der Entwicklung angepasst und in »Werkstoffkunde und Technologie der Metalle« umbenannt.

Allerdings hatte die Universität Robert F. Singer nicht nur den Lehrstuhl übertragen, sondern ihn auch zum Beauftragten für Wissens- und Technologietransfer gemacht. Eine weitsichtige Entscheidung. Denn so richtig in Mode kamen die Werkstoffwissenschaften erst, als die Politik in den neunziger Jahren die »Neuen Materialien« entdeckte. Sie gehörten zu jenen Schlüsseltechnologien, die zum Beispiel auch die Bayerische Staatsregierung mit einem breiten Förderprogramm unterstützte.

Im Sommer 1994 als Offensive Zukunft Bayern OZB gestartet, 1999 als High-Tech-Offensive HTO fortgeführt, wurden aus der Privatisierung von Unternehmensbeteiligungen des Freistaats Bayern fast 5,5 Milliarden Euro zur Sicherung des Wirtschaftsstandorts Bayern zur Verfügung

gestellt. Neben Informations- und Kommunikationstechnologie, Bio-
und Gentechnologie, der Medizin- und Umwelttechnologie sollten auch
»Querschnittstechnologien« wie die Mechatronik und eben die Neuen Materialien gefördert werden, um im globalen Wettbewerb der Standorte bestehen zu können. Die Friedrich-Alexander-Universität verdankt diesen
Offensiven zusätzliche Mittel im dreistelligen Millionenbereich, die vor
allem in neue Gebäude investiert wurden.

Das war schön und gut, hatte aber eine Kehrseite: Über die Neubauten
vergaß die Politik die Altlasten. Die bestanden vor allem in einem rasch
wachsenden Sanierungsstau. Weil die Mittel hier fehlten, rückte man dem
Problem nie wirklich zu Leibe, sondern beließ es bei Notfallmaßnahmen.
Dabei wussten die Verantwortlichen, dass Institutsgebäuden, Kliniken
und anderen vergleichbaren Immobilien eine Lebenszeit von knapp vier
Jahrzehnten beschieden ist, und das wiederum hieß: Die in den fünfziger
Jahren errichteten Gebäude wurden alle mehr oder weniger gleichzeitig
zu Pflegefällen. Und weil aus naheliegenden Gründen erst einmal die Kliniken durch Neubauten oder Generalsanierungen versorgt werden mussten, wurden die übrigen notdürftig in ihrem Siechtum stabilisiert. Was
das bedeutete, wurde in Kapitel II.1 am Beispiel der Geisteswissenschaften, der Theologie und der Rechtswissenschaft gezeigt.

Im Jubiläumsjahr 2018 belief sich der Sanierungsbedarf der Friedrich-
Alexander-Universität auf 1,5 Milliarden Euro. Das entspricht im Übrigen
dem Anderthalbfachen der Summe, welche die Bayerische Staatsregierung 2017 für die Gründung einer neuen Universität in Nürnberg zugesagt hat. Erst in diesem Licht erschließt sich die ganze Problematik dieser
Entscheidung. Zumal ja nicht nur die FAU, sondern mehr oder weniger
sämtliche bayerischen Universitäten und Hochschulen für angewandte
Wissenschaften, wie sich die vormaligen Fachhochschulen heute nennen,
einen vergleichbaren Sanierungsstau vor Augen haben.

Die desaströse Lage ist ein Exempel für die ausgeprägte Neigung der
Politik, unangenehme Sachverhalte zu verdrängen. Die Neigung erklärt
sich aus der begrenzten Amtszeit. Irgendwann ist jede Karriere in der
Politik zu Ende; bis dahin gilt es, die Wähler bei Laune zu halten. Auch

deshalb ist Politik die Kunst des »Augen zu und durch«. Erfolgreichen Universitätspräsidenten, die ja auch wiedergewählt werden wollen, geht es nicht anders. Das Rektorat beziehungsweise Präsidentenamt ist heute mehr denn je eine politische Position. Wer wissen will, wann, wie und warum es dahin gekommen ist, sollte die erwähnten Reden lesen, welche die Rektoren beziehungsweise Präsidenten vor allem seit 1945 alljährlich – und meistens zum *Dies academicus* – gehalten haben.

Im Prinzip gilt für Universitätspräsidenten das Gleiche, was auch für Ministerpräsidenten oder Ressortminister gilt: Verdrängen und Reüssieren sind zwei Seiten einer Medaille. Solange die Betondecken nicht auf die Köpfe der Studenten und die Fenster nicht auf die Straßen fallen, besteht kein unmittelbarer Handlungsbedarf. Und welcher Rektor oder Präsident würde die in Aussicht gestellten schönen Neubauten zugunsten überfälliger Reparaturen hintanstellen? Die Hoffnung, dass die Decke bleibt, wo sie ist, teilen Politik und Verwaltung. Und die Schlüsselübergabe einer schmucken neuen Immobilie ist allemal angenehmer und bildträchtiger als die helmbewehrte Abnahme einer noch einmal fixierten asbestbefreiten Fassade.

Natürlich meldeten die Rektoren beziehungsweise Präsidenten Gotthard Jasper und Karl-Dieter Grüske, in deren Amtszeiten der Sanierungsbedarf nicht mehr zu übersehen war, entsprechende Forderungen an. Aber selbstverständlich sagten sie auch nicht Nein, als seit den neunziger Jahren der warme Geldregen aus den Mitteln der Offensive Zukunft Bayern beziehungsweise der ihr folgenden High-Tech-Offensive auf ihre Universität niederging. Da diese Mittel nur für diesen Zweck zur Verfügung gestellt worden waren, gab es für Sanierungsarbeiten und andere Notfallmaßnahmen keinen Spielraum.

Die Mittel aus den Privatisierungserlösen halfen der FAU immerhin, ihre Platzprobleme in den Griff zu bekommen. Eine besondere Rolle spielte dabei der schon vorgestellte sogenannte Röthelheim-Campus auf dem vormaligen Gelände der amerikanischen Streitkräfte. Dort kamen nicht nur eine Reihe von Lehrstühlen wie der für Umweltverfahrenstechnik und Recycling unter, sondern auch das erwähnte Gästehaus »Uni-Kate« zeitweilig auch der sehr rege Fakultäten-Club, der allerdings inzwischen eine andere Bleibe gefunden hat. Darüber hinaus konnte mit Mitteln aus den Privatisierungserlösen 2001 das *Technikum Neue Materialien* in Fürth als Universitätsstandort eröffnet werden.

Diese Erweiterung hatte eine Kehrseite, denn sie verschärfte das Problem der »Bilokalität«, das Karl-Dieter Grüske 2002 bei seiner Amtseinführung beklagte. Es war, wie in Kapitel I gesehen, 1961 mit der Übernahme der Nürnberger Hochschule für Wirtschafts- und Sozialwissenschaften entstanden und nahm seit den neunziger Jahren ungeahnte Ausmaße an. Über die Jahre verteilte die FAU ihre Lehrstühle, Labors und andere Einrichtungen auf etwa 300 Gebäude – in Erlangen, Nürnberg, Bamberg und jetzt auch Fürth. Die von diesem Präsidenten zwar beklagte, aber eben auch mitbetriebene »Zersplitterung« und den immer drängender werdenden »Sanierungsstau« wollte Karl-Dieter Grüske am Ende seiner Amtszeit mit einer »Vision FAU-2030« lösen.

Sein im November 2014 auf dem *Dies academicus* vorgestelltes »Zukunftsprojekt« bestand aus drei Vorhaben: Die Lehrerbildung sollte fachlich und räumlich in Erlangen zusammengeführt, deren Standort in Nürnberg dafür aufgegeben werden. Die Geisteswissenschaften sollten in Erlangen im sogenannten Himbeerpalast, einem denkmalgeschützten Verwaltungsbau der Siemens AG, untergebracht und um ein Hörsaalzentrum auf den freiwerdenden Flächen des alten Instituts für Organische Chemie erweitert werden. Die Technische Fakultät wollte der scheidende Präsident zerlegen und die eine Hälfte auf dem vormaligen AEG-Gelände in Nürnberg unterbringen. Etwa 50 Professoren, 850 Beschäftigte sowie 5000 Studierende wären von dieser Verlagerung betroffen gewesen, die mit zwei »technologierelevanten« Lehrstühlen der Wirtschafts- und Sozialwissenschaften abgerundet werden sollte.

So weit die Vision, die freilich von der Realität überholt wurde, als nämlich die Bayerische Staatsregierung zunächst überraschend bekanntgab, die Technische Fakultät nicht im Nordwesten, sondern im Südosten Nürnbergs, also gewissermaßen auf der Erlangen abgelegenen Seite der Stadt, anzusiedeln. Als dann die Debatten über den Standort höhere Wellen schlugen, folgte dieser ersten die nicht minder überraschende zweite

Ankündigung der Staatskanzlei, Nürnberg mit einer eigenen Technischen Universität beglücken zu wollen. Die Konsequenz, die Grüskes Nachfolger Joachim Hornegger daraus zog, war schon deshalb alternativlos, weil, wie in Kapitel I berichtet, jetzt auch Siemens dezidiert gegen einen Umzug der Technischen Fakultät votierte. Damit änderte sich endgültig der Charakter der geplanten Nürnberger Neugründung, die nunmehr wie eine politische Gegengründung wirken muss. Dass sie 5000 Studierende haben soll, halten selbst Ignoranten nicht für einen Zufall.

Nun wäre es eine grobe Verzeichnung besagter Realität, würde man die Friedrich-Alexander-Universität wegen dieser Fehlentscheidung auf der Verliererstraße sehen. Das ist und das war sie nicht. Auch sie hat in der Vergangenheit immer wieder von landespolitischen Entscheidungen profitiert. So eröffnete der Freistaat im Juli 2001 auf dem vormaligen Grundig-Gelände mit der *Neue Materialien Fürth GmbH* NMF eine anwendungsnahe Landesforschungseinrichtung.

Es gab gute Gründe, warum man Robert F. Singer, Inhaber des Lehrstuhls für Werkstoffkunde und Technologie der Metalle, mit der Leitung der *Neue Materialien Fürth GmbH* NMF betraute. So hielt man ihn nämlich vom Wechsel an die Universität Bremen ab. Mit dem dort angebotenen Lehrstuhl wäre immerhin die Leitung des Bremer *Fraunhofer-Instituts für Fertigungstechnik und Angewandte Materialforschung* IFAM verbunden gewesen.

Seit ihrer Gründung entwickeln die rund 40 Mitarbeiter der *Neue Materialien Fürth GmbH* NMF in enger Kooperation mit Forschungsinstituten der Universität und Partnern aus der Industrie neue Werkstoffe und innovative Herstellungsverfahren. Weil es dabei auch um die Integration von Metallen und Kunststoffen in den Leichtbau geht, ist neben den werkstoffwissenschaftlichen Lehrstühlen für Metall und Kunststoffe der noch vorzustellende Lehrstuhl für Fertigungstechnologie beteiligt. Denn die *Neue Materialien Fürth GmbH* stellt für diverse Branchen der Industrie Prototypen und Kleinserien her. So gesehen ist auch das NMF ein Beispiel dafür, wie umfassend und intensiv die Universität inzwischen als Dienstleiter tätig ist.

Ebenfalls auf dem vormaligen Grundig-Gelände angesiedelt ist das *Zentralinstitut für Neue Materialien und Prozesstechnik* ZMP. Anders als die benachbarte *Neue Materialien Fürth GmbH* NMF ist das im Juni 2006 eingeweihte ZMP weiterhin eine der FAU zugeordnete Einrichtung. Wie jene arbeitet es interdisziplinär, auch hier sind Werkstoffwissenschaftler und Maschinenbauer, außerdem Physiker und Chemiker beteiligt.

Dass auch der Lehrstuhl für keramische Werkstoffe in das *Zentralinstitut für Neue Materialien und Prozesstechnik* ZMP aufgenommen wurde, hat nicht nur einen sachlichen Grund. Mit der Beteiligung hielt man vielmehr Peter Greil, seit 1993 Inhaber des Lehrstuhls für Glas und Keramik, an der FAU. In diesem wie in anderen Fällen war die Einrichtung beziehungsweise Erweiterung des Forschungszentrums auch eine Folge der mit immer härteren Bandagen betriebenen Berufungspolitik – ein hochschulpolitisches Instrument, das die Leitung der Friedrich-Alexander-Universität durchaus zu spielen wusste. Nicht zum ersten Mal konnte sie auf diesem Weg einen jener Spitzenforscher in Erlangen halten, dessen Ruf weit über die Grenzen Frankens reichte und der damit das Seine dazu beitrug, dass auch die Universität, jedenfalls auf diesem Gebiet, glänzend dastand. Eine kluge Hochschulpolitik weiß, dass beides zusammengehört.

Peter Greil, Jahrgang 1954, hatte nach dem Studium der Mineralogie und der Kristallchemie zu den »Hochtemperatureigenschaften von β-SiAlONen« promoviert und damit ein zukunftsträchtiges Thema bearbeitet. SiAlON steht für Silizium-Aluminiumoxid-Nitrid und ist einer der jüngsten Werkstoffe der Technischen Keramik, die sich mit der Weiterentwicklung des ersten von Menschen geschaffenen Materials befasst. Denn Ton war schon in der Steinzeit als Werkstoff bekannt.

Seit 1980 beschäftigte sich Greil am *Max-Planck-Institut für Metallforschung* in Stuttgart mit keramischen Konstruktionswerkstoffen. Offenbar mit einigem Erfolg, denn 1988 erhielt der Werkstoffwissenschaftler einen Ruf auf eine Professur für Technische Keramik an der Technischen Universität Hamburg-Harburg. Dort entwickelte er ein Verfahren zur Herstellung von Hochleistungskeramiken mit komplexer Zusammensetzung aus polymeren Vorstufen. 1992 erreichte Greil ein Ruf aus Würzburg, den er ablehnte. Ein Jahr später beriefen ihn die inzwischen traditionsreichen Erlanger Werkstoffwissenschaften auf den Lehrstuhl für Glas und Keramik.

An der Friedrich-Alexander-Universität arbeiten Peter Greil und sein Team unter Hochdruck daran, nicht nur die Keramik-Eigenschaften durch neue Bestandteile zu verbessern, sondern auch die Fehlerquote des traditionellen Fertigungsprozesses zu reduzieren. Jeder Fehler senkt nämlich die Festigkeit der Keramik, die bekanntlich auch zu Bruch gehen kann. Aus diesem Grund fahnden die Forscher nicht nur nach Verfahren zur fehlerfreien Fertigung, sondern sie versuchen auch, biologische Strukturen zu kopieren, um die Stabilität der Keramik zu erhöhen.

Diese biomorphen Werkstoffe, »Zellularkeramik« genannt, verfügen dank der biomimetischen Synthese über bisher nicht für möglich gehaltene Eigenschaftskombinationen und Leistungsmöglichkeiten. Das reicht etwa vom selbstheilenden Material über den ultraleichten Verbund bis zum ultraharten Verschleißschutz. Mit diesen biologisch-molekularen Organisationsstrukturen hat der Werkstoff mit der langen Geschichte eine große Zukunft vor sich. Denn die biomimetische Materialsynthese im Grenzgebiet von Materialforschung, Nanowissenschaften, Molekularmedizin und Biotechnologie gilt als eine der wichtigsten Materialtechnologien zu Beginn des 21. Jahrhunderts.

Für seine herausragenden Arbeiten auf dem Gebiet der Herstellung von Keramiken und Keramikverbundstoffen über neuartige Syntheseverfahren, mit denen sowohl Polymere als auch Metalle und ihre Oxide zu Keramikwerkstoffen mit maßgeschneiderten Eigenschaften umgesetzt werden können, wurde Peter Greil 2000 mit dem Leibniz-Preis der *Deutschen Forschungsgemeinschaft* ausgezeichnet. Zwei Jahre später erhielt er einen Ruf auf die Professur für Anorganisch-Nichtmetallische Werkstoffe an der TU Dresden, die mit der Leitung des *Fraunhofer-Instituts für Keramische Technologien und Sinterwerkstoffe* in Dresden verbunden ist.

Dass die Hochschulleitung Peter Greil an der Friedrich-Alexander-Universität halten konnte, spricht für die Erlanger Werkstoffwissenschaften und die ausgeprägte Fähigkeit der Universitätsleitung, die vielfältigen Fächer und ihre Vertreter in immer neuen Zentren zu vernetzen. So wurden die von Greil vertretenen keramischen Werkstoffwissenschaften auch in das *Innovationszentrum Medizintechnik und Pharma* IZMP aufgenommen, das im Frühjahr 2003 das Licht der Welt erblickte.

Das IZMP stand für das Bestreben von Stadt und Universität, die »Medizintechnik«-Stadt Erlangen im Zuge einer lokalen Zukunftsoffensive zur unangefochtenen »Bundeshauptstadt der medizinischen Forschung, Produktion und Dienstleistung« zu entwickeln. Die Umsetzung wurde von der Bayerischen Staatsregierung unterstützt, die in den neunziger Jahren über ihre Förderoffensiven deutlich über eine halbe Milliarde D-Mark in die Stadt und ihre Universität pumpte. Die FAU steckte die Mittel in das Institut für Experimentelle und Klinische Pharmakologie und Toxikologie, das weltweit erste Neurozentrum sowie das *Nikolaus-Fiebiger-Zentrum für Molekulare Medizin*.

Dieses staatliche, städtische und universitäre Engagement erleichterte wiederum der Siemens AG die Entscheidung, die Produktion der Medizintechniksparte »UB med« in Erlangen neu zu bauen. 200 Millionen D-Mark investierte der Konzern kurz vor der Jahrtausendwende in die hochmoderne Fertigungsanlage für medizintechnische Geräte auf dem erwähnten Röthelheim-Gelände. Nachdem das *Medical Valley* als nationaler »Spitzencluster« in der Medizintechnik anerkannt worden war, wurde das *Innovationszentrum Medizintechnik und Pharma* IZMP im Dezember 2011 in *Medical Valley Center* umbenannt. Über 40 Projekte werden dort verfolgt. Das Spektrum reicht von digital vernetzten Mikrodosierpumpen bis zum »reversiblen«, künstlichen Hüftgelenk, das von Werkstoffwissenschaftlern und dem schon vorgestellten *Fraunhofer-Institut für Integrierte Schaltungen* IIS entwickelt wurde.

Schon 1989, also noch während der Amtszeit Nikolaus Fiebigers, hatte die Universitätsleitung zur Stärkung der medizintechnischen Forschung einen Lehrstuhl für Mikrocharakterisierung eingerichtet und mit Horst P. Strunk besetzt. Es war das inzwischen siebte werkstoffwissenschaftliche Ordinariat an der Friedrich-Alexander-Universität. Nach der Emeritierung Strunks wurde der Lehrstuhl seit 2005 von Mathias Göken – seinerseits seit 2002 Inhaber des vormaligen Ilschner-Lehrstuhls – kommissarisch mitvertreten, schließlich in einen Lehrstuhl für Biomaterialien umgewidmet und Ende 2009 mit Aldo R. Boccaccini besetzt.

Der 1962 im argentinischen San Rafael geborene Werkstoffwissenschaftler hatte in seiner Heimat zunächst *Electromechanical Engineering*, dann *Nuclear Engineering* studiert, war an die RWTH Aachen gegangen und hatte dort 1994 mit einer Arbeit zur »Abhängigkeit der mechanischen Eigenschaften zweiphasiger und poröser Werkstoffe von der Gefüge- bzw. Porositätsstruktur« promoviert. Nach Stationen an der University of Birmingham, der University of California und der Technischen Universität Ilmenau, wo er sich habilitierte, stieg Aldo Boccaccini am Londoner Imperial College bis zum Professor of Materials Science and Engineering auf.

Dass die Friedrich-Alexander-Universität den Werkstoffwissenschaftler von dort abwerben konnte, spricht für ihre Attraktivität und ihre Wettbewerbsfähigkeit. Aber umworbene Wissenschaftler zu berufen ist eine Sache, sie zu halten ist eine andere. Da geht es Spitzenuniversitäten nicht anders als den Spitzenclubs der ersten Sportligen. Zumal der Berufene natürlich die Chancen nutzt, die ihm in diesem Fall die FAU bietet, an seinem Profil arbeitet und damit seine Attraktivität erhöht. 2014 wurde Aldo Boccaccini von Thomson Reuters zu einem der »World's Most Influential Scientific Minds« ernannt, heute ist er einer der am häufigsten zitierten Wissenschaftler der FAU.

Das liegt an den Ergebnissen seiner Erlanger Forschungen. An der Schnittstelle zu den Biowissenschaften beziehungsweise *Life Sciences* angesiedelt, fahnden Boccaccini und seine Mitarbeiter nach neuen Materialien für biomedizinische Anwendungen. Ihr besonderes Interesse gilt bioaktiven Glasstrukturen. In Verbindung mit biologisch abbaubaren Kunststoffen, die »funktionalisierte Nanopartikel« enthalten, kombinieren sie die Geweberegeneration mit der Medikamentenaufnahme.

Solche biokompatiblen Materialien sind auch in der Wundheilung einsetzbar, wie sie Raymund Horch betreibt. Mit dem Mediziner verbindet den Werkstoffwissenschaftler das Interesse am *Tissue Engineering*, das in Kapitel II.2 beschrieben worden ist. Dass der Sonderforschungsbereich der DFG »Von den Grundlagen der Biofabrikation zu funktionalen Gewebemodellen« im Januar 2018 anlaufen konnte und Boccaccini und Horch als Standort- beziehungsweise stellvertretender Standortsprecher fungieren, war eine Bestätigung ihrer Arbeit – und von EFI. Denn der SFB ging aus einem der ersten von der *Emerging Fields Initiative* geförderten Projekte hervor.

Diese Zusammenarbeit ist eine Stärke der Technischen Fakultät, die schon Anfang der achtziger Jahre mit der Fertigungstechnologie um eine fünfte Fachrichtung erweitert wurde. Der auf den neu eingerichteten Lehrstuhl berufene Manfred Geiger legte nicht nur die Grundlagen für das spätere Institut für Maschinenbau, sondern machte sich auch und vor allem einen Namen als weltweit führender Produktionswissenschaftler.

Geiger, Jahrgang 1941, hatte am Institut für Umformtechnik der Technischen Hochschule Stuttgart studiert und dort 1974 auch mit einer Arbeit zur »rechnerunterstützten Auslegung von Pressengestellen« promoviert. Wie so viele Ausnahmetechniker verzichtete er auf die Habilitation und suchte stattdessen die Bewährung in der Praxis, die den Techniker stärker voranbringen kann als alle Theorie. Von 1977 bis 1982 war Geiger bei einem innovativen Maschinenbauer in Ditzingen tätig und dort maßgeblich an der Entwicklung einer Werkzeugmaschine beteiligt, die es damals »auf dem Markt« nicht gab und die »eine altbewährte und eine neue Technologie, nämlich Stanzen und Laserschneiden, miteinander verbinden« sollte. So hieß es in einem Antrag, mit dem Geiger im Frühjahr 1978 beim Landesgewerbeamt Baden-Württemberg mit Erfolg einen Zuschuss in beträchtlicher Höhe beantragte.

Manfred Geiger war also exzellent aufgestellt, als er 1982 den Ruf an die Friedrich-Alexander-Universität annahm. Er kannte die Theorie und die Praxis, er wusste, wie die Industrie tickt und wie man Drittmittel einwirbt. Mit diesem Profil war er seiner Zeit nicht nur in den Reihen der Techniker weit voraus. Natürlich blieb der Ordinarius in Erlangen dem Werkzeugmaschinenbau und vor allem der Automobilproduktion verbunden, ist doch die Umformtechnik für den Fahrzeugbau von größter Bedeutung. Schließlich muss das Blech, ohne das ein Auto in der Regel bis heute nicht straßentauglich ist, erst in die entsprechende Form gebracht werden.

Der Laser stand im Zentrum der vielfältigen Aktivitäten, die Geiger und seine Mitarbeiter an der FAU entfalteten. Die hochenergetischen Lichtstrahlen des Lasers entpuppten sich als einzigartiges Werkzeug der Umformtechnik, weil ihr Strahlungsfeld nicht nur monochromatisch und kohärent, sondern vor allem auch gebündelt und aus diesem Grund punktgenau einsetzbar ist. Mit der Gründung des Forschungsverbundes Lasertechnologie Erlangen FLE trieb Geiger während der achtziger Jahre den Laser-Einsatz konsequent voran. Und er ergänzte ihn um ein kommerzielles Anwendungslabor. Aus diesem ging 1993 die *Bayerische Laserzentrum GmbH* als gemeinnützige Forschungsgesellschaft hervor, die seither den Kontakt zwischen Wissenschaft und Wirtschaft pflegt.

Gemeinsame Forschungs- und Entwicklungsvorhaben generierten nicht nur innovative Ideen, sondern auch neue Unternehmen und Arbeitsplätze. Mehrere Spin-Offs belegen die praktische Verwertbarkeit der Entwicklungen und Ergebnisse intensiver Zusammenarbeit, so die ERLAS *Erlanger Lasertechnik GmbH*, die Mitarbeiter verschiedener Disziplinen – darunter ein ehemaliger leitender Mitarbeiter des *Bayerischen Laserzentrums* – gründeten und die heute über 100 Mitarbeiter beschäftigt. Auch die Laserequipment AG ist aus dem *Bayerischen Laserzentrum* hervorgegangen. Mitgliedschaften in zahlreichen Akademien, wissenschaftlichen Gesellschaften sowie im Wissenschaftsrat rundeten die wissenschaftliche Karriere Manfred Geigers ab, die er bis zu seiner Emeritierung 2008 ausschließlich in Erlangen machte. Die Treue des Spitzentechnikers ist kein Einzelfall. Sie bestätigt die Politik der Friedrich-Alexander-Universität, die mit der Technischen Fakultät ein Umfeld geschaffen hatte, das nicht nur für Wissenschaftler, sondern auch für Studenten außerordentlich attraktiv ist.

Die Technische Fakultät hatte den Lehrbetrieb im Wintersemester 1966/67 mit gerade einmal 15 Studenten aufgenommen. Zum Wintersemester 1967/68 wurden die ersten 30 Studenten der Elektrotechnik und sechs Studenten der Werkstoffwissenschaften immatrikuliert. Dass schon zu Beginn der siebziger Jahre fast alle der 1000 geplanten Studienplätze besetzt waren, bestätigte den in den fünfziger Jahren angemeldeten Bedarf für ingenieurwissenschaftliche Studiengänge in Nordbayern. Ende der siebziger Jahre gingen die Immatrikulationen an der Technischen Fakultät zwar leicht zurück, doch war die FAU von diesem bundesweiten Trend weniger stark betroffen als andere Universitäten, was wiederum für die eingerichteten Studiengänge sprach. Im Wintersemester 1990/91 erreichte die Technische Fakultät mit 5800 Studenten ihre vorläufige maximale Auslastung, und das hieß auch: Die zweitjüngste Fakultät der FAU hatte sich innerhalb von 25 Jahren zu ihrem stärksten Standbein entwickelt und den alteingesessenen Fakultäten auch numerisch den Rang abgelaufen.

Überhaupt erfreute sich die Friedrich-Alexander-Universität insgesamt größter Beliebtheit. Schon in den sechziger Jahren wurden rund 10 000 Studenten gezählt, im November 1974 waren über 15 000 immatrikuliert und Anfang der achtziger Jahre konnte Präsident Fiebiger die 20 000. Studentin begrüßen. Diesem Ansturm konnte die Universität nur mit einem umfassenden Ausbau gerecht werden.

1980 war ihr aus dem sogenannten Überlastprogramm des Freistaats eine Million D-Mark zugesprochen worden. Das klang großartig, war aber kaum mehr als heiße Luft. Denn unter dem Strich wurde die Ausbildungskapazität der FAU insgesamt um gerade einmal 225 zusätzliche Studienplätze erhöht. Es spricht für die Prioritäten dieser Zeit, dass davon in erster Linie die Geisteswissenschaften – allen voran die Geschichtswissenschaft mit 45 Plätzen – profitierten, die Naturwissenschaften mit 33 für die Chemie und 14 für die Biologie immerhin noch berücksichtigt wurden, die so erfolgreiche Technische Fakultät hingegen nicht einmal Aufnahme in das Überlastprogramm fand, obwohl 1980 alle vorhandenen Studienplätze besetzt waren.

Als wenige Jahre später offenkundig wurde, dass mit derart bescheidenen Programmen und falsch gesetzten Prioritäten dem unvermindert anhaltenden Ansturm nicht beizukommen war, riss man das Ruder herum. Am 30. Juli 1986 beschloss der Senat der Universität ein sogenanntes Abrundungskonzept. Es sah eine Erhöhung von 2700 auf 3500 flächenbezogene Studienplätze vor, forderte 20 neue Lehrstühle, in der Hauptsache für die Technische, aber auch jeweils zwei für die Naturwissenschaftliche und die Wirtschaftswissenschaftliche Fakultät, 228 zusätzliche Personalstellen und mindestens 18 000 Quadratmeter Neubaufläche.

Die Umsetzung des rund 130 Millionen D-Mark teuren Programms ließ dann allerdings auf sich warten. Wie in Kapitel I berichtet, absorbierte die überraschend auf die Tagesordnung geratene Wiedervereinigung Deutschlands die Aufmerksamkeit. Und sie veränderte die Prioritäten. Der unübersehbare Modernisierungs- und Ausbauschub der westdeutschen Universitäten blieb erst einmal aus. Auch in Erlangen. Trotz einer Auslastungsquote von 200 Prozent und obgleich auf einen Professor inzwischen 42 Studenten kamen, war keine Abhilfe in Sicht, im Gegenteil: Weitere Sparbeschlüsse verschärften die Situation derart, dass die Betreuungsrelation auf 1:60 stieg.

Weil offenkundig weder die Politik noch die Hochschulleitungen in der Lage waren, die richtigen Konsequenzen zu ziehen, taten das in den neunziger Jahren die Abiturienten und kehrten den Universitäten in Scharen den Rücken. Dass die Zahl der Studierenden an der FAU von über 28 000 im Wintersemester 1991/92 auf weniger als 20 000 im Wintersemester 1999/2000 zurückging, lag aber nicht nur an jenen Rahmenbedingungen. Vielmehr ließ die Universität in dieser Zeit auch ihre Akten auf sogenannte Langzeitstudenten, also auf Fälle hin sichten, in denen die Eingeschriebenen von den günstigen Begleiterscheinungen eines Studiums beispielsweise bei der Krankenversicherung profitieren wollten. Bei gar nicht einmal wenigen stieß man auf 30 oder mehr Semester, und der Fall eines formal noch als Student registrierten Geschäftsmannes, der mit seinem Sportwagen vorfuhr, im Halteverbot parkte und rasch seine Einschreibung verlängerte, kam nicht nur in Erlangen vor. Die Entfernung solcher »Karteileichen« hatte einen signifikanten Einfluss auf den Rückgang der Studentenzahlen.

Davon waren auch die Natur- und Ingenieurwissenschaften betroffen. Die Technische Fakultät zählte um die Jahrtausendwende nur noch etwa 2700 Studenten. Das konnte und das durfte nicht so bleiben. Eine Antwort der Universitätsleitung lag in einer Schärfung des Profils, nicht zuletzt durch die Etablierung neuer Disziplinen und die Berufung attraktiver Forscher. Auch deshalb überrascht es nicht, dass die Technische

Fakultät am stärksten von der Rückkehr der Abiturienten profitierte. Als die FAU zum Wintersemester 2010/11 den Größenrekord von Anfang der neunziger Jahre einstellte, belegte die Technische Fakultät mit einem Zuwachs von 38 Prozent der Immatrikulationen den Spitzenplatz. Dank ihrer weit über Erlangen hinausreichenden Ausstrahlung war sie – wohl nicht nur in dieser Hinsicht – endgültig zur stärksten Fakultät der Friedrich-Alexander-Universität geworden.

Dort vertritt seit 2008 Marion Merklein die Fertigungstechnologie. Geboren 1973, hatte sie Werkstoffwissenschaften in Erlangen studiert und war durch Manfred Geiger zum Thema »Laserstrahlumformen von Aluminiumwerkstoffen« promoviert worden. Hernach leitete sie als Wissenschaftliche Assistentin am Lehrstuhl für Fertigungstechnologie die Forschungsgruppen »Blech und Profilbearbeitung« sowie »Wirkmedienbasierte Umformung«. Im Sommer 2006 schließlich habilitierte sich Merklein mit einer Studie zur »Charakterisierung von Blechwerkstoffen für den Leichtbau«. Einen im November 2007 ergangenen Ruf an die Universität des Saarlandes, Professur für Fertigungstechnik, lehnte sie zugunsten ihrer Alma Mater ebenso ab wie weitere Rufe, unter anderem in die USA. 2013 erhielt sie als zweite Frau der Friedrich-Alexander-Universität den Leibniz-Preis der *Deutschen Forschungsgemeinschaft*.

Diese Auszeichnung ist auch ein Erfolg für die Frauenförderung. Die Friedrich-Alexander-Universität war wie alle Hochschulen Bayerns Ende der achtziger Jahre verpflichtet worden, Frauenbeauftragte einzusetzen. Dass diese Verpflichtung in Erlangen vergleichsweise schnell und gründlich umgesetzt wurde, war neben Kanzler Thomas A. H. Schöck der ersten Frauenbeauftragten der Universität zu danken. Renate Wittern-Sterzel, Inhaberin des Lehrstuhls für Medizingeschichte, war zu der Zeit eine der gerade einmal fünf Ordinariae der Friedrich-Alexander-Universität.

Dabei hatte die FAU, was die Karriere von Frauen angeht, eine Vorreiterrolle gespielt. Emmy Noether, die 1882 als Tochter eines jüdischen Mathematikprofessors in Erlangen geboren wurde, steht wie kaum eine zweite Forscherin in Deutschland für frühe Erfolge deutscher Wissen-

schaftlerinnen. Nachdem sie schon seit 1900 als Gast Vorlesungen an der
FAU gehört hatte und 1903 im Königreich Bayern das Frauenstudium zugelassen worden war, nahm Noether zum Wintersemester 1904/05 das
Studium der Mathematik auf. 1907 folgte an der FAU die Promotion in
diesem Fach. Sie war die zweite Frau im Deutschen Reich, der das gelang,
und sie war 1919 die erste, die sich – inzwischen in Göttingen – für das
Fach Mathematik habilitierte. Nachdem der hoch qualifizierten Mathematikerin 1933 ihre Lehrerlaubnis entzogen worden war, emigrierte sie in
die USA, wo sie 1935 verstarb. Emmy Noether gilt bis heute als Begründe-
rin der abstrakten Algebra. Die Frauenzeitschrift »Emma« kürte sie 1992
zur »bedeutendsten Mathematikerin des 20. Jahrhunderts«. Etliche Preise
und Förderprogramme sind nach ihr benannt; ihre Erlanger Alma Mater
führte 2005 in Erinnerung an ihre bedeutende Absolventin die jährliche
»Emmy-Noether-Vorlesung« ein.

Heute werden an der FAU gut 100 Professorinnen gezählt, und der
Erlanger Maschinenbau, an dem ein Viertel der Ordinarien weiblich ist,
gilt deutschlandweit als »Musterdepartment«. Marion Merklein ist eine
von ihnen. Sie führt nicht nur die von Manfred Geiger angelegten Schwerpunkte der Blech- und Massivumformung fort, sondern sie hat das Arbeitsgebiet der Fertigungstechnologie auch erweitert: Seit Jahren baut der
Lehrstuhl seine Kompetenz in der Elektronikproduktion aus. Davon
zeugt die Beteiligung an den Sonderforschungsbereichen 356 »Produk-
tionssysteme in der Elektronik« und 694 »Integration elektronischer
Komponenten in mobile Systeme«. Die Verbindung der Fertigungstechnologie mit anderen Fächern der Fakultät spricht für die Vielfalt der FAU,
die den zahlreichen Innovationen Raum gibt.

Zu diesen innovativen Forschern zählt Andreas Hirsch, der seit Herbst
1995 den Lehrstuhl für Organische Chemie innehat. Die Chemie war wie
alle naturwissenschaftlichen Fächer zunächst in der Philosophischen Fakultät angesiedelt und wie die Physik ursprünglich eine medizinische
Hilfswissenschaft. Daher führte auch ein Mediziner die Chemie in das
Curriculum der FAU ein. Der seit 1749 in Erlangen lehrende Heinrich
Friedrich Delius, einer der herausragenden Gelehrten seiner Zeit und

unter anderem Präsident der Kaiserlichen Akademie der Naturforscher, war der erste Vertreter dieses Fachs in Erlangen.

Ein halbes Jahrhundert später wurde der erste selbständige Lehrstuhl der Chemie mit Eugen Freiherr von Gorup-Besanez besetzt. Gorup-Besanez amtierte zunächst als Außerordentlicher Professor für Organische und Analytische Chemie, seit 1855 als Ordentlicher Professor für Chemie. Der adlige Österreicher legte nicht nur ein dreibändiges »Lehrbuch der Chemie« vor, sondern baute auch den Erlanger Lehrstuhl zu einem Institut aus, das als »Gorups-Kapelle« in die Universitätsgeschichte eingegangen ist.

1882 wurde Emil Fischer an das Chemische Institut berufen. Wenn er Erlangen auch schon drei Jahre später wieder verließ, setzte doch mit der Tätigkeit des späteren Nobelpreisträgers an der Friedrich-Alexander-Universität die Beschäftigung mit der Organischen Chemie ein, die den Kohlenstoff zum Gegenstand hat. Wegen seiner »Vierbindigkeit« und der Fähigkeit der Kohlenstoffatome, mehr oder weniger lange Kettenmoleküle oder Ringe zu bilden, ergeben sich in der Organischen Chemie zahllose Kombinationsmöglichkeiten, welche die Anzahl der anorganischen Verbindungen weit in den Schatten stellen.

Eine sehr wichtige Gruppe von Molekülen sind Übergangsmetall-Komplexe. Als Übergangsmetalle werden die in den Nebengruppen des Periodensystems zusammengefassten Elemente bezeichnet. In diesen Hybrid-Architekturen sind organische mit anorganischen Bauelementen verbunden. Dabei entstehen häufig flexible und reaktive molekulare Strukturen, die unter anderem als hoch effiziente Katalysatoren dienen können. Große Bedeutung erlangte die Katalysatorenchemie, als in den achtziger Jahren des 20. Jahrhunderts das Waldsterben augenfällig wurde und die Abgase von Kraftfahrzeugen mit Verbrennungsmotoren als Ursache in Verdacht kamen. Jetzt sollten Katalysatoren die Umweltschadstoffe aus den Abgasen filtern und das Überleben des motorisierten Individualverkehrs wie der Wälder sichern. Diese Anlagerung spezifischer Stoffe an Übergangsmetallen machte Andreas Hirsch zu seinem Thema.

Hirsch, Jahrgang 1960, studierte an der Universität Tübingen Chemie und wurde dort 1990 mit einer Arbeit zur Synthese von Übergangsmetall-

Komplexen promoviert. Nach einem Jahr als Postdoctoral Fellow am *Institute for Polymers and Organic Solids* im amerikanischen Santa Barbara, kehrte er an das Institut für Organische Chemie der Universität Tübingen zurück, wo er sich 1994 mit einer Arbeit zur Chemie der »Fullerene« habilitierte. Das sind ballförmige Hohlmoleküle aus Kohlenstoffatomen, die auch für die Werkstoffwissenschaften von großem Interesse sind.

Der aus Bleistiften allseits bekannte Kohlenstoff kann nämlich äußerst nützliche Eigenschaften haben, wenn er in einer einzigen Lage von Kohlenstoffatomen vorliegt. Diese wabenförmig angeordneten, atomdünnen Kohlenstoffflächen werden Graphen genannt. Sie wurden 2004 von Andre Geim und Konstantin Novoselov an der University of Manchester erstmals isoliert – mit einem Tesa-Film, den die Wissenschaftler mit Bleistiftspitzen bestrichen hatten. Für die Isolation des Graphen erhielten die beiden 2010 den Nobelpreis für Physik. Das dünnste Material der Welt besitzt unglaubliche Eigenschaften: außerordentlich stabil, fester als Stahl, härter als Diamant und doch biegsam, sehr leicht und fast transparent. Gleichzeitig ist es ein exzellenter Leiter von Wärme und Elektrizität und so sensibel, dass sogar einzelne Moleküle detektiert werden können.

Dieses »Wundermaterial« fasziniert auch Andreas Hirsch, der in Erlangen die verschiedenen Formen des Kohlenstoffs zu seinem Forschungsgegenstand machte. Wie der Kohlenstoff als Graphit und Diamant vorkommen kann, so tritt der einatomige Kohlenstoff als Fläche (Graphen), als Kugel (Fulleren) oder als Röhren (Nanoröhrchen) auf. Je nach Struktur versprechen die synthetischen Kohlenstoffallotrope vielseitige Anwendungsmöglichkeiten in Batterien und Brennstoffzellen, in Minilampen und Mikrophonen, in Materialien, deren Eigenschaften verbessert werden sollen. Angesichts der Möglichkeiten ist das Potential groß – auch für die Wirtschaft, die in Graphen einen Heilsbringer sieht: Batterien für Elektroautos, aber auch Solarzellen und Halbleiter könnten so leistungsfähiger, Flug- und Fahrzeuge leichter und treibstoffsparender werden.

Die Europäische Kommission erklärte diesen Kohlenstoff zum »Wundermaterial« des 21. Jahrhunderts« und machte ihn 2013 zu einem ihrer Forschungsschwerpunkte der nächsten Jahre. Eine Milliarde Euro stellte die Kommission der anwendungsorientierten Forschung bis 2023 zur

Verfügung. Ziel des »Flagship Project« ist es, zu einer wirtschaftlichen Nutzung der Graphene zu kommen. 126 akademische und industrielle Forschergruppen aus 17 europäischen Ländern sind an dem größten Forschungsprojekt beteiligt, das Europa je aufgelegt hat. Von seinen Dimensionen her vergleichbar nur dem »Manhattan Project«, dessen Mitarbeiter in den vierziger Jahren des 20. Jahrhunderts in den USA die Atombombe entwickelten. Fast die Hälfte der zur Verfügung gestellten Mittel kommt von der Industrie, die selbstverständlich größtes Interesse an diesem Kohlenstoff hat.

Mit von der Partie ist Andreas Hirsch, der mit einer Förderung von über einer Million Euro rechnen kann. Darüber hinaus ist er auch Sprecher des DFG-Sonderforschungsbereichs 953 »Synthetische Kohlenstoffallotrope«, der sich mit den erwähnten flachen (Graphen), hohlen (Nanoröhrchen) und kugelförmigen Kohlenstoffstrukturen (Fullerene) befasst. 13,7 Millionen Euro ist der *Deutschen Forschungsgemeinschaft* das Vorhaben wert, das an dem schon vorgestellten *Zentralinstitut für Neue Materialien und Prozesstechnik* ZMP in Fürth angesiedelt ist. 2015 wurde der Sonderforschungsbereich um vier Jahre verlängert, weitere 15 Millionen Euro stellt die *Deutsche Forschungsgemeinschaft* bis 2019 bereit.

Aufgrund seiner außergewöhnlichen Forschungsarbeiten wurde Andreas Hirsch 2004 zum Adjunct Professor an der Rice University in Houston ernannt. In der texanischen Stadt lebte und arbeitete bis zum Herbst 2005 Richard Smalley, der für die Entdeckung der Fullerene 1996 mit dem Chemie-Nobelpreis ausgezeichnet wurde. Mit Unterstützung des Nobelpreisträgers trugen die Amerikaner Andreas Hirsch 2005 die Berufung zum Welch Professor für Chemie an der Rice University und zum Welch-Cullen Professor für Chemie und Nanotechnologie am *University of Texas Health Science Center* an.

Der lehnte die Einladung aus Houston mit der bemerkenswerten Begründung ab, dass die Arbeitsbedingungen in Amerika nicht besser als in Europa und namentlich in Deutschland und hier wiederum in Bayern seien. Das ist ein Pfund, mit dem sich wuchern lässt. Und wo ein Wille, da ein Weg: Dank des »zentralen Topfs« des zuständigen Ministeriums ist noch kein Ruf am Geld und keine Rufabwendung an der Ausstattung gescheitert, jedenfalls nicht an der Friedrich-Alexander-Universität, sagt Thomas A. H. Schöck, und der muss es wissen.

In der Tat schätzten auch die Gutachter des European Research Council ERC die »Bedingungen« an der Friedrich-Alexander-Universität als »exciting« und »excellent« ein. Nicht nur aus diesem Grund erhielt Hirsch 2010 für seine »Pionierarbeiten« einen mit 1,4 Millionen Euro dotierten *Advanced Investigator Grant* des Europäischen Forschungsrates. Er war, wie berichtet, neben dem Chemieingenieur Peter Wasserscheid der zweite Gelehrte der FAU, dem das gelang. Hirsch und seine Mitarbeiter hatten ein Verfahren entwickelt, mit dem kostengünstig fehlerfreies Graphen aus Graphit hergestellt werden kann. Das Herstellungsverfahren liefert nicht nur Graphen in einer bisher nicht erreichten Qualität, sondern auch mit »maßgeschneiderten« elektronischen Eigenschaften. Das macht die sogenannte reduktive Methode – ein Lösungsmittel frisst die fehlerhaften Anlagerungen von der Kohlenstoffatomschicht – nicht nur für die Forschung, sondern auch für die Halbleiterindustrie interessant.

2017 wurde Andreas Hirsch als erster Forscher der Friedrich-Alexander-Universität – Wasserscheid war ein Jahr später der zweite – ein zweites Mal mit einem ERC *Advanced Investigator Grant* bedacht. Rund 2,5 Millionen Euro erhielt der Erlanger, um die Chemie des Schwarzen Phosphors zu erforschen. Die dünnen Schichten aus Phosphoratomen weisen herausragende elektronische Eigenschaften auf, so dass sie zu einer kostengünstigen Alternative zu dem teureren Silizium werden könnten. Sie sind somit auch für die Entwicklung neuer Batterien von Bedeutung. Eine Anwendung, die dem Schwarzen Phosphor am Anfang des Zeitalters der E-Mobilität eine große Zukunft verspricht.

Die Zukunft der Friedrich-Alexander-Universität wird auf absehbarer Zeit von den exakten Naturwissenschaften und den durch sie an die FAU geholten Ingenieurwissenschaften bestimmt. Das steht angesichts der herausragenden Leistungen der Chemie und Physik, aber auch des Chemieingenieurwesens und der Werkstoffwissenschaften fest. Um nur sie zu nennen. Ganz sicher wird auch die Medizin das Ihre dazu beitra-

gen, dass die FAU im beinharten nationalen wie internationalen Wettbewerb eine führende Position behaupten und ausbauen kann.

Welchen Beitrag die Disziplinen der Philosophischen, der Theologischen sowie der Juristischen Fakultät leisten werden, muss man sehen.
Zumal die beiden letztgenannten seit 2007 nicht mehr selbständig, sondern Teile bürokratischer Monstren sind. Das Potential ist vorhanden, der
Wille, Spitzenleistungen zu erbringen, nicht unbedingt. Jedenfalls nicht
überall. Das gilt natürlich nicht nur für diese, sondern auch für die übrigen Fakultäten.

Insgesamt aber zwingt der internationale Wettbewerb, den es in dieser
Form bei den Geisteswissenschaften, der Theologie und der Rechtswissenschaft nicht gibt, die Techniker und Informatiker, Mediziner und
Naturwissenschaftler zu größeren Anstrengungen. Zwar können zum
Beispiel auch geisteswissenschaftliche Disziplinen beim Deutschen Patent-
und Markenamt Wort- und Bildmarken eintragen lassen. Aber Patentanmeldungen im engeren Sinne sind naturgemäß vor allem den technischen, medizinischen und naturwissenschaftlichen Fächern vorbehalten.
Ihnen ist es auch zu verdanken, dass die Friedrich-Alexander-Universität
auf den Listen der innovativsten Universitäten europa- und weltweit seit
Jahren eine Spitzenposition behaupten kann.

Das spiegelt sich auch in den Studentenzahlen wider, und die sind
für eine Universität und ihre Disziplinen nun einmal ein entscheidendes
Kriterium. Während die Ingenieurwissenschaften unter einer Auslastung
von beinahe 130 Prozent stöhnen, muss die Philosophische Fakultät
nebst Fachbereich Theologie schon sehr großzügig rechnen, um auf
ein nach eigener Einschätzung »suboptimales« Ergebnis von knapp
90 Prozent zu kommen. Dass einige Fächer wie die Geschichtswissenschaft oder die Theologie es nicht einmal auf 50 Prozent bringen, spricht
für sich.

Allerdings ist den Vertretern traditionsreicher Disziplinen der Philosophischen, der Theologischen oder auch der Juristischen Fakultät zugute
zu halten, dass sich ihre Leistungen eben nicht so leicht messen und be-
werten lassen wie in der Technik und der Informatik, in den Naturwissenschaften oder in der Medizin. Ob und wie die Ergebnisse ihrer Arbeit

wahrgenommen werden, liegt auch an der Art und Weise, wie sie diese präsentieren. Hier gibt es – in einigen Bereichen und im Vergleich mit anderen Universitäten – einen Nachholbedarf. Den Rückstand sollte man aufholen. Die technischen, naturwissenschaftlichen und medizinischen Fächer haben gezeigt, dass es geht und wie man das macht.

III

275 JAHRE FRIEDRICH-ALEXANDER-UNIVERSITÄT

Bilanz und Ausblick

Die Friedrich-Alexander-Universität ist eine der traditionsreichen deutschen Hochschulen. Mit ihren 275 Jahren gehört sie zwar nicht zu den altehrwürdigen, die auf mehr als ein halbes Jahrtausend zurückblicken können. Sie ist aber auch nicht eine jener Neugründungen, die seit den sechziger Jahren des 20. Jahrhunderts wie Pilze aus dem Boden schossen. Mit ihnen stellte sich bald die Frage, wer eigentlich all diese neuen und alten Hörsäle füllen sollte.

Die Antwort lag in einer Kurskorrektur der Bildungspolitik, für die es anfänglich durchaus auch gute Gründe gab. Sie begann in den sechziger und siebziger Jahren mit der sukzessiven Abschaffung der Aufnahmeprüfung für Gymnasien, gefolgt von einer schleichenden Senkung des Unterrichtsniveaus. Die nach der Jahrtausendwende in Bayern Hals über Kopf eingeführte achtjährige und die nicht minder überstürzte Rückkehr zur neunjährigen gymnasialen Ausbildung taten ein Übriges.

Die bis heute nur unzureichend beantwortete Frage, wie man mit dem Ansturm zusehends schlecht vorbereiteter, auch überforderter Studenten umgehen sollte, stellte sich natürlich nicht nur für die FAU. Die Antwort war und ist auf nicht absehbare Zeit eine der größten, wenn nicht die größte Herausforderung für die deutsche Universität in ihrer jüngeren Geschichte.

Im Fall der Erlanger Universität war dies nicht die einzige Herausforderung. Denn zwischen 1961 und 1972 musste sie sich einem Strukturwandel unterziehen, wie ihn keine andere deutsche Universität erlebt hat und der sie bis heute mit erheblichen Schwierigkeiten konfrontiert. Zum einen übernahm sie 1961 mit der Nürnberger Hochschule für Wirtschafts- und Sozialwissenschaften sowie 1972 mit der gleichfalls in Nürnberg ansässigen Pädagogischen Hochschule zwei autonome Anstalten, die schon deswegen schwer integrierbar waren, weil sie ihren Sitz in der Nachbarstadt behielten. Auch deshalb änderte die 1743 gegründete Universität zum zweiten Mal nach 1769 ihren Namen. Seit 1961 firmiert sie als Friedrich-Alexander-Universität »Erlangen-Nürnberg«. Zu den erst auf den zweiten Blick erkennbaren Spätfolgen dieser Weichenstellung gehört, dass der FAU mit der Annahme des neuen Namens mehr als nur die geographische Identität verloren ging.

Weil die beiden Neuerwerbungen ihre angestammten Nürnberger Standorte nicht aufgeben mussten, aber auch weil die störrische Sicherung angestammter Privilegien zu den ausgeprägten Eigenschaften des deutschen Hochschullehrers zählt, blieben sie als Fakultäten unter dem neuen Dach der FAU weitgehend autonom. Die Fakultätsreform des Wintersemesters 2007/08 änderte daran nichts, im Gegenteil: Der erzwungene Zusammenschluss der Wirtschafts- und Sozialwissenschaftlichen mit der Juristischen und die Zwangsintegration von Sportwissenschaft und Sport, Erziehungswissenschaftlicher, Theologischer und Philosophischer Fakultät zu einem konturlosen Monstrum verstärkten, jedenfalls zeitweilig, eher noch die Abwehrreaktionen.

Mit den beiden Übernahmen war der Umbau noch nicht abgeschlossen. Vielmehr wurde die FAU als einzige schon bestehende Universität der alten Bundesrepublik auf Beschluss der Bayerischen Staatsregierung seit 1962 um eine Technische Fakultät erweitert. So bedeutend diese hervorragend aufgestellte Fakultät heute für das Gesamtprofil der Universität ist, so groß war die Herausforderung ihrer Gründung und Etablierung, zumal sie zeitlich mit der Übernahme der beiden Nürnberger Hochschulen zusammenfiel. In der Rückschau muss man anerkennend feststellen: Dass die FAU an dieser deutschlandweit beispiellosen Herausforderung eines dreistufigen Umbaus, der mit einem rasanten Anstieg der Studentenzahlen einherging, nicht gescheitert ist, bleibt eine beachtliche Leistung.

Sie wiederum lässt gut begründet annehmen, dass die Friedrich-Alexander-Universität auch die nächste Hürde meistern wird. Sie zeichnete sich ab, als die Bayerische Staatsregierung im Mai 2017 beschloss, eine Milliarde Euro in die Hand zu nehmen und in Nürnberg, also in Sichtweite der Friedrich-Alexander-Universität, eine neue »Hochschuleinrichtung mit wichtigen technischen Zukunftsfeldern« zu gründen.

Im Schloss zu Erlangen kann man das aus einer Reihe von Gründen gelassen verfolgen. Zum einen zählt die Technische Fakultät der FAU, zu der die Nürnberger Gründung in Konkurrenz treten soll, mit ihren gut

11 000 Studenten, 1700 Mitarbeitern und 24 Studiengängen zu den stärksten Einrichtungen ihrer Art in Deutschland. Zum anderen und vor allem ist die FAU auch eine Volluniversität, und das heißt: Jede Disziplin kann grundsätzlich auf das Wissen aller anderen zurückgreifen. Die Verbindungen der Technik und der Informatik zur Medizin und zu den Naturwissenschaften sind vielfältig, intensiv und in zahlreichen Zentren auch institutionalisiert.

Vergleichbares gilt für die der FAU assoziierten Großeinrichtungen. Das *Max-Planck-Institut für die Physik des Lichts*, das *Helmholtz-Institut Erlangen-Nürnberg für Erneuerbare Energien* HIERN oder das Erlanger *Fraunhofer-Institut für Integrierte Schaltungen* IIS, das mit seinen 13 Standorten in zehn Städten und insgesamt 1000 Mitarbeitern das größte in Deutschland ist, sind in der Wissenschaftslandschaft fest etabliert. Und sie tragen das Ihre dazu bei, dass sich die FAU im beinharten nationalen und internationalen Wettbewerb souverän behauptet.

Alle diese zur Universität gehörenden oder ihr assoziierten Einrichtungen leben von fächer- und fakultätsübergreifenden Kooperationen, und das in einem umfassenden Sinn. Wenn man für die Nürnberger Gegengründung eine Verschränkung der »Technik mit Geistes- und Sozialwissenschaften« ins Feld führt, so wird diese das gerade nicht leisten können, jedenfalls nicht mit eigenem Personal. Die FAU hingegen schon, weil sie seit den Tagen ihrer Gründung eben auch eine Philosophische, eine Theologische und eine Juristische Fakultät beherbergt. Und auch von diesen werden seit geraumer Zeit konsequent Brücken zur Technik und zur Informatik geschlagen.

Der Status der FAU als einzige bayerische Volluniversität, die diesen Namen verdient, ist gerade deshalb von unschätzbarem Wert. Und er ist ein Angebot an die Adresse der geplanten Nürnberger Hochschule. Denn in der Zusammenarbeit zwischen den beiden Universitäten, zu der es keine Alternative gibt, wird die Friedrich-Alexander-Universität lange Zeit der gebende Partner sein – kurzfristig als einer der Geburtshelfer, langfristig als Anbieter von Leistungen, die in Nürnberg nicht, an der Volluniversität hingegen abrufbar zur Verfügung stehen.

Selbstredend sagt dieser Status der Volluniversität, für sich genommen, noch nichts über die Qualität der einzelnen Fakultäten, Abteilungen und Institute aus. Wie jede andere Universität hat auch die FAU ihre starken Seiten und ihre schwachen Stellen. Zu ihnen gehören einige Disziplinen der Geisteswissenschaften oder der Theologie. Dabei sollte es nicht bleiben. Eine Sanierung dieser Bereiche ist denkbar. Eine Alternative gibt es nicht. Voraussetzung ist hier wie überall eine Berufungspolitik, die sich die Konkurrenz der Besten ins Haus holt.

Damit die auch in Zukunft kommen, muss die FAU an ihrem Bild arbeiten. Blickt man heute, 275 Jahre nach ihrer Gründung, auf ihre jüngere Geschichte zurück, dann überrascht vor allem ein Befund: Nach dem Ende der Amtszeit ihres Präsidenten Nikolaus Fiebiger, also seit Beginn der neunziger Jahre, ist es der Universität nicht mehr gelungen, ein in sich stimmiges, geschlossenes und schon deshalb überzeugendes Bild ihres Profils zu zeichnen. Angesichts der explosionsartigen Zunahme von wissenschaftlichen und personellen, administrativen und geographischen Herausforderungen aller Art war das gewiss keine leichte, aber es war auch keine unlösbare Aufgabe. Weil sie nicht angepackt wurde, fehlt der FAU heute ein identitätsstiftender Mittelpunkt, das Zentrum.

Dabei sind die Rahmenbedingungen für ein in sich stimmiges Bild nach wie vor geradezu ideal. Mit dem Schloss und dem Schlossgarten sowie seinen angrenzenden Kliniken, Instituten und Hörsälen verfügt die FAU über einen Campus, der in dieser gewachsenen Geschlossenheit in kaum einer zweiten deutschen Universitätsstadt anzutreffen ist. Und weil die Leitung und die Verwaltung der Universität dort ihren Sitz haben, zieht es sämtliche Angehörige der FAU mehr oder weniger regelmäßig in eben dieses Schloss – ganz gleich, wo sie ihre Arbeitsplätze haben.

Folglich ist auch hier, im Herzen der Universität, eines ihrer größten, wenn nicht das größte Problem am klarsten sichtbar. Es begann mit der Entscheidung, die beiden Nürnberger Hochschulen nach der Übernahme nicht nur nicht nach Erlangen umzusiedeln, sondern den Namen der Universität auch noch um den Zusatz »Nürnberg« zu erweitern. Damit war, wie wir heute wissen, der Damm gebrochen. Denn jetzt meldeten auch andere Erlangen benachbarte Städte wie Fürth den Anspruch an,

Sitz eines Instituts oder Zentrums der FAU zu werden und fortan als »Wissenschaftsstadt« zu firmieren.

Damit wiederum wurde der seriellen Gründung von Zentren aller Art zusätzlich Vorschub geleistet. Mit der »Metropolregion Nürnberg«, wie sich der Zusammenschluss fränkischer und oberpfälzischer Städte und Landkreise seit 2005 nennt, stand ein mehr oder weniger unbegrenzter Raum für die Ansiedlung von Einrichtungen zur Verfügung, die außeruniversitäre Forschung betreiben, aber der FAU mitunter nur über das leitende Personal verbunden sind. Gewiss ist dieser Wildwuchs nicht nur an der FAU zu beobachten. Aber an keiner zweiten vergleichbaren Universität wird er durch einen Verwirrung stiftenden Doppelnamen für ihre Angehörigen wie erst recht für Außenstehende auch noch nach außen dokumentiert.

Ob es mit den zur Verfügung stehenden Kapazitäten und Ressourcen überhaupt möglich gewesen wäre, dem Wildwuchs Einhalt zu gebieten, sei dahingestellt. Das vertikale wie das horizontale Wachstum der Universität waren gerade um die Jahrhundertwende derart groß und dynamisch, dass eine zentrale Steuerung wohl nur durch ein professionelles Management zu leisten gewesen wäre. Immerhin bewegte sich die FAU – wie andere vergleichbare Universitäten auch – mit ihren beinahe 55 000 Angehörigen, die der Kliniken inklusive, und einem Umsatz beziehungsweise Etat von 1,34 Milliarden Euro in der Größenordnung eines weltweit aufgestellten Unternehmens.

Erschwerend kommt hinzu, dass es im Falle der deutschen Universitäten keinen professionellen Aufsichtsrat gibt. Die Politik, die faktisch die Kontrolle ausübt, kann diese Funktion nicht erfüllen, weil die Hochschulen für sie immer auch Mittel im Dienst anderer Interessen sind. Die – für die FAU zuständige – bayerische Wissenschaftsverwaltung ist zwar traditionell gut aufgestellt, arbeitet professionell und unaufgeregt, ist aber als Aufsichtsgremium im politischen Sinne weder geeignet noch legitimiert. Außerdem hinterlassen die seit Jahrzehnten gängigen Umbauten der zuständigen Behörde, die seit 2018 wieder einmal als »Staatsministerium für Wissenschaft und Kunst« firmiert, zwangsläufig ihre Spuren.

So gesehen haben Politik und staatliche Verwaltung einen beträchtlichen Anteil daran, dass die Friedrich-Alexander-Universität in den vergangenen beiden Jahrzehnten in jeder Hinsicht und in alle Richtungen wucherte. Und je unkontrollierter das geschah, umso mehr löste sich die Universität als traditionelle, traditionsbewusste und auch traditionsfördernde Einheit auf. Damit geriet ihr Herz aus dem Blick. Wer die FAU als eigenständige Marke suchte, blickte ins Leere. Das zu ändern, ist eine administrative, vor allem aber eine intellektuelle Herausforderung.

Dazu gehört auch das Nachdenken über den Namen der Universität. Wäre man konsequent, müsste man neben Erlangen und Nürnberg auch Fürth, immerhin Sitz des *Zentralinstituts für Neue Materialien und Prozesstechnik*, Bamberg und Pleinfeld aufnehmen. Die Bamberger Sternwarte wurde bereits 1962 als Astronomisches Institut in die FAU integriert, und in Pleinfeld, also an den Gestaden des Brombachsees, unterhält man seit 2002 das *Wassersportzentrum* der Universität.

Weil die Integration aller Städte- in den Universitätsnamen keinem in den Sinn kommt und weil es ohne Nennung eines Städtenamens nicht geht, bleibt nur der umgekehrte Weg, also die Rückbesinnung auf den bis 1961 gebräuchlichen Namen: »Friedrich-Alexander-Universität Erlangen«. Mit dieser Lösung sollte die Stadt Nürnberg, die dafür einer Änderung des Fusionsvertrages von 1961 zustimmen muss, schon deshalb gut leben können, weil die Gegengründung wiederum ihren Namen annehmen wird. Natürlich ist mit der Rückkehr der FAU zu ihrem ursprünglichen Namen noch keine Identität gestiftet. Aber der eindeutige Markenname ist wiederhergestellt.

Und wer die Marke kennt, weiß auch, wofür sie steht: Nicht zufällig ist die Friedrich-Alexander-Universität im Jubiläumsjahr 2018 die innovativste deutsche Hochschule. Mit dem fünften Platz auf ihrer Liste haben die Evaluatoren von »Reuters Top 100: Europe's Most Innovative Universities« den Vorsprung vor allen anderen deutschen Universitäten, die Münchener TU inklusive, bestätigt. Innovation ist keine abstrakte Eigenschaft. Sie entsteht und entwickelt sich in Verbindung mit den übrigen Charakteristika einer Universität. Im Falle der FAU sind es ihre Vielfalt und ihre Leidenschaft.

Innovation, Vielfalt, Leidenschaft sind die Eigenschaften einer Universität, die ihre Kraft aus der ständigen Bewegung ihres geballten Wissens zieht. Diese Kraft ist die Summe der Fähigkeiten ihrer Angehörigen. Das Potential ist gewaltig. Es erschließt sich erst bei einem Erkundungsgang durch sämtliche Bereiche der Alma Mater. Wer ihn unternimmt, wie das der Autor dieser Zeilen getan hat, kehrt beeindruckt zurück und hat keinen Zweifel: 275 Jahre nach ihrer Gründung hat die Friedrich-Alexander-Universität zu Erlangen die Zukunft auf ihrer Seite.

IV

QUELLEN UND
LITERATUR

Die wichtigste Quelle für die Geschichte der Friedrich-Alexander-Universität sind die Bestände ihres zentralen Archivs. Das gilt jedenfalls für ihre ältere Geschichte. Für die jüngere Vergangenheit hat sich die Forschung den für öffentliches Archivgut insgesamt geltenden Restriktionen zu beugen. Die Sperrfrist liegt hier in der Regel bei 30 Jahren, für Personalakten gegebenenfalls auch darüber.

Da diese Darstellung der Universitätsgeschichte vor allem die letzten Jahrzehnte umfasst, waren die Akten des Universitätsarchivs folglich nur bedingt relevant. Das gilt auch für die noch nicht an das Archiv abgegebenen Bestände der Zentralen Universitätsverwaltung, der Dekanate oder auch der 1961 beziehungsweise 1972 von der FAU übernommenen Nürnberger Hochschulen, soweit es sich um Akten handelt, die jünger als 30 Jahre sind.

Wo die Akteneinsicht nicht möglich war, halfen in den meisten Fällen aktive oder ehemalige Angehörige der Universität weiter, indem sie Einblick in ihre Papiere gewährten oder für Gespräche zur Verfügung standen. Das war mehr als ein Ersatz. Erinnerungen geben jedem Bild sein Kolorit. Bezogen auf die FAU wurden sie übrigens nur in wenigen Fällen veröffentlicht. Zu diesen zählen die 1900, 1950 beziehungsweise 1982 publizierten Memoiren des Historikers Karl Hegel, des Archäologen Ludwig Curtius und des Germanisten Benno von Wiese oder auch die 1996 beziehungsweise 2010 erschienenen Erinnerungen der Mediziner Ludwig Demling und Harald zur Hausen. Sie alle lehrten mehr oder weniger lange in Erlangen. Fast sein ganzes berufliches Leben verbrachte hier Thomas A. H. Schöck als Kanzler. Die Festschrift, die man ihm anlässlich seines Eintritts in den Ruhestand überreichte, ist auch ein Kompendium persönlicher Erinnerungen.

Was für persönliche Erinnerungen gilt, gilt erst recht für wissenschaftliche Biographien der Universitätsangehörigen. Sie sind spärlich, warum auch immer. Jedenfalls hat bislang kaum einer der Wissenschaftler, die seit Gründung der Friedrich-Alexander-Universität hier für eine bedeutende Zeit lehrten, eine umfassende biographische Würdigung

erfahren – mit zwei Ausnahmen: 2013 gab Helmut Neuhaus das »Gedenk-
buch«, also die Erinnerungen Karl Hegels, neu heraus und legte in diesem
Zusammenhang zugleich eine Biographie des Erlanger Historikers vor. Im
selben Jahr veröffentlichte Gotthard Jasper, der von 1990 bis 2002 als Rektor der Universität amtierte, eine Biographie des systematischen Theologen »Paul Althaus (1888–1966). Professor, Prediger und Patriot in seiner
Zeit«. Aus den Quellen gehoben, leistet sie das, was eine Biographie leisten muss: Sie ist auch ein Spiegel der Zeit und in diesem Fall ein Porträt
der Universität der Jahre 1925 bis 1966.

Wer sich auf die Suche nach den Lebensläufen von Angehörigen der
FAU macht, ist mangels wissenschaftlicher Biographien auf andere Quellen angewiesen. Von kaum zu überschätzendem Wert sind der seit den
siebziger Jahren unregelmäßig erscheinende »Uni-Kurier«, der seit November 2013 als »Alexander« firmiert, sowie das seit 1975 erscheinende
»Uni Kurier Magazin« (»Friedrich«), ergänzt durch die Vorlesungs- und
Personenverzeichnisse der FAU. Wer an dieser Universität lehrte und
forschte, hat dort eine mitunter ziemlich breite Spur hinterlassen. Wie
repräsentativ sie ist, sei dahingestellt, denn für »Kurier« wie »Magazin«
galt lange Zeit: Berichtet wurde das, was die Universitätsangehörigen der
Redaktion meldeten. Während manche nicht einmal ihre ausländischen
Gastprofessuren zu Protokoll gaben, hielten andere jeden Volkshoch-
schulvortrag für mitteilenswert.

Eine nicht unwichtige Quelle für die jüngere Geschichte der FAU sind
der Bayerische Rundfunk, namentlich das Studio Franken, sowie die beiden Lokalzeitungen »Nürnberger Zeitung« und »Nürnberger Nachrichten« und dort insbesondere die als »Erlanger Nachrichten« erscheinende
Ausgabe. Von den überregionalen Blättern hat sich vor allem die »Süd-
deutsche Zeitung« immer wieder einmal mit der FAU befasst, gelegentlich auch die »Frankfurter Allgemeine Zeitung« oder das Magazin »Der
Spiegel«, dieser jedenfalls dann, wenn es um skandalöse, nämlich zum
Beispiel um Plagiatsfälle ging.

Natürlich haben sich in den vergangenen Jahrzehnten auch Historiker
oder Vertreter diverser Fächer mit der Geschichte der FAU beziehungsweise einzelner ihrer Disziplinen, Institute oder Fakultäten beschäftigt.

An erster Stelle ist die wiederholt zitierte »Geschichte der Friedrich-Alexander-Universität Erlangen-Nürnberg 1743–1993« aus der Feder von Alfred Wendehorst zu nennen. Anlässlich des zweihundertfünfzigsten Jubiläums erschienen, war sie für die Darstellung der frühen Kapitel dieser Universitätsgeschichte hilfreich, für die Rekonstruktion der letzten Jahrzehnte, um die es in diesem Buch geht, hingegen aus naheliegenden Gründen nicht relevant.

Das gilt aus nämlichem Grund auch für die gleichfalls 1993 vorgelegte Festschrift »250 Jahre Friedrich-Alexander-Universität« sowie das dreibändige, zwischen 1993 und 2009 erschienene Handbuch »Die Professoren und Dozenten der Friedrich-Alexander-Universität Erlangen 1743–1960«. Dass die Herausgeber dieses hilfreichen Kompendiums das Jahr 1960 als Enddatum wählten, mutet willkürlich an. Tatsächlich spielten auch hier die erwähnte Sperrfrist, aber auch die pragmatische Überlegung eine Rolle, dass die Zahl der Professoren in den sechziger Jahren rasant zulegte. Von den Gründen war die Rede.

Ein analoges Lexikon kann es für die Studentenschaft alleine deshalb nicht geben, weil es zwangläufig alle Dimensionen sprengen würde. Allerdings hat sich eine 1971 von Manfred Franze vorgelegte und 1972 erschienene historische Dissertation vergleichsweise sehr früh mit der Geschichte der »Erlanger Studentenschaft 1918–1945« beschäftigt. In gewisser Weise ergänzt wurde sie 1996 durch die Darstellung »Die Außerparlamentarische Opposition in Nürnberg und Erlangen« aus der Feder von Lothar Strogies. Eine vergleichbare Untersuchung über die Entwicklung der Erlanger Studenten- und Professorenschaft seit dem Mauerfall und der Vereinigung Deutschlands steht noch aus. Lohnend wäre sie allemal.

Runde Geburtstage waren mehrfach ein Anlass, um die Geschichte einzelner Fächer, Fakultäten oder auch Institutionen in Augenschein zu nehmen. So erschienen 2016 – zum zweihundertsten Jubiläum und herausgegeben von Karl-Heinz Leven und Andreas Plöger – ein Sammelband zur Geschichte des Universitätsklinikums sowie – zum fünfzigsten und herausgegeben von Reinhard Lerch – ein solcher zur Geschichte der Technischen Fakultät.

Lediglich 25 Jahre gingen ins Land, bis das *Fraunhofer-Institut für Integrierte Schaltungen* IIS 2010 einen Einblick in seine Geschichte vorlegte. Mit »mp3«, dem Aushängeschild des Instituts, beschäftigte sich 2015 Franz Miller in einer lesenswerten Monographie über diese »deutsche Erfolgsgeschichte«. Wie sich das seinerzeit »anwendungsnaheste Mikroelektronikinstitut« in die nationale *Fraunhofer*-Landschaft einfügte, hatten schon 1999 Helmuth Trischler und Rüdiger vom Bruch in ihrer erschöpfenden Geschichte dieser Gesellschaft gezeigt.

Dass sich auch die Erlanger Historiker mit der Geschichte ihres Fachs an der FAU beschäftigt und die Ergebnisse 2000 in einem von Helmut Neuhaus herausgegebenen Sammelband vorgelegt haben, überrascht nicht. Vergleichbare Resümees bieten zum Beispiel ein 1993 erschienener Überblick Werner B. Schneiders über die »Geschichte der Physik an der Universität Erlangen-Nürnberg«, eine 2012 vorgelegte »Geschichte der Wirtschaftsinformatik. Entstehung und Entwicklung einer Wissenschaftsdisziplin« aus der Feder von Lutz J. Heinrich und andere fächerbezogene Studien mehr.

Erstaunlicher ist, dass es bis heute keine Darstellung jener beiden Hochschulen gibt, welche die FAU 1961 beziehungsweise 1972 übernommen hat. Immerhin übernahm sie nicht nur die Immobilien, das Personal sowie nicht zuletzt die Archive, sondern auch die Geschichte der Pädagogischen Hochschule und insbesondere der Hochschule für Wirtschafts- und Sozialwissenschaften. Die zweibändige »Geschichte« dieser Hochschule aus der Feder des Betriebswirtschaftlers Georg Bergler, die 1963/69 erschien, ist im Wesentlichen eine Materialsammlung – nicht weniger, aber eben auch nicht mehr. Und die 1994 anlässlich des fünfundsiebzigsten Jubiläums von Gesa Büchert und anderen herausgegebene Darstellung wollte nie mehr sein als die »Kleine Geschichte« dieser Fakultät.

Natürlich entwickeln sich eine Universität und ihre Einrichtungen nicht im luftleeren Raum. Vielmehr spiegeln sich in ihrem Profil immer auch die politischen und die wirtschaftlichen, die gesellschaftlichen und die kulturellen Rahmenbedingungen. Wie diese – in unserem Fall seit der Mitte des 18. Jahrhunderts – aussahen, ist in einer Fülle einschlägiger Monographien und Handbücher zur deutschen Geschichte nachzulesen.

Zum Beispiel in dem während der achtziger Jahre des vergangenen Jahrhunderts erschienenen, ursprünglich sechsbändigen Reihenwerk »Die Deutschen und ihre Nation«, zu dem mit Horst Möller, Michael Stürmer und Hans-Ulrich Thamer drei Historiker jeweils einen Band beitrugen, die in Erlangen wirkten.

Gut erschließen lässt sich auch der engere, also der regionale beziehungsweise lokale politische Rahmen in diesem Fall der fränkischen Bildungs- und Universitätsgeschichte. Mit der inneren Entwicklung Bayerns von 1800 bis zur Gegenwart beschäftigt sich der Zweite Teilband des Vierten Bandes des »Handbuchs der Bayerischen Geschichte«, der 2007 von Alois Schmid, einem gleichfalls für einige Jahre an der FAU tätigen Historiker, neu herausgegeben wurde. Die Geschichte Erlangens lässt sich in dem 2002 durch Christoph Friederich und andere herausgegebenen »Stadtlexikon« nachschlagen, die Geschichte Nürnbergs in dem schon 1999 von Michael Diefenbacher und Rudolf Endres edierten Pendant.

Schließlich die Geschichte des Bildungssystems an und für sich. Wer sich umfassend ins Bild setzen lassen will, ist mit dem von 1987 bis 2005 durch Christa Berg und andere herausgegebenen sechsbändigen »Handbuch der deutschen Bildungsgeschichte« vom 15. Jahrhundert bis zur Gegenwart gut bedient. Als im deutschen Sprachraum einmaliges Unternehmen hat das 1906 durch Paul Hinneberg auf den Weg gebrachte, auf 60 Bände angelegte, aber nie vollendete Jahrhundertwerk »Die Kultur der Gegenwart« zu gelten, mit dem die herausragenden deutschen Gelehrten ihrer Zeit die Entwicklung von Bildung und Wissenschaft bis in die zwanziger Jahre des 20. Jahrhunderts hinein dokumentierten.

Ein Gruppenbild dieser Gelehrten und ihrer Kapitulation vor dem Nationalsozialismus hat 1983 der amerikanische Historiker Fritz K. Ringer unter dem Titel »Die Gelehrten. Der Niedergang der deutschen Mandarine 1890–1933« vorgelegt. Am Beispiel des Germanisten Hans Ernst Schneider alias Hans Schwerte, der die Grundlagen seiner Karriere, wie berichtet, in Erlangen legte, spürte ein 1997 von Helmut König, Wolfgang Kuhlmann und Klaus Schwabe herausgegebener Sammelband dem Thema nach: »Vertuschte Vergangenheit. Der Fall Schwerte und die NS-Vergangenheit der deutschen Hochschulen«.

Den Folgen dieser Vergangenheit, der Wiederaufnahme des Lehr-
betriebs und dem Einstieg in die Massenuniversität sind die Soziologen
Ralf Dahrendorf und Helmut Schelsky oder auch der Pädagoge Georg
Picht auf den Grund gegangen. Der Titel, den dieser 1964 seinem zu-
nächst als Zeitungsserie erschienenen Buch gab, ist heute womöglich ak-
tueller denn je: »Die deutsche Bildungskatastrophe« bleibt eine große
Herausforderung für die Hochschulen, mithin auch für die Friedrich-
Alexander-Universität.

Anhang

Abkürzungen

AIS	Arbeitsgruppe für Integrierte Schaltungen
AStA	Allgemeiner Studentenausschuss
CHREN	Centre for Human Rights Erlangen-Nürnberg
CT	Computertomographie
DAB	Digital Audio Broadcasting
DFG	Deutsche Forschungsgemeinschaft
EAM	Engineering of Advanced Materials
ECAP	Erlangen Centre for Astroparticle Physics
EFI	Emerging Fields Initiative
FAU	Friedrich-Alexander-Universität
FLE	Forschungsverbund Lasertechnologie Erlangen
FLÜGGE	Förderprogramm zum leichteren Übergang in eine Gründerexistenz
FORMED	Bayerischer Forschungsverbund für Medizinische Bildgebung und Bildverarbeitung
FORWIN	Bayerischer Forschungsverbund Wirtschaftsinformatik
FORWISS	Bayerisches Forschungszentrum für Wissensbasierte Systeme
FTT	Kontaktstelle für Forschungs- und Technologietransfer
H.E.S.S.	High Energy Steroscopic System
HIERN	Helmholtz-Institut Erlangen-Nürnberg für Erneuerbare Energien
HTO	High-Tech-Offensive
IIS	Fraunhofer-Institut für Integrierte Schaltungen
IISB	Fraunhofer-Institut für Integrierte Systeme und Bauelementetechnologie
IVF	In-vitro-Fertilisation
IZMP	Innovationszentrum Medizintechnik und Pharma

IZPH	Interdisziplinäres Zentrum für Health Technology Assessment und Public Health
KEK	Klinisches Ethikkomitee
LTE	Lehrstuhl für Technische Elektronik
MRT	Magnetresonanztomographie
NCT	Nuremberg Campus of Technology
NMF	Neue Materialien Fürth GmbH
SAOT	School in Advanced Optical Technologies
SFB	Sonderforschungsbereich der DFG
TRC	Translational Research Center
TU	Technische Universität
WHO	Weltgesundheitsorganisation
WTT	Kontaktstelle für Wissens- und Technologietransfer
ZAG	Zentrum für Angewandte Geschichte
ZEMO	Zentrum für Moderne Optik
ZMI	Zentrum für Mikroelektronik und Informationstechnik
ZMP	Zentralinstitut für Neue Materialien und Prozesstechnik
ZPM	Zentrum für Physik und Medizin
ZUV	Zentrale Universitätsverwaltung

Personenregister